中国当代老年教育发展研究

叶忠海 主编

华东师范大学出版社

前　言

人口老龄化快速发展,20世纪末世界已进入老年型社会。同样,我国人口老龄化速度超前于现代化。根据全国老龄办公布的数据,截至2017年底,我国60岁及以上老年人口已达2.4亿,老龄化水平已达17.3%,"未备先老"、"未富先老"的特征日益凸显,这显然会对经济社会发展带来重大挑战。面临人口老龄化的压力,如何科学而有效地减轻压力,乃至于变压力为动力? 其中,一个战略性的有效途径和举措,就是大力发展老年教育。可见,老年教育随人口老龄化显得越来越重要,对其进行系统而全面的研究日益迫切。

然而,至今为止,对我国当代整体性老年教育的历史做系统的回顾总结,对现状做切实而全面的分析、对未来加以战略构思,并对主要问题提出积极的举措,这样的系统研究还不多见,迫切需要加强。今年,是我国改革开放四十周年,也是我国颁布老年教育发展规划后的第三个年头,需要对改革开放四十年来老年教育作系统研究,对未来老年教育做进一步可持续发展研究。

基于上述的研究思考,我们得到学校的大力支持,当时华东师范大学社科处于2017年8月给予"中国当代老年教育发展研究"课题立项。该项目,是本校教育学科建设世界一流学科不可缺少的组成部分,也是本校老年教育研究的重要课题。课题立项后,即成立课题组,由华东师范大学老年大学老年教育研究中心顾问叶忠海教授任组长,课题组大部分成员是该中心成员,有张永副研究员、马丽华博士、黄莹硕士、老年大学裴建华常务副校长、丁沁南硕士,以及段琳琳硕士。同时,为了反映全国老年教育开展的情况,我们又在上海、广州、太原、南昌等地建立了分课题组,由上海市普陀区社区学院岑泳霆教授任上海分课题组组长,广州市社区学院刘楚佳教授任广州分课题组组长,山西大学桑宁霞教授、丁红玲副教授任太原分课题组正副组长,江西科技师范大学肖菲教授任南昌分课题组组长。在历时一年的时间内,在调查研究基础上,课题组沿着我国老年教育的历史→现实→未来的时间主轴开展了研究。在此期间,总课题组召开了两次小型研讨会,三次课题交流会。经课题组成员共同努力,共形成了《中国老年教育发展的若干基本问题》、《国际老年教育的特点、模式和未来取向》、《中国老年教育的嬗变逻辑与未来走向》、《我国老年教育四十年:回眸、困厄与超越》、《中国当代老年教育发展现状评析》、《中国老年教育发展展望》、《建设学习型社会,老年教育需做强》等7篇专题论文,4份分课题研究报告,以及4份调查统计报告。其中,两篇论文被"中国社会科学网"、中国人民大学复印资料《成人教育学刊》全文转载发表,一篇论文在中文核心期刊《南京社会科学》发表,一篇文章在《光明日报》发表。在此基础上,再加以疏通、充实和提炼,形成了本课题研究总报告:《中国当代老年教育发展研究总报告》。

本书稿,由总论篇、区域篇、类型篇、专题篇以及附录构成:总论篇,即本课题研究总报告;区域篇,有广州、山西、南昌、上海等地分报告;类型篇,有社区老年教育、学校老年教育、远程老年教育等研究成果;专题篇,有五篇专题论文。附录有四项附件,全书共计18万字。

本课题研究成果的创新之处:一是对我国当代整体性老年教育的发展历程作了较为系统而全面的疏理;二是首次提炼出我国老年教育发展的基本规律性;三是较为全面地提出了我国老年教育未来发展的基本思路;四是提出"五位一体"教育模式,以及从教育可及性视角论述解决老年教育供给的充分问题;五是提出了研究和探索生命规律性的老年教育课程体系建设;六是研究和探索了老年教育发展指数。

老年教育是一项正在快速发展的事业,其运行轨迹和发展规律还正在展开,各地区老年教育基础性统计工作薄弱,因而本课题定量分析没有达到预期的设想,只得待以后条件成熟后再加以完善。同时,由于课题组成员的工作经历和研究积累的局限性,再加上时间仍显得仓促,对有关问题的研究有待进一步实践和深化,本研究定存在不足之处,恳请有关领导、专家学者、老年教育工作者批评指正。

叶忠海

2018年9月

目 录

一、总论篇

中国当代老年教育发展研究总报告 ………………………………… 3

二、区域篇

上海市中心城区老年教育发展指数研究 ……………………………… 33
广州市老年教育发展研究报告 ………………………………………… 63
太原市老年教育发展研究报告 ………………………………………… 79
南昌市老年教育发展：现状、问题与策略 …………………………… 93

三、类型篇

中国当代社区老年教育发展现状评析 ………………………………… 111
中国当代学校老年教育发展现状综述 ………………………………… 123
中国当代老年远程教育发展现状评析 ………………………………… 133

四、专题篇

我国老年教育四十年：回眸、困厄与超越 ·················· 146
我国当代老年教育发展现状评析 ·························· 158
中国老年教育发展展望 ·································· 170
老年教育发展指数的探索 ································ 182
国际老年教育发展的特点、模式和未来取向 ················ 185

五、附录

附件1 国家和教育部老年教育相关研究项目(1980—2017年) ·············· 197
附件2 中国成人教育协会历届全国成人教育优秀科研成果评选老年教育获奖
名单一览表(2003—2017年) ································ 200
附件3 老年教育相关研究生论文 ································ 203
附件4 我国公开出版的老年教育相关著作(1985年—2018年5月) ·············· 211

一、总论篇

中国当代老年教育发展研究总报告

叶忠海

第一部分 中国当代老年教育发展的历程回顾

一、发展阶段

我国当代老年教育是随着国家经济社会和老龄事业的发展进程而展开的。在这里,以对老年教育产生重要积极影响的重大社会事件为依据划分老年教育发展阶段,即以1996年《中华人民共和国老年人权益保障法》的颁布、2002年党的十六大报告提出形成全民学习、终身学习的学习型社会、2012年党的十八大提出"办人民满意的教育"为依据,将我国当代老年教育的发展历程划分为:初创期、推展期、发展期、繁盛期四个阶段。

(一)初创期(20世纪70年代末80年代初—1995年)

20世纪70年代末80年代初到1995年,为我国老年教育发展的初创期。该阶段,老年教育初创的社会背景,一是1978年党的十一届三中全会召开;二是90年代国家经济体制转型。党的十一届三中全会作出了改革开放、全党工作重心转移到社会主义现代化建设上来的战略决策,把知识、人才问题上升到决定现代化建设成败的战略问题,将教育和科学视为最为关键的因素。这就为老年教育的初创提供了良好的社会背景。在此同时,终身教育、终身学习的理念成为国际社会的一种新思潮,对我国的教育改革发展产生重要影响。

理论准备。20世纪70年代,国外老年教育理论开始勃兴。1975年国际第三年龄大学协会(AIUTA)的成立;1976年《教育老年学》杂志在美国创刊;1991年英国第三年龄大学创始人之一彼得(Peter Laslete)提出第三年龄框架理论,标志着老年教育学科开始形成新的独立学科。在我国,随着老年教育活动的开展,迫切需要理论的指导,加上国外老年教育思想的引入,我国老年教育研究开始兴起。1985年7月,中国首个老年教育研究的群众性团体——哈尔滨老年教育学会成立。同年12月,全国老年大学经验交流会的召开促进了老年教育研究。此后,老年教育研究活动由各地相继开展。1989年,在武汉召开了"老年教育国际研讨会",通过了《武汉宣言》。上世纪90年代,我国涌现出一批老年教育相关学术成果。代表性的有:《老年学和老龄问题》(熊必俊,1990)、《老年教育与美学》(贾岩主编,1991)、《教育老年学》(邱天助,1993)、《老年心理与教育》(王荣刚等,1994)等,这些学术成果为老年教育的初创作了理论准备。

政策准备。1982年2月,中共中央发布的《关于建立老干部退休制度的决定》,废除了干部领导职务实际存在的终身制,实施国家工作人员退休制度。大批老干部骤离岗位,急需角色转变,建立一种新的生活方式,以适应退休后的生活。在这样的背景下,老年大学应运而生。干部制度改革直接促进老年教育的发育。1994年12月,国家计委、民政部、劳动部等10个部门联合制定了《中国老龄工作七年发展纲要(1994—2000年)》。该纲要提出了实现"五个老有",即老有所养、老有所医、老有所为、老有所学、老有所乐。其中强调"实现老有所学,保障老年人受教育的权利,不断提高老年人的素质",并肯定老年大学、老年学校是老年教育的重要形式。此后,1995年3月全国人大会议又通过了《中华人民共和国教育法》,其第十一条规定:"完善现代国民教育体系,健全终身教育体系,提高教育现代化水平。"这些文件和法规的出台,均为老年教育初创和发展作出了政策上的准备。

实践初创。在废除干部终身制的背景下,1983年我国第一所老年大学"山东红十字会老年大学"建立。紧接着,1984年成立了"广东岭海老年大学",上海市杨浦区四平街道成立了社区老年学校——"四平老年大学"。之后,在全国范围内,长沙、哈尔滨、贵阳、南京、北京、广州等许多省市区,离退休人员们相继自发地创办了老年大学。在1985年全国老年大学经验交流会上,国家领导人充分肯定了老年大学的作用。在此基础上,中国老年大学协会作为全国一级协会于1990年成立。该协会作为全国非营利专业社团,协助政府负责老年大学业务指导,并组织全国各地老年大学开展协作和交流,推动老年教育机构的初创。

在国家经济体制转向社会主义市场经济体制的背景下,1993年后我国的社区教育取得了突破性进展，进入到以全员、全程、全方位为发展导向和特点的新的发展阶段，其中社区老年教育崛起，老年人群开始活跃在基层社区教育的舞台上，成为基层社区教育的主要角色。

(二) 推展期(1996—2001年)

1996年到2001年，为我国老年教育发展的推展期。1996年，全国人大颁布了《中华人民共和国老年人权益保护法》。从此老年教育开展有了法律上的依据。国家经济体制转向社会主义市场经济体制后，影响和改变着人们传统的价值观念、思维方式、工作方式、学习方式、生活方式等，对社会成员，包括老年人群的整体素质提出了崭新的要求，从而较为普遍地产生了内在的学习需求，成为推动老年教育的动力。

理论探索。这一时期老年教育研究有了新的探索和进展。1995年，在北京举办了第三年龄学习国际研讨会。可喜的是，老年教育研究，开始列入全国教育科学规划项目，并取得了新的研究成果。代表性的著作有，中国老年大学教育研究组编著的《老年学校教育学》(1998)、邬沧萍教授主编的《社会老年学》(1999)。列入全国教育科学"十五"规划教育部重点课题有：马超的"中国大中城市老年教育组织实施的实验性研究"，姚远的"人口老龄化过程中的中国老年教育研究"。另外，世界卫生组织于2001年向即将在西班牙马德里召开的联合国第二届世界老龄问题大会提出了积极老龄化的书面建议。会议通过了《政治宣言》和《老龄问题马德里国际行动计划》，确认了积极老龄化的三个支柱：健康、参与、保障。该会议对我国老年教育研究带来了新的理论依据。

政策颁布。全国人大颁布的《老年人权益保护法》明确提出"老年人有继续受教育的权利。国家发展老年教育，鼓励社会办好各类老年学校。各级人民政府对老年教育应当加强领导，统一规划"。1999年，国务院批准教育部的《面向21世纪教育振兴行动计划》提出了要逐步建立和完善终身教育体系。2000年，中共中央、国务院《关于加强老龄工作的决定》强调"各地要重视发展老年教育事业"，并明确提出基本实现"六个老有"，其中包括"老有所教"和"老有所学"。接着，2001年中组部等五部门联合下发《关于做好老年教育工作的通知》，要求"培育和树立一批条件较好、质量较高、制度较全、颇具规模的规范化老年大学示范校"，规范老年大学办学。同年，《中国老龄事业发展"十五"计划纲要(2001—2005年)》，又强调"大力发展老年教育"，并提出了"建立老年教育网络"和"开展适合老年人特点的教育活动"的要求。上述的法规、决定和计划等，有力推进了老年教育的推广。

实践推展。该阶段老年教育办学有了法律依据，走上了依法办学的新阶段，老年教育有了较大的推广。其反映在：一是老年大学和老年学校的不断发展，在校人数也在不断地增加，并创办了一批示范性老年大学；二是远程老年教育相继开办，北京、上海等大城市相继开办了空中老年大学、网上老年大学，或在老年大学内开设多门电视课程和网络课程；三是基层社区老年教育有新发展。

（三）发展期(2002—2011年)

2002年至2011年，为我国老年教育的发展期。在此期间，党的十六大提出全面建设小康社会的目标。其中，包含"基本形成全民学习、终身学习的学习型社会，促进人的全面发展"。2010年，《国家中长期教育改革和发展规划纲要(2010—2020年)》提出要"重视老年教育"。这就为老年教育发展提供了良好的社会环境和强有力的动力。

理论发展。该阶段老年教育研究有了新的发展。一是与中国的社会变革紧密结合，围绕以建设社会主义和谐社会为中心研究老年教育，代表性著作有郑令德等主编的《和谐社会与老年教育》(2007)等。二是对老年教育多种模式加以研究，如顾秀莲的"老年远程教育研究"(2009)、吴云龙的"社区老年教育研究"(2009)、杨守吉的"高等院校老年教育服务模式探析"(2011)等。三是群众学术团体积极推动老年教育研究。中国成人教育协会学术委员会将老年教育研究列入"十五"、"十一五"成人教育科研规划课题，并参与成人教育优秀成果评奖。中国老年大学协会召开理论研讨会，探讨老年教育的理念、规律和发展经验。在此期间，据不完全统计，出版了13部老年教育著作，如，董之鹰的《老年教育学》(2009)、孙建国主编的《中国老年教育探索与实践》(2011)、施祖美的《老年教育策论》(2011)等。这些学术研究成果为我国老年教育发展提供了理论上的先导。

政策发展。正如前述，党的十六大为我国绘制了全面建设小康社会的蓝图，其中提出构建终身教育体系，构建学习型社会的目标，这强有力地推动了老年教育的发展，使我国老年教育发展进入一个新阶段。2003年，党的十六届三中全会强调"以人为本"的科学发展观，为老年教育提供了发展理念——"以老年人为本"。2006年颁布的《中国老龄事业发展"十一五"计划纲要(2006—2010年)》，明确要求"各级政府要加大对老年教育的资金投入，同时动员社会力量，因地制宜办好老年人电视大学、老年网上学校，倡导社区办学"，这些要求对该阶段老年教育发展起到了很大的促进作用。尤为值得注重的是，2007年颁布的《国家教育事业"十一五"规划纲要》第一次将老年教育列入国家教育发展规划，之后《国家教育改革和发展规划纲要》又强调要"重视老年教育"。这标志着老年教育的教育属性得到党和国家正式确认，从而加快了各地政府教育行政部门对老年教育的统筹规划和制度保障。2011年颁布的《中国老龄事业发展

"十二五"规划(2010—2015年)》提出的"创新老年教育体制机制,探索老年教育新模式,丰富教学内容",以及提出"在加大财政投入的同时,支持社会力量参与,扩大老年大学办学规模"等要求,又进一步指明老年教育改革和发展的方向。

实践发展。该阶段老年教育发展反映在:一是老年教育纳入终身教育体系,由教育行政部门对老年教育业务加以统一指导,尤为令人瞩目的是,上海市建立全市统一的老年教育工作管理体制,将老年教育纳入市教委管理体制中;二是各地政府制定了老年教育发展目标,提出了具体的发展举措,老年大学(学校)规模又得到了发展,2010年老年大学(学校)数达到41 887所,并又创办了一批示范性学校;三是企事业单位和民间组织投入到发展老年教育的行列中;四是社会老年教育产生和发展,图书馆、博物馆等公共文化服务设施向老年人提供学习机会;五是基层社会老年教育遴选了28家全国社区教育示范区。

(四)繁盛期(2012年—)

自2012年至今,为我国老年教育的繁盛期。以2012年党的十八大的召开为划分依据。该阶段老年教育繁盛的主要社会背景有《全国老年发展规划(2016—2020)》的颁布和党的十九大的召开。

理论繁盛。该阶段的理论研究,不仅表现为横向拓展,而且也表现为向纵深发展,开始了老年教育学科体系的研究。代表性的有《教育学视阈中的老年教育》(岳瑛,2012)、《老年教育教学论》(钱源伟,2016)、《老年教育学》(杨德广,2016)等。尤为令人关注的是,由上海市终身教育研究会组编,叶忠海总主编的《老年教育理论丛书》(6部),包括《老年教育学通论》(叶忠海主编)、《老年教育心理学》(张永等)、《老年教育管理学》(张少波、李惟民主编)、《老年教育经济学》(金德琅主编)、《老年教育社会学》(张东平主编)、《海外老年教育》(齐伟钧、马丽华等),填补了我国老年教育学科体系的空白。这些研究成果,对老年教育实践活动起到了导引和促进作用。同时,该阶段我国老年教育研究与国际交流对接更为活跃,一方面积极有准备地参与国际第三年龄大学协会(AUITA)主办的研讨会,并在会上作主题发言;另一方面,在国内举办国际老年教育论坛,自2013年以来,已在中国国际教育年会框架下举办了三届。上海老年教育研究院也于2018年举办老年教育东方论道的国际论坛,请AUITA执委会成员参会,会上成立了中国老年大学协会国际老年教育研究中心。

政策繁盛。在此期间,党和国家出台了系列文件,使我国老年教育呈现繁盛的景象。2012年11月,党的十八大给老年教育规定了"努力办好人民满意的教育"的最高准则和"2020年教育现代化基本实现"的宏伟目标。同年,《关于进一步加强老年文化建设的意见》,要求"文化教育部门要把老年教育纳入到终身教育和社区教育体系"。2013年党的十八届三中全会提出了"全面深化改革"的要求,指引和推进老年教育转型发展。之后,修订的《老年人权益保障法》,再次强调把"老年教育"纳入终身教育体系,并要求各级政府不仅要"加强领导,统一规划",而且要"加大投入"。2016年,国务院办公厅印发的《老年教育发展规划(2016—2020年)》,是我国第一部老年教育专项规划,对老年教育发展的指导思想、基本原则、主要任务、重点推进计划、保障措施等基本问题作了明确的阐述和规定。其作为发展蓝图和行动指南,鼓舞着全国老年教育界拓展和深化我国老年教育发展。翌年1月,国务院印发的《国家教育事业发展"十三五"规划》,进一步要求"推进老年教育机构逐步纳入地方公共服务体系,完善老年人学习服务体系"。党的十九大提出要"加快建设学习型社会",这给加快发展老年教育注入了强劲的动力。

实践繁盛。在此期间,老年教育蒸蒸日上,呈现出崭新的面貌。一是提升了老年教育的高度,强调"让每一个老年人都能安享晚年"作为实现"中国梦"的重要内涵;二是各地政府积极制定本地区老年教育发展规划,提出了老年教育发展的目标和任务;三是远程老年教育迅速发展,远程老年教育"三个一"行动计划普遍开展,成立远程教育工作委员会,组建远程老年教育试验区指导中心,远程老年教育成为老年教育新的模式;四是社区老年教育进一步发展,在京召开了全国社区教育与老年教育专题研讨会,会议提出两者协同工作和协同研究的发展方式;五是老年大学规范化有了新发展,中国老年大学协会表彰了全国示范性老年大学176所。

二、发展特点

(一) 发展理念:以人为本,服务成功老化

坚持人本性为老年教育发展导向,是我国老年教育首要的特点。1996年8月我国颁布的《中华人民共和国老年人权益保障法》总则第三条所提出的"老有所养、老有所医、老有所为、老有所学、老有所乐"等"五个老有",就充分体现出人本精神。之后2003年10月党和国家正式提出"坚持以人为本思想",党的十八大把"以人为本"思想提高到前所未有的高度,作为贯彻落实科学发展观的核心立场,作为检验党的一切执政活动的"最高标准",并提出始终把人民放在心中的"最高位置",党的十九大习总书记又再次强调以人民为中心的发展思想。近四十年来,我国老年教育一直坚持以以人为本思想为指导,明确其最终价值取向在于促进老年人终生全面发展,并将其贯穿于老年教育改革发展的全过程各环节、各个方面之中,服务老年人积极老龄化。2016年

10月国务院办公厅印发的《老年教育发展规划(2016—2020年)》中,就将"以提高老年人的生命和生活质量"作为老年教育的目的,"使老年人获得更多的幸福感"作为发展老年教育的总体指导思想。

(二)运行机制:政府主导,多力合一运行

纵观我国老年教育发展历程,一个显著的发展特点就是逐渐形成了政府主导、多力合一,政府和社会相结合的办学机制。一方面,党和国家高度重视老龄工作,积极推进老年教育事业发展,通过编制规划、制定政策法规、营造环境、加大投入等,在老年教育发展过程中起着主导保障作用。在编制规划上,我国政府颁布实施了《中国老龄工作发展纲要(1994—2000年)》、国务院办公厅印发了《老年教育发展规划(2016—2020年)》。在制定政策法规上,全国人大颁布了《中华人民共和国老年人权益保障法》等文件。另一方面,社会多方发力,包括社会参与力、教育支撑力、市场调节力、社区自治力、老年群体主体力等多力合一运行,共同推进老年教育发展。

(三)推进策略:实验先行,示范引领推进

近四十年来,我国老年教育发展迅速的因素之一,即采取了实验先行,示范引领推进的策略。从基层社区老年教育来看,1999年,国务院批准的《面向21世纪教育振兴行动计划》中就提出:"开展社区教育实验工作,逐步建立和完善终身教育体系,努力提高全民素质",并于2001年11月公布了第一批共28家全国社区教育实验区。其目的就在于通过实验,积累有关社区教育、包括社区老年教育的经验,为其他地区开展社区教育起着示范引领和带动作用。自2008年始,为贯彻落实党的十六大提出的"构建终身教育体系,形成全民学习、终身学习的学习型社会,促进人的全面发展"的目标,全国和省级教育行级部门又决定遴选设立社区教育示范区。截至2016年6月,教育部已遴选设立122个全国社区教育实验区和127个全国社区教育示范区。各省设立了逾500个省级社区教育实验区和示范区。实践证明,这种通过实验区—实验街镇—实验项目,然后遴选出示范项目—示范街镇—示范区的举措,涌现了一大批终身学习的"百姓之星",培育了一批社区老年教育的特色品牌,从而形成了以点带面的推进策略。由于我国基层社区教育服务对象主要是老年人,该策略即有力推进着基层社区老年教育广泛而深入的发展。学校老年教育和远程老年教育也均体现这个特色。正如前述,前者,通过培育和遴选老年大学示范校;后者,通过建立远程老年教育试验区,以试验先行,以示范引领,以点带面推进上述两种老年教育模式的发展。

（四）办学模式：五位一体，实现多元发展

为了扩大老年教育供给，最大限度地满足各类老年群体的学习需求，我国正在创新老年教育体制机制，着力推进老年人自主教育、基层社区老年教育、学校老年教育、远程老年教育、社会老年教育等"五位一体"的老年教育发展新模式。在力求满足老年人学习需求过程中，使各类老年教育得到发展。就老年人自主教育而言，各种不同类型和形式的老年学习共同体和学习团体正在不断涌现，如：上海现有老年人学习团队2.3万个，人数64万人；杭州市老年人学习共同体蓬勃发展，召开了社区学习共同体研讨会。就基层社区老年教育而言，形成了东部沿海地区广泛开展，中西部地区逐步推进的发展格局，在县级范围内，一般建立了县（市、区）—乡镇（街道）—村（居委会）三级社区老年教育系统。就学校老年教育而言，全国已有7万所老年大学，在校学员800多万人，办学规模1万人次以上的老年大学有18所。就远程老年教育而言，各省市正在积极推动开放大学和广播电视大学开办"老年开放大学"和"网上大学"。东部地区将其延伸至街镇乡、基层社区，与社区数字化学习紧密结合。就社会老年教育而言，各地区公共文化设施向社会开放，开展了各种形式的社会老年教育。有些地区积极探索"养教结合"老年教育，建立内容多样的老年教育体验基地，积极探索"体验式"老年教育。

三、发展规律性

任何事物的产生和发展，都有其规律性。不论其发展形式如何，规律总制约着事物的发展。老年教育发展作为一种特殊事物的运动形式也不例外。老年教育发展规律，从根本上左右着老年教育的发展，从而规定着老年教育的实践活动。要科学而有效开展老年教育，使老年教育可持续发展，就得从老年教育发展过程中，寻求其发展的规律性。

（一）老年教育发展取决于老年人学习需求的满足度，应在不断满足老年人学习需求过程中发展老年教育

唯物辩证法认为，事物发展的根本原因，不是在事物外部而是在事物的内部，在于事物内部的矛盾。老年教育发展也不例外。老年教育实质是老年人的终生发展教育，其目的是为老年人积极老龄化服务。满足老年人的学习需求，促进老年人的终生发展，是老年教育根本的出发点和落足点。老年教育是为满足老年人学习需求而存在而发展的教育形态，满足老年人学习需求是老年教育发展的根本的内源性动力。

四十年来,中国老年教育发展史也表明,老年人学习需求度越高,对发展老年教育的要求就越强烈。这就要求老年教育发展与老年人学习需求相匹配,包括老年教育的数量、质量和结构与老年人学习需求的广度、高度和结构相对应。当老年教育发展与老年人学习需求不相适应时,就得改革和发展老年教育。老年教育就是在不断产生和解决老年人学习供需矛盾中得以发展的。

(二)老年教育发展受制于老龄终教事业发展度,应在老龄终教事业发展中发展老年教育

老年教育体现着教育的终身性,是终身教育体系的最后阶段和重要组成部分。建立和完善终身教育体系离不开老年教育,老年教育可持续发展,又必须置于终身教育体系构建和完善、终身教育事业发展之中。近四十年中国老年教育史实也表明,中国老年教育得以发展迅速的阶段,也就是有效地推进建设终身教育体系阶段,老年教育就在建立和完善终身教育体系中得到发展。

老年教育又是老龄事业系统的重要内容和方面,发展老龄事业离不开老年教育,老年教育可持续发展又必须融入到老龄事业系统发展之中。近四十年中国老年教育发展充分说明这一点。但凡老年教育有着跨越式发展之势,也就是老龄事业进入新阶段之时,老龄事业发展强有力地带动着老年教育发展。

(三)老年教育发展取决于老年人主体性发展度,应在充分发挥老年人主体作用中发展老年教育

老年教育是以广大老年人为对象的教育活动,其根本宗旨在于促进老年人积极老龄化。老年人具有丰富的智慧、经验和技能。第二次老龄问题世界大会《政治宣言》明确指出,"老年人的潜力是未来发展的强有力的基础"。广大老年人对老年教育的取向、内容、重点和模式最有发言权,对老年教育发展的质量和成效最有切身体会,他们是老年教育发展的参与主体、评价主体和推动主体。在老年教育中,发挥老年人主体性是老年教育的"天职"。只有老年人主体性和主体作用得到充分发挥,老年教育才能有效地得到发展。

实践证明,但凡老年教育开展得好的地区,他们均十分注重老年人参与的主体性,包括参与的广度、深度和高度。老年人以多种形式参与老年教育的全过程,包括策划、实施、监督、评估、激励等基本环节,发挥其主体作用。不仅如此,他们还十分注重优化对老年人学习的优质服务,提高老年人学习需求的满足度,从源头上激发老年人参与的内源性动力,从而从根本上推动老年教育的深入发展。

(四) 老年教育发展取决于政民意向统合度,应在政府统筹全民合力下发展老年教育

老年教育是事关全国2亿多老年人的大事,也是关系到老龄事业和社会发展全局的大事。又基于老年教育具有明显的公益性本质属性,执政的党和政府当然要加以重视和投入。然而,要满足世上老龄人口最多、学习需求最大的社会需求,仅仅靠政府力量是不够的,还必须依靠社会民众的力量。只有当政府的选择导向性与民众的需求选择性统合一致,即政府的意志与民众的意愿高度契合形成合力时,老年教育才会生气蓬勃广泛而深入持久地展开。

近四十年来,我国老年教育发展的丰富实践也充分证明此点。一方面,我们党和政府高度重视老龄事业,包括老年教育事业,有着强大的政治优势、制度优势、组织优势,强有力地推进了老年教育的发展。特别当国家作出关于老年教育发展的重大战略决策和制定老年人权益保障法规后,这种强大推动力尤为显著地反映出来。另一方面,开展老年教育已成为社会共识。"家家都有老,人人都会老",老年教育成为社会各方参与和支持的行动。自上而下、自下而上、上下结合已成为中国老年教育发展的特色。

第二部分　中国当代老年教育发展的现状分析

一、发展成就和进展

近四十年来,在改革开放大背景下,我国老年教育呈现出从未有过的蓬勃发展之势,取得了前所未有的成就,其展开的范围之广、规模之大、类型之多、发展之快、收效之著,令世人瞩目。

(一) 终身学习思想逐渐深入人心,形成了发展老年教育的社会共识

近四十年来,我国老年教育经历着多个发展阶段,现已进入繁盛的新阶段。随着老年教育在各地逐渐展开,参与的老年人群日益扩大,终身学习思想逐渐深入人心,对"终身学习"的认同度明显得到提高。据本课题组调查,在问及"对终身学习成为一种生活方式"的态度时,上海市、广州市、南昌等地高达75%以上老年人表示赞同和比较赞同。"活到老,学到老"、"学无止境"的终身学习思想,已广为人知,成为一种新的生活方式。

（二）制定了相关老年教育政策法规，开始依法实施老年教育

我国老年教育从创办到发展，始终得到党和国家的重视和支持。从本文历史回顾部分可清楚地看到，中央发了一系列文件，推进老年教育发展。1996年，《中华人民共和国老年人权益保障法》颁布，明确规定"老年人有继续受教育的权利"，"国家发展老年教育，鼓励社会办好老年教育"，并提出了"六个老有"的工作方针，即"老有所养、老有所医、老有所教、老有所学、老有所为、老有所乐"。2000年，中共中央、国务院又下发了《关于加强老龄工作的决定》，其中要求，"各地要重视发展老年教育事业"。直至2016年，《全国老年教育发展规划》的出台，展示了未来我国老年教育的发展蓝图，是我国老年教育发展的行动指南。这一切，均体现了党和国家发展老年教育的意志和决心，为依法实施老年教育创造了十分有利的条件。在上述的背景下，有些地方人大及政府颁布了加强老年教育的地方性法规。天津市人大于2002年7月就通过了《天津市老年人教育条例》，自2002年9月起施行，进入了依法施教阶段。

（三）确立了老年教育管理体制，形成了政府与社会相结合的办学机制

经过近四十年的发展实践，我国老年教育确立了符合现阶段中国国情的管理体系，即党委领导，政府统筹，教育、组织、民政、文化、老龄部门密切配合，其他相关部门共同参与的管理体制。对此，《全国老年教育发展规划》作了阐明。不仅如此，整个老年教育发展历程中，坚持了"党委领导、政府主导、社会参与、全民行动"的老龄工作方针，突破了传统的单一政府办学机制，形成了政府和社会相结合的办学机制，以及政府投办、高等学校投资办、行业企业投资办、社会团体组织投资办、个人投资办等多渠道、多层次的老年教育办学格局。

（四）实施多样化老年教育，初步形成了老年教育框架体系

老年人群是一个多类型多层次的复合的群体结构，学习需求具有明显的差异性特点。为了满足这种差异性学习需求的特点，我国老年教育经长期的实践积累，形成了多样化老年教育，包括教育模式多样化、课程内容多样化、教学形式多样化、教学手段多样化等等。就教育模式多样化而言，既有以老年大学为代表的学校老年教育，又有大量以学习共同体为特征的老年人自主教育，广泛的基层社区老年教育，还有线上线下相结合的远程老年教育，以及以社会公共文化设施为载体的社会老年教育等。就课程内容多样化而言，既有以大众的养生保健类、休闲生活类为主的课程，又有文化修养类的博雅课程，还有专（职）业类智能再开发课程等。就教学形式而言，除课堂式以外，又有活动式，还创新出现场体验式、养教一体式、游学结合式等。就教学手段多样

化而言,除积极利用现代信息技术,实施数字化、网络化教学外,还开发利用了社会多种潜在的隐性资源,作为老年教育活动的载体和手段。由上可见,我国老年教育,在政府重视和支持下,在社会各界和老年教育界的努力下,已初步形成多类型、多层次、多形式、多手段的老年教育框架体系。对此,老年学习者对已参加的学习活动满意度相当高。据本课题组调查,上海市达到95%以上,广州市达到93.6%,太原市也达到87.2%。与此相应的是,老年学习者收获感相当高,上海市达到95%以上,广州市也达到84.3%。

(五) 老年教育研究呈现良好态势,学科建设开始启动

在促进老龄事业发展过程中,随着老年教育实践活动广泛而深入的展开,老年教育研究呈现出良好的态势。一是老年教育列入高层次研究。自本世纪以来,有多项老年教育课题在国家社科基金、全国教育科学规划课题立项。2000年,就有"老年教育问题研究"在国家社科基金项目中立项。2001—2015年全国教育科学规划老年教育立项课题就有16项。二是,高校年青的博士生、硕士生参与了老年教育研究,这是尤为可喜的。据不完全统计,自2003年至今,已发表了133篇博士、硕士学位论文。三是老年教育研究涌现了一批成果,得到了学术界的认可。据不完全统计,截至2017年,公开出版老年教育专著就有40部。本世纪以来,中国成人教育协会学术委员会成人教育科研成果评奖中,其中得一、二等奖的老年教育科研成果就有31项。四是启动了老年教育学学科建设。正如前述,2013年,上海市终身教育研究会学术委员会组织全市学术力量,推出了《老年教育理论丛书》,从教育学、心理学、管理学、社会学、经济学等多学科视角聚焦老年教育研究,为老年教育学的学术体系、学科体系、话语体系的建构迈出了可贵的一步。

(六) 推进国际交流和合作,扩大了中国老年教育的国际影响力

正如前述,我国自20世纪90年代以来,积极参与国际老年教育交流和合作。特别近几年来,我国实施国际议题、国内研究的"1+1"研讨模式,即针对AUITA每年的国际议题,在国内老年教育界组织专家学者先行研讨,把研究成果拿到当届国际会议上发表。该模式的确立,不仅使我国老年教育理论研究与国际关注问题能有效地交流互动,而且能有效地宣传中国老年教育的成就和经验,体现中国老年教育的学术水平。正如AUITA主席维拉斯教授给中国老年大学协会信中所写:"国际老年大学协会同中国老年大学协会之间的合作可以成为促进全世界老年大学发展的合作典范。"

二、发展挑战和问题

(一) 社会对老年人及其教育的认知还有待提高,老年人学习活动参与率仍不高

当今社会,消极老龄观仍束缚着一部分人的头脑,总认为老年人是个被照顾的社会边缘群体,老年人是社会负担,人口老龄化带来社会沉重的负担,是社会发展的消极因素。基于这样的消极老龄观,因而在一部分人的潜意识中将老年教育消极认为是一项福利性事业,是一个老年人安度晚年养老的举措。上述的消极看法,在我国中西部地区反映较为明显,直接影响着老年教育的发展,制约着老年人群的参与率。据本课题组山西分课题组调查统计,太原市近80%的老年人未参加过老年教育机构的学习,参加过社区学习团队的比例不到1%。

(二) 老年教育发展不平衡、供给不充分问题突出

由于我国经济社会发展水平呈现出明显的区域间、城乡间的不平衡性,这就从根本上决定着我国老年教育发展的区域间、城乡间的差距性。这种差距性反映是多方面的,既有发展条件的差距,又有认识理念的差距,还有工作力度的差距;既有老年教育发展广度的差距,更有老年教育发展的深度、高度的差距等等。从老年大学(学校)在六大行政区分布来看,就能够说明此问题。据中国老年大学协会2015年统计,华东区的老年大学和老年学校数,占全国学校总数的60%之多。具体见下列表(1)。

表1 老年大学(学校)在六大行政区的分布

地 区	办学数量	占 比
华东区	36 296 所	63.1%
华北区	6 823 所	11.9%
西南区	6 295 所	11.0%
中南区	5 248 所	9.1%
东北区	2 294 所	4.0%
西北区	525 所	0.9%

资料来源:陆剑杰.我国老年教育存在的问题与解决问题的理论钥匙[J].上海老年教育研究,2017(4).

其中,乡镇老年学校的数量在六大行政区分布更不平衡,见下列表(2)。然而,我国74.9%的老年人口主要分布在广大农村。再就全国社区教育实验区、示范区分布

来看,东部地区示范区占近70%,实验区占62%,也很明显地说明东部与中西部发展很不平衡,见表(3)。

表2 乡镇(社区)老年学校在六大行政区的分布

地 区	办学数量	占 比
华东区	3 655 所	37.1%
华北区	3 585 所	36.4%
西南区	1 527 所	15.5%
中南区	915 所	9.3%
东北区	119 所	1.2%
西北区	56 所	0.6%

资料来源:陆剑杰.我国老年教育存在的问题与解决问题的理论钥匙[J].上海老年教育研究,2017(4).

表3 全国社区教育实验区、示范区的分布

	实 验 区		示 范 区	
	数量	占比	数量	占比
东部地区	80 个	62.0%	83 个	69.2%
中部地区	31 个	24.0%	22 个	18.3%
西部地区	18 个	14.0%	15 个	12.5%

资料来源:本课题组统计

(三)老年教育法制建设和管理体制还不够完善

尽管我国法律制度确认了老年人的受教育权利和平等公正的教育资源分配原则,但仍存在老年教育法制建设不完善,教育权利保障不充分的问题:一是从国家层面上,至今没有一部专门的老年教育法律;二是老年教育保障仍较多停留在教育权利在法律上的确认,对老年教育的性质、定位、功能、价值等基本问题未得到法制上的界定和定位,权利实现也缺乏具体的可操作性的规定;三是《老年人权益保护法》"丰富精神文化生活"的老年教育定位和内涵问题需加以明确。在管理体制方面,尽管《全国老年教育发展规划》提出了"建立健全党委领导、政府统筹、教育、组织、民政、文化、老龄部门密切配合,其他相关部门共同参与的老年教育管理体制",但仍未明确提出国务院及各级政府层面建立统筹协调机构;也未进一步明确老年教育由教育部门牵头实施,上述的统筹协调机构办公室设在教育部门。基于上述的管理体制方面的问题,整体性老年教育基础统计工作甚为薄弱。

(四) 老年教育理论研究、学科建设滞后

尽管老年教育理论研究发展较快,呈现良好的态势,取得了明显的成绩,但是,相对于我国老年教育事业的迅速发展而言,老年教育理论研究,特别是学科建设显得滞后。总的来说,我国老年教育科学理论研究仍处于初创阶段,存在"四多四少"的状况,即多的是工作研究,少的是基础理论研究;多的是零散研究,少的是系统的学科体系研究;多的是宏观一般关系研究,少的是以老年人为本的微观深入的研究;多的是学校老年教育研究,少的是整个社会老年教育研究。可见,我国老年教育理论研究还不能满足老年教育事业和老年教育工作发展的需要。

第三部分　中国老年教育发展的战略思考

一、老年教育发展的理论依据

老年教育的发展,需要依据老年人身心发展的规律和老年教育的发展规律。在这里,仅就依据"以人为本"理念、终身学习理论和积极老龄观等问题加以阐明。

以人为本理念。以老年人为本,是老年教育改革发展的指导思想,必须贯穿于老年教育改革发展的全过程及其各环节、各方面之中。具体来说,应充分体现以下方面:一是应充分体现"人是目的"的思想,明确老年教育最终价值取向在于促进老年学习者的终身而全面发展,这是发展老年教育的出发点和落足点;二是应充分体现"人是主体"的思想,要求老年教育充分发挥老年学习者的主体作用,满足老年学习者主体性需要,这是发展老年教育的根本动力;三是应充分体现"人作为尺度"的思想,明确老年学习者是评价老年教育的基本主体,应以他们的知晓度、认同度、参与度、满意度作为衡量老年教育质量和成效的根本标准;四是应充分体现"人是过程"的思想,要求老年教育,不仅为某个年龄段的老年学习者服务,而且要为整个老年期终身发展服务,应把这种服务贯穿于老年人生命老化的全过程,力求做到阶段性与连续性的统一,这是拓展和深化老年教育的基本要求。

终身学习理论。终身学习,是指个人在生命全过程中所从事的各类学习活动的总和。一般认为,终身学习概念,涉及"终身"与"全面"两维视角。前者,系指学习贯穿个

人的一生,个人在整个人生中均应有实质的学习机会;后者,系指学习发生于各种环境与情境之中,涵盖正规学习、非正规学习和非正式学习。研究表明,由下列要素共同构成终身学习理论。

学习对象:社会全体成员;学习目的:促进人的终生而全面发展;学习时程:人的生命全程;学习空间:人类整个活动空间;学习内容:人终生发展所需的全方位内容;学习资源:社会各种资源的整合和共享;学习类别:包括正规学习、非正规学习、非正式学习;学习方式:多样化。

老年人学习,是终身学习的终结阶段,最能体现学习终生的特征。基于老年人学习的人生定位和基本特性,很显然,终身学习理论应成为发展老年教育的理论基础。

积极老龄观。积极老龄观是指积极、正确和全面认识和对待老年人群和人口老龄化的系列观点的总和。该观点,由世界卫生组织提出,联合国老龄问题大会确认并传播。早在1982年,英国学者罗伯特·巴特勒提出"产出性老龄化"的概念,指的是老年人参与有报酬的或无报酬的生产及服务供给活动,意在强调老年人仍然可以对经济和社会的发展作出贡献。同年,联合国第一次老龄问题世界大会通过的《维也纳老龄问题国际行动计划》决议中就指出:"老年人是社会的财富而非负担,因为他们可以用其累积的丰富知识和经验做出价值无比的贡献"。到20世纪90年代后期,在《联合国老年人原则》所强调的老年人独立、参与、照料、自我实现和尊严等五原则基础上,世界卫生组织采用了积极老龄化概念,并于2001年向联合国第二次老龄问题世界大会提出了书面建议。2002年大会确认了这一概念,将其内涵写进了大会的《政治宣言》和《行动计划》。积极老龄化,由"健康"、"参与"、"保障"三个支柱构成。其中,"健康"是前提和基础,"参与"是重点和核心,"保障"是照料和保证,三者是个有机统一的整体。同时,积极老龄化理论强调老年人群蕴藏着巨大的发展潜能和价值潜能,老年人的潜力是社会未来发展的强有力基础。可见,积极老龄观,从新的高度诠释了老年人的社会角色、价值和生命的意义,是对健康老龄化观点的一次理论升华,是老龄观的一次革命性变革。

二、老年教育发展的目标

老年教育发展目标是未来我国老年教育发展的航标。2016年10月,国务院办公厅颁布的《老年教育发展规划(2016—2020年)》,展示了该期间老年教育的发展蓝图,对我国老年教育发展具有里程碑意义。在新时代,我们要在达到《规划》目标的基础上,根据老年教育发展的理念和定位,遵循老年人身心发展规律和老年教育发展规律,参照国际社会老年教育的未来趋势,从我国老年教育现状出发,到2035年达到以下发展目标:以不断解决老年教育供需之间矛盾为主轴,进一步拓展老年教育的广度、深化老年教育的深度、提升老年教育的高度、加大老年教育工作的力度,形成具有时代特征、中国特色、老年教育特性的现代化老年教育体系,从而促进我国终身教育体系和老龄事业体系的完善,促进学习型和谐社会的可持续发展,促进老年人的终生而全面发展。

进一步拓展老年教育发展的广度。从区域而言,进一步由东部地区向中西部地区扩展,由城市向农村、牧区、渔村扩展,由社区老年教育实验区向非实验区扩展,逐步达到在全国范围内全面展开老年教育。从人群而言,进一步由低龄老年人群向高龄老年人群扩展,由经济条件较好的老年人群向处境不利的弱势老年人群扩展等等。概言之,通过老年教育广度的拓展,进一步提高我国老年教育的区域、人群的覆盖率,进一步提高老年人群对老年教育的知晓度、认同度、参与度、满意度。

进一步深化老年教育发展的深度。一是盘活、开发、整合和共享老年教育资源的深度。不仅包括教育机构的资源,非教育机构的资源,而且还包括社会居民中的教育资源,以及无形的教育资源等。二是老年人数字化学习的深度。为此,不仅要完备和提升数字化学习的硬件设备,更为重要的是加强数字化学习的软件建设,尤其要建立和完善社区老年人数字化学习支持服务体系,包括数字化学习平台子系统、学习资源子系统、辅导技术人员子系统、政策制度子系统等。三是老年教育机构内涵建设的深度。其包括老年教育课程体系建设、教学模式的创新、管理人员和教学人员的职业化专业化等。四是激发社会活力参与的深度。其包括社会组织参与老年教育的深度,以及提高学习共同体和学习团队在社区老年教育中发挥作用的程度。

进一步提升老年教育的高度。其包括老年教育认知水平的提升、发展目标的提升、评价标准的提升、理论研究水准的提升等。就认知水平提升而言,将我国老年教育与实现中华民族伟大复兴的"中国梦"紧密联系起来。发展老年教育应以实现"中国梦"作为总背景,总动力、总条件;而老年教育的发展,能增强社会凝聚力、和谐度,是实现伟大历史使命的社会基础。

进一步加大老年教育工作的力度。要实现上述老年教育发展的目标,保障老年教育向广度、深度、高度全方位发展,就必须加大老年教育工作的力度。一是国家及其地方政府建立统筹协调机构,统筹、规划、指导、协调全国老年教育工作;二是国家制定颁布终身教育法规及其下位法包括老年教育法或老年教育实施条例;三是政府继续作为主渠道,加大老年教育经费的投入,并积极探索多渠道经费投入的长效机制;四是国家进一步实施区域分异和联动的发展策略,促进区域、城乡之间老年教育的协调发展;五是政府进一步解放和增强社会活力，注重社会性培育和社会民众主体性的充分发挥，完善"多力合一"推进模式、现代化老年教育建设和治理体系。

现代化老年教育体系。即现代化老年教育系统，是终身教育体系的重要组成部分。这里所谓的现代化，主要是指老年教育具有"三特"属性：时代特征、中国特色、老年教育特性。就时代特征而言，指的是我国老年教育发展应体现信息化和智能化、知识化和专业化、国际化乃至全球化的特征。具体来说，应建立老年教育信息网络，乃至于逐渐以"人工智能＋老年教育"发展模式，以信息化智能化带动老年教育发展；加大老年教育发展的外向度，加快国际化步伐；增加老年教育的知识含量，提升老年教育的知识层次和专业化程度，从而真正达到老年教育既赋权又增能的要求。就中国特色而言，主要是指我国老年教育应以"四个坚持"为特色：坚持以习近平新时代社会主义建设特色理论为指导；坚持中华民族性为特色；坚持区域分异性为特色；坚持政府与社会并举推动为特色。就老年教育特性而言，主要是指教育对象——老龄性；教育宗旨——促进积极老龄化；教育过程——学、乐、为结合整体化；教育原则——弹性和自愿性，教育模式——教与养一体化等。

三、老年教育发展的基本思路

（一）在老龄事业大局中发展老年教育

1. 在贯彻落实"老年人权益保障法"等相关法规中依法发展老年教育

《中华人民共和国老年人权益保障法》，既是老龄事业发展的法律依据，也是老年教育发展的法律依据。该法规定六个"老有"是我国老龄事业的发展目标，其中包括"老有所教、老有所学"。可见，在国家法律层面上已将老年教育规定为老龄事业发展总体目标的重要组成部分。不仅如此，该法又有专门条款——第70条规定国家发展老年教育，将其纳入终身教育体系，从"领导"、"规划"、"投入"等方面对各级政府作了法律上的规定，并鼓励社会办好各类老年学校。此外，该法第58条、第61条，均为开展"文化养老"、社会老年教育提供了法律上的保障。我国老年教育工作者要认真学习、深入领会、积极贯彻国家《老年人权益保障法》，在贯彻落实该法中依法治理和发展老年教育。

2. 在"老年宜居"理念践行中推进适宜性老年教育

国家在《老年人权益保障法》中专列《宜居环境》一章，并规定"国家采取措施，推进宜居环境建设为老年人提供安全、便利和舒适的环境"。国务院《无障碍环境建设条例》提出了"无障碍环境建设"。国家《"十三五"规划纲要》将"推进老年宜居环境建设"

列入规划之中。老年宜居环境建设的"宜居"理念,启示老年教育界要开展适宜性或称适老性老年教育,教育活动要适宜于老年人学习。只有这样,才能有效地惠及于老年人。对此,我们应在指导思想、教育内容、教育模式、机构设施、保护措施等多方面加以努力。就教育内容而言,要依据老年人学习需求,包括现实性需求和发展性需求。就教育模式而言,应采取嵌入式老年教育,即将老年教育服务设施嵌入于社区和家庭,重点发展社区老年教育,使老年人近距离享受老年教育资源。

3. 在推进养老服务产业中互动发展老年教育事业

国务院发布的国发[2013]35号文:《关于加快发展养老服务业的若干意见》提出了"注重统筹发展"的基本原则,即"统筹利用各种资源,促进养老服务与医疗、家政、保险、教育、健身、旅游等相关领域的互动发展"。其中,提到了养老服务与教育的互动发展。之后,《商务部关于推动养老服务产业发展的指导意见》中关于工作任务就具体提出"丰富精神生活服务,为老年人提供精神抚慰、知识讲座、学习培训、娱乐活动等服务。"事实上,多年来社区经常开展的养生保健、心理咨询、法律服务等多项老年服务,无不渗透着老年教育,均离不开老年教育。老年教育是科学养老服务的基础,养老服务是老年教育发展的动力。老年教育服务业是基础性、精神性的养老服务,养老服务产业发展应包含老年教育服务业发展。老年教育工作者与养老服务工作者应携手合作,统筹利用教、养资源,在互动中共同推进两者发展,共同分享两者发展的成果。

4. 在实施养教结合中拓展老年教育的空间和覆盖面

养老服务,既有生理物质养老服务,又有心理精神养老服务。提升老年人生活质量,既包括物质生活质量,又注重精神生活质量。在老年人物质生活基本满足后,老年人更需要精神上的保健品。可见,要科学而全面地开展养老服务,提升老年人生活质量,离不开老年人的学习与教育。提供老年教育,实施养教结合,是养老服务的重要内容,是满足老年人养老需求的重要方面,提升老年人生活质量的重要举措,这是一方面。另一方面,实施养教结合,可开拓老年教育基地,提高老年教育参与率,扩大老年教育覆盖面。上海市较早作了"养教结合"教学模式的实验。实践证明,这种教学模式,既满足了养老院老人的精神文化需要,促进了老人身体健康,又推动了养老机构的文化建设和各项工作的开展,还扩展了老年教育的空间,促进了老年教育可持续发展。因此,要推进老年教育融入养老服务体系,实现养教一体化。

5. 在老年人力资源开发中丰富和发展老年教育

为积极应对人口老龄化,国家《"十三五"规划纲要》明确提出"加强老年人力资源开发,增强大龄劳动力就业能力"。《全国老年教育发展规划(2016—2020年)》也将老年人力资源开发列入主要任务。这不仅给老年教育发展带来了强劲的动力,而且丰富了老年教育的内涵和体系。这就要求积极开展专(职)业类老年教育。为此,要对其做系统的研究和探索,既要体现人力资源开发的共性,又要研究老年人力资源开发的特殊性。要制定老年人力资源开发相应的法律和政策制度,为老年人力资源开发提供有力保障。

(二) 在构建终身教育体系、建设学习型社会中发展老年教育

1. 协调发展终身教育诸要素中发展老年教育

终身教育体系的构架,以婴幼儿教育为发端,以青少年教育为基础,以发达的成人教育为主体,以广泛开展的老年教育为标志,形成纵向的终身教育系统。其中,老年教育不可取代,没有老年教育,就没有终身教育。我们应在协调发展终身教育诸要素中发展老年教育。此外在横向上,由家庭教育、学校教育、企事业单位教育和社区教育等要素协调发展和沟通整合,在推进社区教育中发展社区老年教育,在推进远程教育中发展远程老年教育,在推进社会教育中发展社会老年教育。

2. 在推进学习型社会基石中发展老年教育

学习共同体是学习型社会的基石。没有一个一个学习共同体的生成和发展,是很难形成全民学习、终身学习的学习型社会的。对此,在《教育部等七部门关于推进学习型城市建设的意见》中明确提出"鼓励发展民间学习共同体"。我们就可在发展学习共同体中推进老年学习共同体、老年学习团队的培育。这既是学习型社会构建的社会基础,也是老年人自主学习的体现。

3. 在营造终身学习文化中发展老年教育

研究表明,终身学习文化是学习型社会的"灵魂",其形成是学习型社会的根本性标志。要形成学习型社会必须营造终身学习文化。从学习文化结构视角来看,一般认为,终身学习文化,由终身学习物质文化、终身学习制度文化、终身学习精神文化等三层次构成。为营造终身学习文化,我们就要积极探索终身学习文化的结构式营造。

终身学习物质文化,是指终身学习文化外在的物质形态。在营造终身学习物质文化中,我们就可加强老年学习的实体、设施、资源以及地域空间的建设,定期或不定期展示老年教育的产品,特别是举办社区老年学习者学习成果展。

终身学习制度文化,是指终身学习文化以制度规范形式所表现的文化形态。在营造终身学习制度文化中,我们就可将行之有效的老年学习活动,积累上升为长效机制,制定老年教育的活动制度、保障条件制度、检查评价和表彰奖励制度等。

终身学习精神文化,是深层次的终身学习文化,主要是指终身学习的价值观、道德

观和信念精神等。在营造终身学习精神文化中,我们就可提升老年教育精神文化,特别是老年终身学习的意识、理念和价值取向。

第四部分 未来中国老年教育发展应着重解决的问题

一、老年教育的供给充分问题

(一)政府应依法加大投入

《老年人权益保障法》明确规定:"各级政府要统一领导,加强规划,加大投入"。政府公务员应增强法制观念,努力增加投入。又基于老年教育具有公益性属性,老年教育投入应以政府为主,拓宽老年教育经费投入的渠道,建立和完善以政府投入为主的企业、社会组织和个人等多渠道投入机制。

(二)创新体制机制,巩固和发展"五位一体"模式

国内外老年教育成功实践表明,要满足老年群体学习需求,必须转变两个传统观点。一是转变老年教育就是学校老年教育的观念。学校老年教育只占老年教育的很少部分,不能绝对等同整体老年教育。二是转变增加老年教育供量即是加大投入的观念。增加供量当然需要加大投入,但不仅如此,途径和方式是多元的。创新发展机制和模式,同样可增加供量。可以在原有基础上,巩固和发展"五位一体"模式。

鼓励和支持老年人自主教育。强化老年人"自主学习"的理念,依据老年人群的特征,鼓励和支持老年人建立不同类型的学习共同体和学习团队,自主开展形式多样的适合自身需要的老年学习活动。

优先发展基层社区老年教育。在贯彻落实《规划》提出的"建立健全县(市、区)→乡镇(街道)→村(居委会)三级社区老年教育网络"的基础上,着力在社区层面,成立社区老年教育指导组织,加强老年教育与社区教育的统筹规划,建立老年教育与其他教育资源的共享机制,并将社区老年教育纳入公共服务体系,利用社区服务机构等公共服务资源为社区老年教育服务。

转型提质发展学校老年教育。转型,指的是老年大学(学校)面向社会办学,从服务于本系统离退休干部职工,向服务更多的社会老年人群转变。提质,指的是提高学校老年教育的质量。具体来说,遵循老年人身心发展规律,创新教育教学模式,推进适宜性老年教育,加强课程建设,研发不同年龄和文化层次的老年教育系列课程,科学而

有效地开展老年教育。发展,不仅是指通过转型、提质来发展老年教育,而且指的是鼓励高等学校、职业院校开办老年大学(学校)。有条件的高等学校,可设立老年教育专业,培养老年教育专业人才。

建立和完善远程老年教育。一是列入教育信息化工程,推进老年教育信息化基础设施建设;二是充分利用城乡终身教育信息网络,建立和完善远程老年教育系统;三是在省市积极推动开放大学和广播电视大学开办"老年开放大学"和"网上大学",并延伸至街镇乡、基层社区,建立老年教育网点,与社区数字化学习紧密结合。

创新发展社会老年教育。一是充分利用图书馆等公共文化设施开展多种形式的社会老年教育;二是在城市社会福利院、农村敬老院等养老机构,探索"养教结合"的社会老年教育;三是与旅游业合作,积极探索"游学一体"的学习模式;四是与社会各界合作建立内容多样的老年教育的体验基地,进一步探索和积累"体验式"的老年教育模式。为此,要以多种模式整合社会资源,鼓励社会力量参与老年教育,积极推进老年教育社会化。

(三)着力解决教育可及性的问题

要解决老年教育供给的充分问题,不仅要解决教育资源配置充分的问题,还需要着力解决教育可及性的问题。所谓教育可及性,是指老年人群能否真正拥有和使用教育资源,并能否产生学习成效。教育可及性问题直接关系到老年教育能否真正达到给老年人赋权增能的要求。具体而言,教育可及性可分为三个视角加以分析。

一是供方的可及性问题。即教育资源能否到达一线的教育机构和组织,真正用于为老年学习者服务。对此,必须建立和完善教育资源配置畅通渠道,加以建立监督机制,以防教育资源挪用他处。若发现挪用,要严肃处理。

二是需方的可及性问题。即老年学习者能否参与教育,或实施的教育内容是否是老年学习者之需。对此要制定相关政策法规,以保证处境不利的困难老年人群参与教育。同时,要确立以老年学习者为中心,以满足老年学习者需求为目标,以老年学习者问题为导向安排教育教学,加强教育的针对性。另外,在机构和教学设施上,建设无障碍设施,完善无障碍服务功能,为行动不便的老年学员提供便利。要探索建立老年人学习保险制度。

三是教育成果的可及性问题。即老年学习者参与教育能否产生学习成果,能否增强生存和发展能力。对此,要实施适宜性(适老性)教育。不仅老年教育要以老年学习者问题为导向,还必须遵循老年人身心发展规律,符合不同年龄段老年人身心特点。在教育教学中充分发挥老年学习者的主体性和主体作用,力求使教育效果最大化。

二、老年教育的发展均衡问题

解决老年教育发展不平衡的问题,从根本上说,是缩小各地区经济社会发展的差距。作为具体途径和策略,可实施"以东带西"、"以城带乡"、"以社支教"、"以教带教"、"示范辐射"等策略。

(一)实施"以东带西"的策略

中国经济社会发展呈现"东高西低"区域不平衡的现状,决定着教育、包括老年教育的东部与中西部发展严重不平衡。这就从根本上规定着老年教育发展,必须贯彻区域分异,并实施"以东带西"的策略。国家层面的具体举措包括统筹规划东、中、西部老年教育的发展,建立"以东带西"老年教育相关的内在机制,建立和健全区域之间各种协作组织和平台,倡导东部地区老年教育组织机构与中西部老年教育组织机构"结对互帮",加大对中西部地区的投入扶持力度等。

(二)实施"以城带乡"的策略

当前中国总体上已进入以工促农,以城带乡的发展阶段,我国的行政区划也是以市带县,老年教育发展的现状城市明显领先于农村,因而老年教育可走"以城带乡"道路。具体举措可以有,加强对"以城带乡"工作的领导,统筹规划城乡老年教育的发展,建立各种"以城带乡"的协作组织,以合作项目落实并深化"以城带乡",多形式多渠道加大城市对农村的辐射。总之,老年教育"以城带乡",要坚持"先易后难"、"先浅后深"、"先点后面"原则,积极而稳妥地展开。

(三)实施"以教带教"的策略

在这里,所指的"以教带教",主要是指其他教育,包括高等教育、职业教育、基础教育等助力支持老年教育发展。其中,特别是高校应将老年教育作为学校四大基本任务之一,支撑带动其发展。同时,全国和省级社区教育实验区、示范区带动非实验区社区老年教育发展。

(四)实施"以社支教"的策略

在这里,所指的"以社支教",指的是动员社会各方力量支持老年教育的发展,以多种模式整合社会资源支持老年教育发展,特别要激发社会组织活力,制定发挥社会组织作用的长效机制,使社会组织在老年教育中积极主动发挥提供"学习服务"、"开发学习课程"、"承担实验项目"、"开展教育评估"、"参与政策制定"、"动员群众参与"、"反映群众诉求"、"规范自律行为"等方面作用。

三、老年教育的科学规范问题

(一)遵循"两大规律"办学

要使老年教育科学规范,必须遵循老年人身心发展规律和老年教育发展规律。就前者而言,老年人的社会属性、发展任务、生理机能、心理成熟水平、认知心理特点、学习心理意向等显然不同于成年前期成年人即未成年人,也与成年中期成年人有明显差异性。老年人的社会属性是传班人,不同于未成年人的社会属性是接班人,也不同于成年人的社会属性是当班人。正因为老年人传班人的社会属性,其发展任务具有传承性、完善性的本质属性,可见发展任务也明显不同于未成年人发展任务的预备性本质属性,也不同于成年人发展任务的确定性、现实性本质属性。基于老年人的社会属性和发展任务具有明确差异性,因而就带来老年人在学习目标、学习心理意向和学习行动等方面有系列性区别于未成年人和成年人。据此,老年教育要科学规范,要以上述的两大规律为理论依据。

(二)制定《老年教育条例》或国家标准

在终身教育(学习)促进法规框架下制定《老年教育条例》。由国务院制定并加以实施。建议《条例》包括下列的内容:第一部分总则,阐明老年教育的界定、目的、性质、地位和任务、基本原则等;第二部分基本制度,包括老年人自主教育制度、基层社区老年教育制度、学校老年教育制度、远程老年教育制度、社会老年教育制度、老年人学习激励保护制度等;第三部分管理与实施,包括管理体制、政府职责、社会力量办学、办学主体和资格等;第四部分学习者和教育工作者,包括老年学习者权利和义务、老年残疾人群权利、老年教育教师配备、资格、权益等;第五部分经费和其他保障,包括政府投入、筹措渠道和相关政策、基地建设、无障碍设施及标准等;第六部分法律责任,包括违反本法、违反办学、克扣经费等法律责任;第七部分附则。

(三)加强老年教育课程的建设

课程,是老年教育教学的中心问题,课程建设是老年教育教学工作的中心环节,直接关系到老年教育的质量。

重视老年教育特色课程的建设。老年教育特色课程是由老年人身心发展规律和特征、老年教育的内涵和宗旨所决定的。在这里，它是相对于非老年教育课程而言的，是多类型、多形式的。就类型来说，就有退休准备类、养生保健类、文化修养类、闲暇生活类、代际沟通类、生命终结类等特色课程。就形式来说，有团队式、体验式、活动式、养教式、游学式等特殊学习形式。

　　研究和探索生命规律性的老年教育课程体系建设。老年期是人生运行的最后阶段，是人的生命老化的过程。老年教育课程体系建设，要以老年人生命过程为主轴，以老年每个生命阶段发展主题为中心，对整个老年期教育课程系统加以总体设计。

　　具体来说，我们将老年期分为四个阶段：准老年期（55—60岁）→低龄老年期（60—70岁）→中龄老年期（70—80岁）→高龄老年期（80岁以上），每个阶段发展主题是不尽相同的。准老年期教育，要围绕"准备退休"主题设计特征性核心课程；低龄老年期教育，要围绕"转变角色"和"潜能开发"两大主题设计特征性核心课程；中龄老年期教育，要围绕"再调整发展"主题设计特征性核心课程；高龄老年期教育，要围绕"自我保护和超越"主题设计开发特征性核心课程。每阶段老年期特征性核心课程之间，应前后联系、相互沟通和衔接。总之，老年教育课程不是随意性零星课程的散装式组合，而是个有生命规律性的课程系统。

四、老年教育的现代化问题

　　老年教育现代化，即老年教育发展要体现时代特征。本文在教育目标部分已阐明时代特征，主要反映为信息化和智能化、知识化和专业化、国际化。

　　就老年教育信息化建设而言，要融入国务院"信息惠民"工程和教育系统的"教育信息化工程"，将老年教育信息化作为上述两大信息工程的重要组成部分。加快教育信息基础设施建设，要以全国开放大学和电视大学系统为主体，以项目为连结，积极推进远程老年教育发展，并注重延伸至街镇乡，建立老年教育网点，推动基层社区数字化学习。基于社区的老年学习者缺乏数位智能，因而必须建立和完善社区数字化学习服务体系。该体系，以社区老年学习者为中心，由学习平台、学习资源、辅导技术人员、政策等四个分系统组成，以利于促进基层社区老年教育信息化。不仅如此，随着人工智能的发展，建立"人工智能＋老年教育"发展模式，促进老年教育迅速发展。

　　就老年教育知识化专业化建设而言，重点在于课程体系建设和学科建设。就学科建设而言，关键在于以文化自信和创新的思想定力，加快推进中国特色的老年教育学科建设。具体而言，以文化自信、学术自信为核心，引领老年教育学科的"学术体系"、

"学科体系"、"话语体系"建设,以求列入《学科分类与代码》(中华人民共和国国家标准)。为此,要加强老年教育的基础理论研究、政策研究、应用研究和国际比较研究。同时,以教学任务带动学科建设。积极鼓励有关高校和职业院校,特别是师范院校开设老年教育及其相关专业,全国成人教育学专业研究生教育学位点可开设老年教育研究方向。

就老年教育国际化建设而言,在原有的基础上,加强与国际老年教育组织、国外老年教育机构的交流和合作。一方面,积极参与国际老年教育组织的活动,以及重大国际项目的合作研究;另一方面,我国自身定期或不定期举办老年教育国际论坛、研讨会,邀请国外专家学者参与交流研讨。支持老年教育机构与国外老年教育机构开展资料、人员等交流和人才培养的合作。支持老年教育机构引进优质教育资源,依法开展中外合作办学。

五、老年教育的可持续发展问题

(一) 夯实老年教育发展的内在要素

进一步加强老年教育内部的基础性建设。其包括制度建设、基地建设、品牌建设、学科建设、课程建设、队伍建设,以及要着力加强统计工作。

就基地建设而言,应建立和完善县(市、区)老年大学—乡镇(街道)老年学校—村(居委会)老年社区学习点的老年教育系统。在完成《规划》提出的目标基础上,扩大所占的比例,并着力加强内涵建设。

就学习品牌建设而言。首先要明确学习品牌是老年学习者对学习产品的评价和认可程度。学习品牌最持久的含义和实质是其价值、文化和个性。实践表明,老年教育学习品牌,不仅反映学习产品供给方(教育机构组织、教育者)的综合能力,也是学习产品的供方与需方(老年学习者)相互作用的产物。学习品牌的创建是一个系统,一般由特色项目提升为品牌项目的过程,由学习特色产品升华为学习品牌的过程。老年教育学习品牌,是一种无形资产,对老年教育拓展和深入发展起示范引领作用,并在一定区域领域内形成较大影响,其有力地促进老年教育可持续发展。实施老年教育学习品牌战略,是老年教育可持续发展的有效战略。

就队伍建设而言,整合社会人才资源,建设以专职人员为骨干,并逐步做到在编的专职人员为骨干,兼职人员和志愿者为数量主体的老年教育教学和管理队伍。在调查研究基础上,要研究和探索专职教师的准入制度和培训制度。除鼓励高校和职业院校毕业生到老年教育机构工作,鼓励各级各类教师兼职参与老年教育相关工作外,特别要下功夫掌握和动员社区内各类退休专业人员从事与老年教育相关的兼职或志愿者服务。

就加强统计工作而言,首先要加强全国老年教育的基础性统计工作,不仅包括学校老年教育,还应包括其他模式的老年教育。在此基础上,开展老年教育评价和发展指数的研究、调查、统计和发布工作。

(二) 营造老年教育发展的良好外部环境

正如前述,老年教育应在构建老龄、终教两大系统中加以发展。其中,尤其要在老年友好城市建设中发展老年教育。老年友好型城市的主要特征:认识老年人有广泛潜能,以积极态度对待老年人;认识并尊重老年人需求的多样性,从而设计和服务多样化;考虑老年人能力的差异性,强调设施和服务的可及性等。老年友好城市这些特征,显然有利于老年教育的发展。老年教育界应在编制老年友好城市指标体系,创建老年友好城市中,通过老年教育提高老年人的综合能力,发挥长者风范的示范效应和人际关系的协调作用,促进老年友好城市的形成和发展,从而从中推进老年教育可持续发展。

切实落实老年教育各项保障条件。包括组织保障、法制保障、经费保障、队伍保障、舆论保障等。其中,组织保障,当前要切实落实《规划》提出的"建立健全党领导、政府统筹,教育、组织、民政、文化、老龄部门密切配合,其他相关部门共同参与的老年教育管理体制"。未来要在国务院层面上建立统筹协调机构,各级政府也要建立统筹协调机构,其办公室设在教育部门。法制保障,首先要切实执行国家《老年人权益保障法》第七十条所规定的"国家发展老年教育,纳入终身教育体系,各级政府要加强领导、统一规划、加大投入"。

主要依据文献

[1] 中华人民共和国老年人权益保障法[M].北京:法律出版社,2015.
[2] 中华人民共和国教育法[M].北京:法律出版社,2016.
[3] 中共中央、国务院关于加强老龄工作的决定[R].2000.
[4] 中国老龄事业发展"十二五"规划(2010—2015)[R].2010.
[5] 中华人民共和国国民经济和社会发展第十三个五年规划纲要[M].北京:人民出版社,2016.
[6] 国务院办公厅关于印发老年教育发展规划(2016—2020年)的通知[R].2016.10.5.
[7] 教育部等九部门关于进一步推进社区教育发展的意见[R].2016.6.28.
[8] 中国老龄问题全国委员会.老龄问题研究:老龄问题世界大会资料辑录[M].北京:中国对

外翻译出版公司,1983.

主要参考文献

[1] 叶忠海.老年教育若干基本理论问题[J].现代远程教育研究,2013(6):11—16.
[2] 叶忠海主编.老年教育学通论[M].上海:同济大学出版社,2014.
[3] 叶忠海.中国老年教育发展的若干基本问题[J].河北师范大学学报:教育科学版,2017(5):47—50.
[4] 叶忠海,马丽华,杜君英,岳燕.在老龄事业大局中发展老年教育的思路和对策[J].当代继续教育,2016,(2):4—7.
[5] 叶忠海.国际老年教育发展的特点、模式和未来取向[J].当代继续教育,2017,(5):45—49.
[6] 马丽华,叶忠海.中国老年教育的嬗变逻辑与未来走向[J].南京社会科学,2018.
[7] 陆剑杰.我国老年教育存在的问题与解决问题的理论钥匙[J].上海老年教育研究,2017(4).
[8] 王友农.推进我国老年教育与国际对接[J].上海老年教育研究,2018(2).
[9] [美]K·W·夏埃,S·L·威里斯.成人发展与老龄化(第5版)[M].乐国安等译.上海:华东师范大学出版社,2003.
[10] [美]罗伯特·费尔德曼.发展心理学:人的毕生发展(第4版)[M].苏彦捷等译.北京:世界图书出版公司,2007.

二、区域篇

上海市中心城区老年教育发展指数研究

岑詠霆　王文静　宋亦芳[①]

本项研究遵循马克思关于科学研究要重视数量化研究的论断。马克思指出,一门科学只有成功地采用了数学之后,才能真正达到完善的水平。数量化研究是近年来老年教育发展和研究的必然深入和逻辑推进。本研究期待对上海市中心城区乃至全国的老年教育研究产生些许影响。

一、上海市中心城区的基本描述

上海市中心城区是指长宁、杨浦、宝山、徐汇、虹口、黄浦、普陀、静安八个行政区。本项研究以P区和C区为样本,以这两个区的调查数据为依据,推断中心城区的一般情况。

P区的人口128万,其中男性人口63.54万,女性人口64.55万。截至2017年12月31日,全区户籍总人口数为895 568人。60周岁及以上老年人口数为329 696人,占总人口数的36.81%,其中男性占48.7%,为160 562人;女性占51.3%,为169 134人。区内老年教育院校共有12所,涵盖老年大学、老干部大学、十所街道镇老年学校,共有老年教育专职人员49人,老年教育兼职人员1 457人,老年教育志愿者109 667人。

C区人口70万,其中男性人口33.91万,女性人口36.09万。截至2017年12月

[①] 岑詠霆,上海市普陀区社区学院教授;王文静,上海市普陀区社区学院教师;宋亦芳,上海市长宁区社区学院教授。

31日,全区户籍总人口数为584 562人。60周岁及以上老年人口数为185 369人,占总人口数的31.7%,其中男性占48.5%,为89 812人;女性占51.5%,为95 557人。区内老年教育院校共有15所,涵盖区老年大学三所校区、区老干部大学、十所街道镇老年学校,共有老年教育专职人员45人,老年教育兼职人员1 200人,老年教育志愿者56 416人。

随着上海市老年教育在中心城区全面、均衡、深入的推进,P区和C区的老年教育发展状况具有代表性、典型性,因此以其为样本来推断中心城区老年教育发展的整体情况具有科学性、可行性、合理性。

二、老年教育发展指数的意义

"老年教育发展指数"由"老年教育投入指数"、"老年教育参与指数"、"老年教育成效指数"等指数构成。

从计算角度看,老年教育发展指数是上述三个指数的乘积,即老年教育发展指数=老年教育投入指数×老年教育参与指数×老年教育成效指数。

从这种意义上说,老年教育发展指数也称为"老年教育发展综合指数",简称"老年教育发展指数"。

而各个指数则是该项指数对应的测评指标的报告期测评值和基准期测评值之比。即

$$老年教育投入指数 = \frac{老年教育投入状况报告期测评值}{老年教育投入状况基准期测评值}$$

$$老年教育参与指数 = \frac{老年教育参与状况报告期测评值}{老年教育参与状况基准期测评值}$$

$$老年教育成效指数 = \frac{老年教育成效状况报告期测评值}{老年教育成效状况基准期测评值}$$

为了科学地取得各个指数对应的指标的测评值,本项研究采用一个指数对应的一个测评指标作为一级指标,并且按测评的实际对象提出二级指标。为了叙述的清晰,这里先说明调查问卷,再指出问题和测评指标的关系。

三、老年教育发展指数调查问卷

为了确定老年教育发展指数,需要建立测评指标体系。本研究采用的方法是"老

年教育投入指数"、"老年教育参与指数"、"老年教育成效指数"各对应一个一级指标,分别是"老年教育投入状况指标"、"老年教育参与状况指标"、"老年教育成效状况指标",在每个一级指标下设立若干二级指标。这些二级指标因类型的不同要采用不同的调查方法,访问不同的调查对象,因此把其按照方法和对象设计问卷是合适的。在本研究中共设计二张问卷,一张访问对象为老年人群,访问方法是面访;另一张访问对象为老年教育管理机构及老年教育学校,访问方法为资料收集和典型深度访问。为了便于理解,本文把问卷先列于后。问卷要求对2016年基准期和2017年报告期分别测评。

(一) 老年教育发展指数调查问卷(A)

老年教育发展指数调查问卷(A)

同志:

您好!我们正在进行一项关于"老年教育发展指数"的调查研究,想取得您的支持和配合,进行一次简短的访问。您的回答无对错之分,只需要真实地告知您的情况;您的回答只用于课题分析,不作其他用途,并严加保密。谢谢您的支持和配合!

Q1-1:(a) 请问您2016年用于阅读(非学校学习的其他纸质)书籍费用? 元
　　　　(b) 请问您2017年用于阅读(非学校学习的其他纸质)书籍费用? 元

Q1-2:(a) 请问您2016年读书数量? 本
　　　　(b) 请问您2017年读书数量? 本

Q1-3:(a) 请问您2016年在老年教育机构学习支付的费用? 元
　　　　(b) 请问您2017年在老年教育机构学习支付的费用? 元

Q2-1:(a) 请问您2016年是否参加过老年大学/学校或社区学院/学校的学习?
　　　　　　1. 参加过　　2. 没有
　　　　(b) 请问您2017年是否参加过老年大学/学校或社区学院/学校的学习?
　　　　　　1. 参加过　　2. 没有

Q3-1：(a) 请问您 2016 年是否参加过社区老年学习团队？

　　　　1. 参加过　　2. 没有

(b) 请问您 2017 年是否参加过社区老年学习团队？

　　　　1. 参加过　　2. 没有

Q4-1：(a) 请问您 2016 年是否有上网的设施（包括电脑、手机）？

　　　　1. 有---------继续　　2. 没有-----------跳问 Q6-1

(b) 请问您 2017 年是否有上网的设施（包括电脑、手机）？

　　　　1. 有---------继续　　2. 没有-----------跳问 Q6-1

Q4-2：(a) 请问您 2016 年是否上网学习？

　　　　1. 学习---------继续　　2. 不学习---------跳问 Q6-1

(b) 请问您 2017 年是否上网学习？

　　　　1. 学习---------继续　　2. 不学习---------跳问 Q6-1

Q5-1：(a) 请问您 2016 年平均每周上网学习时间？　　分钟

(b) 请问您 2017 年平均每周上网学习时间？　　分钟

Q6-1：(a) 请问您 2016 年是否赞同"终身学习成为一种生活方式"这句话？

　　　　1. 赞同　2. 较赞同　3. 一般　4. 较不赞同　5. 不赞同

(b) 请问您 2017 年是否赞同"终身学习成为一种生活方式"这句话？

　　　　1. 赞同　2. 较赞同　3. 一般　4. 较不赞同　5. 不赞同

Q6-2：(a) 请问 2016 年您对老年教育的满意程度

　　　　1. 满意　2. 较满意　3. 一般　4. 较不满意　5. 不满意

(b) 请问 2017 年您对老年教育的满意程度

　　　　1. 满意　2. 较满意　3. 一般　4. 较不满意　5. 不满意

Q6-3：(a) 请问 2016 年您参加老年教育的收获

　　　　1. 有收获　　2. 比较有收获　　3. 一般有收获

　　　　4. 不太有收获　　5. 没有收获

(b) 请问 2017 年您参加老年教育的收获

　　　　1. 有收获　　2. 比较有收获　　3. 一般有收获

　　　　4. 不太有收获　　5. 没有收获

S1：您的性别：1. 男　2. 女

S2：请问您的年龄是几岁？___岁

    1. 55 岁及以下--------(终止)   2. 55—59 岁--------(继续)

    3. 60—69 岁--------(继续)   4. 70—79 岁--------(继续)

    5. 80 岁以上--------(继续)

S3：请问您的文化程度？

    1. 小学及以下   2. 初中   3. 高中(中专)

    4. 大专   5. 本科   6. 研究生及以上

S4：请问是否可以留下您的姓名：

S5：请问是否可以留下您的联系电话：

    谢谢您的支持和配合！

(二) 老年教育发展指数调查问卷(B)

老年教育发展指数调查问卷(B)

（区学习办、老年大学、社区学院合作填写）

调查区：

填写人： 复核人： 填写时间： 年 月 日

本区/县人口数： 其中,男性人口数： 女性人口数：

本区/县老年人口数： 其中,男性人口数： 女性人口数：

本区/县老年院校数： 老年教育专职人员数：

老年教育兼职人员数： 老年教育志愿人员数：

编号	调查项目	2016年数据	2017年数据	资料采集方法
u_2：老年学习活动参与状况	U21：一年内区组织老年学习活动次数			按有记载的资料
	U22：一年内区老年学习活动参与人数占老年居民人数的百分比	人数： 百分比：	人数： 百分比：	按有记载的资料

续 表

编号	调查项目	2016年数据	2017年数据	资料采集方法
	U23：一年内老年大学/社区学院开设班级数			按学校教务档案
	U24：一年内老年大学/社区学院教育经费投入			按学校教务档案
	U25：一年内参与老年大学/社区学院学习的人数占老年居民数的百分比	人数： 百分比：	人数： 百分比：	按学校教务档案
	U26：一年内区域内老年居民在市学分银行累计开户数占老年居民数的百分比	人数： 百分比：	人数： 百分比：	按学分银行资料
	U27：一年内区域内老年居民在市学分银行注册累计课程数			按学分银行资料
u_3：社会组织参与状况	U31：一年内区域中支持老年教育的社会组织数占社会组织总数的百分比	组织数： 百分比：	组织数： 百分比：	按有记载的资料
u_4：学习型组织创建状况	U41：区域内创建学习型居委会数占居委会数的百分比	创建数： 百分比：	创建数： 百分比：	按有记载的资料
	U42：区域内创建学习型街镇（社区）数占街镇（社区）数的百分比	创建数： 百分比：	创建数： 百分比：	按有记载的资料
	U43：区域内创建学习型家庭数占家庭数的百分比	创建数： 百分比：	创建数： 百分比：	按有记载的资料
u_5：老年学习机构与载体建设状况	U51：一年内各级各类老年教育办学机构的数量			按业余大学、开放大学、老年大学、各级各类社会力量办学机构汇总报表。（区县职成教科）

续 表

编号	调查项目	2016年数据	2017年数据	资料采集方法
U52	一年内各级各类老年教育办学机构的学员数占全体老年居民的百分比	学员数： 百分比：	学员数： 百分比：	按业余大学、开放大学、老年大学、各级各类社会力量办学机构汇总报表。（区职成教科）
U53	区域内图书馆数量			按相关单位资料
U54	区域内博物馆数量			按相关单位资料
U55	区域内文化馆数量			按相关单位资料
U56	区域内科技馆数量			按相关单位资料
U57	区域内体育场数量			按相关单位资料
U58	图书馆最近一年老年参观人数占全体老年居民数的百分比	人数： 百分比：	人数： 百分比：	按相关单位资料
U59	博物馆最近一年老年参观人数占全体老年居民数的百分比	人数： 百分比：	人数： 百分比：	按相关单位资料
U510	文化馆最近一年老年参观人数占全体老年居民数的百分比	人数： 百分比：	人数： 百分比：	按相关单位资料
U511	科技馆最近一年老年参观人数占全体老年居民数的百分比	人数： 百分比：	人数： 百分比：	按相关单位资料

续 表

编号	调查项目	2016年数据	2017年数据	资料采集方法
u_6：老年学习平台建设状况	U61：区域内开通终身学习网络的居委会数量占全体居委会数量的百分比			按有记载的资料
	U62：区域内终身学习网上网老年人数占全体老年居民数的百分比			按有记载的资料
u_7：老年学习文化营造状况	U71：区域内老年学习成果展示次数			按有记载的资料
	U72：区域内创建老年学习品牌数			按有记载的资料
	U73：区域内老年学习推进规章制度数			按有记载的资料
	U74：区域内老年学习奖励次数			按有记载的资料
	U75：区域内老年学习团队数			按有记载的资料
	U76：区域内社会或个人捐赠次数			按有记载的资料

四、老年教育发展指数调查实施

（一）P区样本说明及统计

1. 样本抽取

P区抽样调查在区老年大学、区十所街道、镇老年学校及区老龄委进行。本次调查共发放问卷500份，回收率100％，有效问卷100％。

P区典型调查访谈了区域内老年教育及老年工作的机构负责人,访问对象为:区学习办相关领导和人员,区社区学院相关领导和人员,街道相关领导和人员,街道社区学校相关领导和人员,区老龄委负责人及工作人员。

2. 样本分析

1) 性别

表1 调查样本性别统计表

性别	频数(人)	频率(%)
男	111	22.2
女	389	77.8

数据表明,在抽样调查中,全区答问人数为500人,其中

男性111人　占22.2%

女性389人　占77.8%

女性大于男性,这和社区中参与老年教育的老年人多为女性密切相关。

2) 年龄

表2 调查样本年龄统计表

年龄段	频数(人)	频率(%)
55岁及以下	64	12.8
55—59岁	77	15.4
60—69岁	242	48.4
70—79岁	107	21.4
80岁以上	10	2.0

数据表明,在抽样调查中,对年龄的答问有500人,其中

55岁及以下 64人　占12.8%

55—59岁　77人　占15.4%

60—69岁　242人　占48.4%

70—79岁　107人　占21.4%

80岁以上　10人　占2.0%

可见,访问的主体是60—79岁的老年人。

3）文化

表3　调查样本文化程度统计表

文化程度	频数（人）	频率（%）
小学及以下	7	1.4
初中	98	19.6
高中（中专）	199	39.8
大专	132	26.4
本科	61	12.2
研究生及以上	3	0.6

数据表明，在本项调查中，对文化程度的回答有500人，其中：小学及以下，7人，占1.4%；初中，98人，占19.6%；高中（中专），199人，占39.8%；大专，132人，占26.4%；本科，61人，占12.2%；研究生及以上，3人，占0.6%。

这一数据反映了参与老年教育的老年人文化程度的基本情况。

（二）C区样本说明及统计

1．样本抽取

C区样本调查在区老年大学、区十所街道、镇老年学校及区老龄委进行。本次调查共发放问卷600份，回收率100%，有效问卷100%。

C区典型调查访谈对象类型同P区。

2．样本分析

1）性别

表4　调查样本性别统计表

性别	频数（人）	频率（%）
男	158	26.3%
女	442	73.7%

数据表明，在抽样调查中，全区答问人数为600人，其中男性158人，占26.3%；女性442人，占73.7%。

女性大于男性，这和社区中参与老年教育的老年人多为女性密切相关。

2) 年龄

表 5　调查样本年龄统计表

年龄段	频数(人)	频率(%)
55 岁及以下	8	1.3
55—59 岁	127	21.2
60—69 岁	298	49.7
70—79 岁	144	24.0
80 岁以上	23	3.8

数据表明,在抽样调查中,对年龄的答问有 600 人,其中:55 岁及以下,8 人,占 1.3%;55—59 岁,127 人,占 21.2%;60—69 岁,298 人,占 49.7%;70—79 岁,144 人,占 24.0%;80 岁以上,23 人,占 3.8%。

可见,访问的主体是 55—79 岁的老年人。

3) 文化

表 6　调查样本文化程度统计表

文化程度	频数(人)	频率(%)
小学及以下	51	8.5
初中	119	19.8
高中(中专)	232	38.7
大专	142	23.7
本科	51	8.5
研究生及以上	5	0.8

数据表明,在本项调查中,对文化程度的回答有 600 人,其中:小学及以下,51 人,占 8.5%;初中,119 人,占 19.8%;高中(中专),232 人,占 38.7%;大专,142 人,占 23.7%;本科,51 人,占 8.5%;研究生及以上,5 人,占 0.8%。

这一数据反映了参与老年教育的老年人文化程度的基本情况。

五、老年教育发展指数测评值的计算

(一) 老年教育发展指数测评值计算的指标体系

根据老年教育发展指数的实际含义和问卷中各项目的实际含义,建立如下表所示的指标体系结构。表中的字母和问卷问题中的字母有同样的含义,有相对应的关系。

表7 老年教育发展指数测评值计算的指标体系

一级	(类型)	二级					
指数	投入	个人投入	Q1-1	Q1-2	Q1-3	Q4-1	Q4-2	Q5-1
		社会捐赠	U76					
		机构经费	U24					
		制度政策	U73					
	参与	学习参与	U2-1	U2-2	U2-3	Q2-1	Q3-1	
		机构参与	U5-1	U5-2	U2-5	U2-6	U2-7	
		组织参与	U3-1					
	成效	满意程度	Q6-2					
		收获程度	Q6-3					
		组织创建	U4-1	U4-2	U4-3			
		载体建设	U5-3	U5-4	U5-5	U5-6	U5-7	

续 表

一级	(类型)	二 级					
		U5-8	U5-9	U5-10	U5-11	U6-1	U6-2
	文化营造	U7-1	U7-2	U7-4	U7-5	Q6-1	

(说明:由于某些指标对应的问题,在实际调查中存在某种困难,没有取得结果,这些指标在下面统计中没有列入。)

在上面的表格中,为了对二级指标有一个清晰的把握,对其进行了分类,并给出了简单的名称,在实际计算时,为达到条理清晰的目的,可以先按类统计,然后汇总。

(二) 测评数据的标准化

1. 老年教育发展指数测评得出的数量类型

(1) 实测数量。这类数量一般是指从现成数据资料库中所获取的以实际数据表示的资料。如,"一年内老年大学/社区学院开设班级数"。这类数量有其自身的单位,并且一般来说,各个单位并不相同,不能直接进行加减运算,只有通过某种数量变换才能进行运算。

(2) 百分比数量。这类数量是以百分比的形式出现的。如,"一年内老年教育活动参与人数占老年居民数的百分比"等。这些数据的一个明显特征就是没有单位,是两个有单位量的比。

(3) 主观测量数量。这类数据是通过对专家和被访者调查取得的。如,"老年教育居民满意度"等。在本文中为了访问的可操作性和统计的便捷性采用了"五级量表"的形式:"5.优秀;4.很好;3.好;2.一般;1.很差"。这些数据也是没有单位的,是一个相对比较后的评价值。

2. 数量指标的统一化处理

为了对上述的三种数量指标进行运算,必须要进行标准化处理。

(1) 把第一种有单位的数量向无单位量转换。这种方法实际上是一种标准化处理。

设测评对象的实测值为 x,并且指标的取值越大越优,在国际上或社会上,这一测

评对象的最大值为 $x_{\max}$,最小值为 $x_{\min}$,则测评对象的转换值为

$$x = \frac{x - x_{\min}}{x_{\max} - x_{\min}} \times 100$$

如,对于"平均每人每年读书数量"这一指标,根据调查样本数据的测算,可取 $x_{\min}$ 为 0 本,$x_{\max}$ 为 40 本,当实测值为 24.90 本时,测评对象的转换值为

$$x = \frac{24.90 - 0}{40 - 0} = 62.25$$

这一数值即为无单位量,即可和下述数量进行运算。

(2) 对第二种百分比结构数量指标值进行赋值转换。即把百分比值乘以 100。

如:对"一年内街(镇)学习活动参与人数占街道居民数的百分比"这一指标,某一街道参与人数为 14 820 人,居民数为 78 000 人,占百分比为 19%。则测评对象的转换值为 19%乘 100 为 19。

(3) 对第三种程度数量指标进行赋值转换。第三种指标是对相关指标的主观的评价值,这时,可对这一指标的五个等级进行赋值,如表 8 所示:

表 8 各评价等级赋值表

等级	优秀	很好	好	一般	差
赋值	100	90	80	60	0
频率	f_1	f_2	f_3	f_4	f_5

转换值为

$$x = 100 \times f_1 + 90 \times f_2 + 80 \times f_3 + 60 \times f_4 + 0 \times f_5$$

如:对"请问您对老年教育的满意程度"这一指标,实测值为:满意占 18%,较满意占 25%,一般占 41%,较不满意占 11%,不满意占 5%,则转换值为 100×18%+90×25%+80×41%+60×11%+0×5%=79.9。

(三) P 区老年教育发展指数测评值的计算

一) 老年教育发展投入指数测评值计算

1. 老年人老年教育学习投入数据

调查所得的 P 区老年人老年教育学习投入数据如表 9 所示:

表9 老年人老年教育学习投入数据表

项 目	2016年		2017年	
	实测值	标准值	实测值	标准值
读书经费 (元)max=500	176.4	35.28	210.1	42
读书数量 (本)max=24	9.13	38	10.52	43.8
老年学习支付费用 (元)max=500	195.3	39	258.7	51.7
上网设施具备率	90.8%	90.8	92.8%	92.8
上网学习率	80.2%	80.2	83%	83
周上网学习时间 (分钟)max=500	240.6	48.1	278.3	55.7

数据表明,老年学习者读书数量和费用、学习支出费用、上网设施具备、上网学习率、上网时间的测评标准值,与2016年相比,2017年都有不同程度的增加,这和这些因素具有正相关性是密切相关的。其中读书经费的测评标准值提升幅度较大,而与网络相关的学习形式的经费支出、设备投入提升幅度较小。

这表明,老年学习还是以传统学习形式为主,对应用先进的现代网络技术的接受度和应用度都相对不足。

2. 老年教育机构经费投入数据

调查所得的P区老年教育机构经费投入数据如表10所示:

表10 老年教育经费投入数据表

年份/值		经费(万元)max=500
2016年	实测值	300万
	标准化值	60
2017年	实测值	312.3万
	标准化值	62.5

数据表明,老年教育办学机构的经费投入测评标准值,2017年和2016年基本持平,增加幅度较小。这是提示,老年教育作为一种公益性的教育,办学投入经费稳定、持续的增加是必须的。

3. 老年教育推进规章制度数据

调查所得的P区老年教育推进规章制度数据如表11所示：

表11 老年教育推进规章制度数据表

年份/值		制度(条)max=100
2016年	实测值	73
	标准值	73
2017年	实测值	73
	标准值	73

数据表明，老年教育管理部门、办学机构对于老年教育的制度性推进，还缺乏应有的力度。

4. 老年教育投入指数测评数

表12 老年教育投入指数测评数据表

年份	P区	年份	P区
2016年测评值	58.05	2017年测评值	63.06

数据表明，对P区老年教育从个人和社会投入角度进行测评，2016年测评值为58.05，2017年测评值为63.06，有一定幅度的增加。

二）老年教育发展参与指数测评值计算

1. 老年人学习参与数据

调查所得的老年人学习参与数据如表13所示：

表13 老年人学习参与数据表

项目	2016年		2017年	
	实测值	标准值	实测值	标准值
区组织老年学习活动(次)max=2 000	1 204	60.2	1 290	64.5
样本参与区学习活动比例	29.4%	29.4	51.2%	51.2
老年大学开班数(个)max=500	264	52.8	303	60.6
样本参与老年大学学习比例	74.6%	74.6	85%	85
样本参与老年学习团队占比	55%	55	61.8%	61.8

样本数据表明,样本群体老年人参与老年教育的热情持续高涨。其中区学习活动参与率测评标准值从 29.4 提升至 51.2,这表明,政府部门、办学机构和社会组织积极利用教育资源,组织开展丰富多彩、形式多样的老年教育活动,极大地提高了老年人群投入老年教育活动的参与度。各老年教育机构人满为患就是一个生动的写照。老年大学开班数、老年大学参与率测评标准值的增加幅度都达 10 左右,这表明,老年大学仍然是老年教育的主力军,扩大规模、挖掘资源、提升质量是政府部门和办学机构应对上海市深度老龄化的必然选择。

2. 机构参与老年教育数据

调查所得的机构参与老年教育数据如表 14 所示:

表 14　机构参与老年教育数据表

项　目	2016 年		2017 年	
	实测值	标准值	实测值	标准值
社会办学机构(个)max=400	270	67.5	270	67.5
机构参与老年教育率	16.3%	16.3	18.2%	18.2
参与老年教育学习人数占老人总体人数比	2.1%	2.1	2.3%	2.3
学分银行开户率	0.8%	0.8	1.1%	1.1
学分银行注册课程(门)max=300	98	32.7	124	41.3

数据表明,社会办学机构数量众多,但参与老年教育的占比测评标准值,2016 年为 16.3,2017 年也仅为 18.2,占比不高,且涨幅相对较小,这充分说明,社会力量是开展老年教育的巨大资源,是深入发展老年教育的重要契机和必由之路,应引起高度重视。数据还表明,虽然近年来老年教育取得重大发展,规模不可小觑,但是在各老年参与老年教育学习的老人在老人总体中占比测评标准值还是明显不足且增加幅度微小,2016 年和 2017 年分别仅为 2.1 和 2.3。这一数据显示,老年教育的基本矛盾是老年人群得到和享受美好老年教育的需要和老年教育发展不完善不充分之间的矛盾。这一基本分析应该成为推进老年教育发展的基本立足点和破解瓶颈之道。

把老年教育参与终身教育学分银行的情况作为老年教育参与指数测评的一个项目,是考虑到老年教育的测评必须在构建终身教育体系和建设学习型社会的宏大背景下予以考察。在上海,老年教育已经融入终身教育体系,各区老年大学已经在上海市终身教育学分银行开户,一部分课程成绩已注册转换为银行学分,这是老年教育发展的一个必然趋势。数据表明,老年教育开户率、课程注册数还属低下,增加幅度不高,应引起高度重视。

3. 组织参与老年教育数据

调查所得的组织参与老年教育数据如表15所示:

表15 组织参与老年教育数据表

项 目	2016年		2017年	
	实测值	标准值	实测值	标准值
社会组织参与老年教育数 (个)max=500	4	0.8	15	3

数据表明,社会组织参与老年教育的潜力有待挖掘。

4. 老年教育参与指数测评数据

根据指数计算数据模型,计算P区老年教育参与指数如表16所示:

表16 老年教育参与指数的计算数据表

年份	P区	年份	P区
2016年测评值	35.7	2017年测评值	41.5

数据表明,老年教育参与指数测评标准值2016年为35.7,2017年为41.5,有一定幅度增加,前面数据已经表明,这主要由于老年人群学习和参与热情的提高。

三) 老年教育成效指数测评值计算

1. 老年教育满意度数据

调查所得的老年教育满意度数据如表17所示:

表17 老年教育满意度数据表

项 目	2016年		2017年	
	实测值	标准值	实测值	标准值
老年教育满意率	94.78%	94.78	95.2%	95.2

数据表明,老年群体对老年教育的满意度持续保持高位。

2. 老年教育收获感数据

调查所得的老年教育收获感数据如表18所示:

表 18　老年教育收获感数据表

项　　目	2016 年		2017 年	
	实测值	标准值	实测值	标准值
老年教育收获感	93.12%	93.12	95%	95

数据表明,老年群体对老年教育的收获感持续保持高位。

3. 学习型组织创建数据

调查所得的学习型组织创建数据如表 19 所示:

表 19　学习型组织创建数据表

项　　目	2016 年		2017 年	
	实测值	标准值	实测值	标准值
学习型居委会创建率	39%	39	78%	78
学习型街镇创建率	90%	90	90%	90
学习型家庭创建率	14%	14	22%	22

数据表明,学习型街镇创建率达较高数值,而学习型家庭创建率相对较低,学习型居委会创建率 2016 年较低为 39,2017 年快速提升至 78。这些数据显示,学习型街镇创建推进有力,而居委会、家庭的创建工作相对薄弱。

4. 老年学习团队创建数据

调查所得的老年学习团队创建数据如表 20 所示:

表 20　老年学习团队创建数据表

项　　目	2016 年		2017 年	
	实测值	标准值	实测值	标准值
老年学习团队 (个)max=2 000	472	23.6	1 046	52.3

数据表明,老年学习团队的测评标准值 2016 年为 23.6,2017 年为 52.3,有一定幅度的提升。

5. 老年教育载体建设数据

调查所得的老年教育载体建设数据如表 21 所示:

表 21 老年教育载体建设数据表

项 目	2016 年		2017 年	
	实测值	标准值	实测值	标准值
图书馆 (个)max=22	12	54.4	12	54.4
博物馆 (个)max=30	13	43.3	13	43.3
文化馆 (个)max=11	3	27.3	3	27.3
科技馆 (个)max=5	1	20	1	20
体育场 (个)max=50	14	28	14	28

数据表明,图书馆、博物馆、文化馆、科技馆、体育场在一年中没有新建。进一步提高这些设施对老年人群的开放程度和服务质量,新增社会相关设施对老年人群的开放力度是老年教育的一项重大课题。

6. 老年学习文化营造数据

调查所得的老年学习文化营造数据如表 22 所示:

表 22 老年学习文化营造数据表

项 目	2016 年		2017 年	
	实测值	标准值	实测值	标准值
老年学习成果展 (次)max=50	21	42	25	50
老年学习品牌 (个)max=22	1	4.5	5	22.7
老年学习奖励 (次)max=10	3	30	3	30
终身学习成为一种生活方式赞同率	97.8%	97.8	97.98%	97.98

数据表明,老年教育成果展、老年学习奖励稳定开展,老年教育品牌有明显增加。特别令人欣喜的是"终身学习成为一种生活方式赞同率"高达 97.8,这就充分说明"老

有所学、学有所乐"正逐步在申城蔚然成风。

7. 老年教育成效指数测评数据

根据上面得出的数据,计算所得的 P 区老年教育成效指数如表 23 所示:

表 23 老年教育成效指数的计算数据表

年份	P 区	年份	P 区
2016 年测评值	46.8	2017 年测评值	53.7

数据表明,2016 年至 2017 年老年教育成效指数测评值有一定的增加。

(四) C 区老年教育发展指数测评值的计算

一) 老年教育投入指数测评值

1. 老年人老年教育学习投入数据

调查所得的 C 区老年人学习投入数据如表 24 所示:

表 24 老年人老年教育投入数据表

项 目	2016 年		2017 年	
	实测值	标准值	实测值	标准值
读书经费 (元)max=500	146	29.2	190	38
读书数量 (本)max=24	10	41.7	15	62.5
老年学习支付费用 (元)max=500	130	26	150	30
上网设施具备率	77.5%	77.5	83%	83
上网学习率	60.7%	60.7	68.8%	68.8
周上网学习时间 (分钟)max=500	65	13	130	26

数据表明,读书经费测评标准值有近 10 的增加量,读书数量测评标准值的增加量更接近 20,令人关注。而网络学习与传统学习相比则相对薄弱。

2. 老年教育机构经费投入数据

调查所得的 C 区老年教育机构经费投入数据如表 25 所示:

表 25　老年教育机构经费投入数据表

年份/值		经费(元)max＝500
2016 年	实测值	330.7 万
	标准化值	66.14
2017 年	实测值	722.8 万
	标准化值	144.56

数据表明,老年教育经费投入测评标准值 2016 年为 66.14,2017 年为 144.56,增加幅度明显。

3. 老年教育推进规章制度数据

调查所得的 C 区老年教育推进规章制度数据如表 26 所示:

表 26　老年教育推进规章制度数据表

年份/值		制度(条)max＝100
2016 年	实测值	62
	标准值	62
2017 年	实测值	62
	标准值	62

数据表明,2016 年和 2017 年老年教育推进规章制度的测评标准值均为 62。这是由于规章制度已经相对完善,还是推进不力值得探讨。

4. 老年教育投入指数测评值

表 27　C 区老年教育投入指数测评值数据表

年份	C 区	年份	C 区
2016 年测评值	47.03	2017 年测评值	64.36

数据表明,2016 年至 2017 年老年教育投入指数测评标准值有一定幅度的增加。

二) 老年教育参与指数测评值

1. 老年人老年教育学习参与数据

调查所得的老年人学习参与数据如表 28 所示:

表28 老年人学习参与数据表

项 目	2016年		2017年	
	实测值	标准值	实测值	标准值
区组织老年学习活动(次)max=2 000	908	45.4	1 052	52.6
样本区学习活动参与率	31.3%	31.3	46.2%	46.2
老年大学/社区学院开班数(个)max=500	439	87.8	488	97.6
样本老年大学/社区学院参与率	31.3%	31.3	36.2%	36.2
样本老年学习团队参与率	57.2%	57.2	62.5%	62.5

数据表明,区组织老年学习活动次数、老年大学/社区学院开班数均有明显增加,特别是后者,增加值达10,反映了老年教育发展力度的提高。老人群体的参与率增加值以"学习活动"最高,2016年为31.3,2017年增加至46.2。

2. 机构参与老年教育数据

调查所得的机构参与老年教育数据如表29所示:

表29 机构参与老年教育数据表

项 目	2016年		2017年	
	实测值	标准值	实测值	标准值
社会办学机构(个)max=400	196	49	212	53
机构参与率	16.3%	16.3	18.2%	18.2
参与老年教育学习人数占老人总体人数比	2.1%	2.1	2.3%	2.3
学分银行开户率	0.43%	0.43	1%	1
学分银行注册课程(门)max=300	408	136	422	140.7

数据表明,社会办学机构参与率不高,增加缓慢。2016年机构参与率为16.3,2017年为18.2,这充分表明,挖掘社会教育资源兴办老年教育是老年教育的一个重大课题。和P区的情况相同,老年人群参加老年学习的占比低下,提高这一数值的途径值得老年教育工作者探究。此外,该区参与学分银行的情况与P区相同。

3. 组织参与老年教育数据

调查所得的组织参与老年教育数据如表 30 所示：

表 30　组织参与老年教育数据表

项　目	2016 年		2017 年	
	实测值	标准值	实测值	标准值
社会组织（个）max＝500	6	1.2	11	2.2

数据表明，社会组织参与老年教育的状况不容乐观。

4. 老年教育参与指数测评值

根据指数测评值计算方法，可得 C 区老年教育参与指数测评值如表 31 所示：

表 31　老年教育参与指数测评值的计算数据表

年份	C 区	年份	C 区
2016 年测评值	41.64	2017 年测评值	46.59

数据表明，C 区老年教育参与指数测评标准值 2016 年为 41.64，2017 年为 46.59，有一定幅度提升。

三) 老年教育成效指数

1. 老年教育满意度数据

调查所得的老年教育满意度数据如表 32 所示：

表 32　老年教育满意度数据表

项　目	2016 年		2017 年	
	实测值	标准值	实测值	标准值
老年教育满意率	98.83％	98.83	99.33％	99.33

数据表明，老年教育满意度保持高位。

2. 老年教育收获感数据

调查所得的老年教育收获感数据如表 33 所示：

表 33　老年教育收获感数据表

项　　目	2016 年		2017 年	
	实测值	标准值	实测值	标准值
老年教育收获感	92.33%	92.33	95.5%	95.5

数据表明,老年教育收获感保持高位。

3. 学习型组织创建数据

调查所得的学习型组织创建数据如表 34 所示:

表 34　学习型组织创建数据表

项　　目	2016 年		2017 年	
	实测值	标准值	实测值	标准值
学习型居委创建率	13.5%	13.5	16.2%	16.2
学习型街镇创建率	70%	70	70%	70

数据表明,学习型街镇创建率较高,学习型居委创建率明显偏低,两者增加幅度不大。

4. 老年学习团队创建数据

调查所得的老年学习团队创建数据如表 35 所示:

表 35　老年学习团队创建数据表

项　　目	2016 年		2017 年	
	实测值	标准值	实测值	标准值
老年学习团队(个)max=2 000	117	5.85	113	5.65

数据表明,老年学习团队不升反降。

5. 老年教育载体建设数据

调查所得的老年教育载体建设数据如表 36 所示:

表 36　老年教育载体建设数据表

项　目	2016 年		2017 年	
	实测值	标准值	实测值	标准值
图书馆 (个)max＝22	14	63.64	16	72.73
博物馆 (个)max＝30	2	6.67	3	10
文化馆 (个)max＝11	12	109.1	12	109.1
科技馆 (个)max＝5	2	40	2	40
体育场 (个)max＝50	13	26	13	26

数据表明,图书馆、博物馆数量有小幅度增加,其余场馆保持不变。

6. 老年学习文化营造数据

调查所得的老年学习文化营造数据如表 37 所示：

表 37　老年学习文化营造数据表

项　目	2016 年		2017 年	
	实测值	标准值	实测值	标准值
老年学习成果展 (次)max＝50	22	44	22	44
老年学习品牌 (个)max＝22	5	22.73	5	22.73
老年学习奖励 (次)max＝10	4	40	6	60
终身学习成为一种生活方式赞同率	98.2%	98.2	99.5%	99.5

数据表明,老年学习成果展、老年学习品牌测评标准值 2016 年、2017 年相同,而老年学习奖励测评标准值有明显增加,"终身学习成为一种生活方式赞同率"持续保持高位。

7. 老年教育成效指数测评值

根据指数测评值计算方法,可得 C 区老年教育成效指数测评值如表 38 所示：

表38 老年教育成效指数测评值的计算数据表

年份	C区	年份	C区
2016年测评值	52.20	2017年测评值	55.05

数据表明,C区老年教育成效指数测评值2016年为52.20,2017年为55.05,基本保持稳定。

六、上海市中心城区老年教育发展指数

上海市中心城区老年教育投入指数计算如表39所示。

表39 上海市中心城区老年教育投入指数计算表

地区	P区	C区	加权值	指数值
2016年测评值	58.05	47.03	52.54	1.21
2017年测评值	63.06	64.36	63.71	

上海市中心城区老年教育参与指数计算如表40所示。

表40 上海市中心城区老年教育参与指数计算表

地区	P区	C区	加权值	指数值
2016年测评值	35.70	41.64	38.67	1.14
2017年测评值	41.50	46.59	44.05	

上海市中心城区老年教育成效指数计算如表41所示。

表41 上海市中心城区老年教育成效指数计算表

地区	P区	C区	加权值	指数值
2016年测评值	46.80	52.2	49.50	1.10
2017年测评值	53.70	55.05	54.38	

由上述各表,上海市中心城区老年教育发展指数 = 上海市中心城区老年教育投入指数×上海市中心城区老年教育参与指数×上海市中心城区老年教育成效指数 =

$1.21 \times 1.14 \times 1.10 = 1.52$

七、几点主要结论

1. 上海市中心城区老年教育发展指数为1.52,2016年至2017年呈现良好的发展态势。

2. 上海市中心城区老年教育投入指数为1.21,上海市中心城区老年教育参与指数为1.14,上海市中心城区老年教育成效指数为1.10。三者比较,上海市中心城区老年教育投入指数最高,上海市中心城区老年教育参与指数为次之,上海市中心城区老年教育成效指数最低。这表明,老年群体的学习投入和社会老年教育机构对老年教育的投入是老年教育发展的主要拉动力。

3. 老年教育参与指数调查数据表明,老年学习存在一个充满生机活力的群体,其参与老年教育的比例2017年比2016年有明显增加。但是这一群体在老年人群中的比例仍然较低。这一数据揭示了两个方面的现状:一是对于老年人群的学习需求还需加大开发力度,政府、社会和学校要引领需求、开发需求;二是老年教育的基本矛盾是老年人群得到和享受美好老年教育的需要和老年教育发展不完善不充分的矛盾。这一基本分析应该成为推进老年教育发展的基本立足点和破解瓶颈之道。

4. 数据表明,发展老年教育必须增加投入力度、拓展参与广度、增加成效亮度,三度发力才能全面推进老年教育的发展。

5. 老年教育的满意度和收获感都达到高水平。这充分表明上海市中心城区老年教育已经取得了群众认可,持续发展的基础扎实。

6. "终身学习成为一种生活方式赞同率"持续居于高位,老年群体的这一认识应该成为老年教育发展的持续推进动力,思想引领、行动落实、成效显著应该成为老年教育发展的行动纲领。

八、关于老年教育发展指数研究的若干思考

1. "指数"是一个相对的概念

依诸多文献记载,"指数"是对被研究对象的报告期测评值与基准期测评值的一个比值,是一个相对的概念。从某种意义上说,在某一时间节点的测评值并不能说明该值的具体涵义,把它定义为指数并没有实际的认识意义和评价意义。例如,2017年,某一街道居民每周读书时间平均测评值是2.3小时,对此,并不能评价这一阅读时间

是"高"了,还是"低"了。因为没有基准期、参考系,其意义只是描述了一个事实。如果在 2016 年也对该街道进行过同样的测评,得到的数值为 1.8 小时,那么可以得比值 2.3/1.8=1.28。2016 年的测评值称为基准值。这个 1.28 就可称为 2017 年该街道居民每周读书时间平均值的指数。如果 2018 年再作同样的测评,那么测评值也可以和 2016 年测评值相比,得出 2018 年的指数。其他年份,以此类推。这些指数既有和基准期数据比较的意义,也有相互比较的意义。

2. "指数"不直接等同于"指标"

对研究对象的测评,一般应建立指标体系,可以分为一级指标体系、二级指标体系、三级指标体系等等。这些指标体系层层分解、相互联系,形成树状结构。中间指标可以是上一指标的分指标,又可以是下一指标的总指标,处于相对的地位。

"指数"研究是基于指标体系的,更严密地说,某一指数对应于某一指标,其值是对应指标的报告期测评值与基准期测评值之比,一般而言,它的测评值是分指标测评值的加权平均数。但是指数和其对应的指标是不等同的。不是说,每一个指标都需要设立一个指数,只有"关键性"、"综合性"、"重要性"明显的指标才设立指数。一般,末端的指标就不设立指数,因为每个都设立指数,反而主次混淆,不利于揭示事物发展的规律。

3. "指数"调查和"指标"调查并不相同

"指标"调查是指对研究对象的研究因素及其层次结构的调查,它的目的是建立一个完整、客观、科学的指标体系,为指数研究提供基础。它一般采用深度访问、德尔费法等定性调查方法,而不采用样本调查。样本调查不涉及指标的测评值,因为,在这一阶段,指标体系还在研究之中,还没有建立,其测评值也无从研究。

4. "指数"的应用与发布

"指数"研究的目的完全在于应用,研究者如果把花费了大量人力、物力、财力才得来的研究成果束之高阁,那么也就失去了研究的意义。"指数"的应用,一般往往重视"指数"数值的本身,而忽略了"指数"形成过程中产生的大量数据及其实际意义。诚然,"指数"本身是重要的,因为它是事物整体发展中的规律性的反映,掌握了指数,就掌握了"大局"和"大势","指数"有特定的重要性和指示性,是推进工作的方向和罗盘。但是,对于指数形成过程中的数据也应当加以重视,因为,这些数据是指数形成过程的基本要素,其反映的事物方方面面的细节是指数所不能代替的。

5. 指数研究要强调持续性

指数研究是在基准期、报告期两个时间节点展开的。这里的报告期不应该是一个点,而应该是连续的一系列节点,只有如此,才能在一个时间阶段内洞察事物的变化和发展,才能进一步彰显指数的价值。但是在指数的实际研究中,对一、二个时间节点进行研究还可见,持续性的研究就十分少见了,究其原因,对其重要意义认识不足是一个方面,持续性研究要有较大的投入,特别是一定规模的社会调查需要较大的投入和较复杂的组织工作则是另一个重要原因。这需要理论工作者的大力推进,更需要实际工作者的积极投入,只有两者密切结合,才能显现成效。老年教育指数研究的提出和初探是老年教育跨入数量化管理的新标志,而指数研究的持续化推进,则是老年教育数量化管理的新标杆。

参考文献

[1] 叶忠海,岑詠霆.社会学习指数研究与探索[J]高等继续教育学报.2016,29(1):1—12.
[2] 叶忠海.学习型社会建设科学化不能忽视量化分析[J].成才与就业.2012(11):25.
[3] 叶忠海.社会学习指数:学习型社会建设量化的核心指证[J].成才与就业,2012(9):29.
[4] 中国北京"国际学习型城市大会"工作文件.建设学习型城市北京宣言——全民终身学习:城市的包容、繁荣与可持续发展.2013-10-11.
[5] (俄罗斯)A.D.亚历山大洛夫等.数学:它的内容方法和意义[M].孙小礼等译北京:科学出版社,2012.
[6] 岑詠霆.《卓越绩效评价准则》实施的数量化方法研究[M].上海:上海科技教育出版社.2008.
[7] 岑詠霆.社区教育社区成员满意度测评模糊模型[J].数学的实践与认识.2011,41(21):83—92.
[8] 岑詠霆,薛春伟.社区教育评价的模糊等级和灰色关联度方法研究[J].数学的实践与认识,2012,42(13):157—166.
[9] 岑詠霆.模糊质量管理学[M]贵阳:贵州科技出版社,1994.
[10] 岑詠霆,魏子华.市场调查与预测(第四版)[M].北京:高等教育出版社,2015.

广州市老年教育发展研究报告

柳彩霞　刘楚佳[①]

"老吾老,以及人之老",这是以孝道为基础的中国人对理想社会的基本判断标准。《礼记》云:"孝有三:大尊尊亲,其次弗辱,其下能养",赡养老人仅为孝顺的最低层次。"活到老,学到老",尊重老年人的受教育权,是社会发展的必然要求。近年来,党和政府多次强调老年人权益的实现,并出台了系列政策文件,让"老吾老,以及人之老"成为可以期望实现的理想状态。

发展老年教育,是积极应对人口老龄化、实现教育现代化、建设学习型社会的重要举措。《老年人权益保障法》规定,"国家发展老年教育,把老年教育纳入终身教育体系,鼓励社会办好各类老年学校"。国家"十三五"规划明确要求开展应对人口老龄化行动。教育规划纲要也明确要求"要重视老年教育"。《国家中长期教育改革和发展规划纲要(2010—2020年)》首次将"老年教育"列入国家教育的大框架中;党的十八大提出要"积极应对人口老龄化,大力发展老龄服务事业和产业"。《老年教育发展规划(2016—2020年)》对加快发展老年教育、扩大老年教育供给、创新老年教育体制机制、提升老年教育现代化水平做出部署。广东省政府发布《关于大力推动老年教育发展的实施意见》,对构建覆盖城乡的老年教育网络体系、扩大老年教育资源供给、丰富老年教育内容和形式、加强队伍建设等方面做出部署。为应对广州市老龄化的趋势,满足老年群体不断增长的文化教育需要,广州市大力发展老年教育事业。从1984年广州市第一所老年大学——广州市岭海老年大学的创办开始,广州市老年教育经过了32

[①] 柳彩霞:广州城市职业学院公共管理系讲师;刘楚佳:广州城市职业学院高等职业教育研究所(社区教育研究中心)研究员。

年的发展,无论是老年教育机构的发展还是参与老年教育中的群体,均颇具规模,并不断地走向现代化、国际化。

一、广州市老年教育发展历程

我国老年教育是在20世纪80年代发展起来的,开设老年大学是我国开展老年教育的主要形式。1982年,我国废除干部终身制,实施国家工作人员退休制度。大批退休老干部在"三无"(无编制、无经费、无校舍)的情况下,积极创办老年大学,广州市岭海老年大学应运而生。广州市老年教育的发展路径开始从以老年大学为主线,逐步发展到老干部大学,随之各区县老年大学成立,涌现出不同的主体,逐步将老年教育推向基层、推向社区,扩大受众面,将老年教育向社区延伸,建成和完善了广州市老年教育的市—区—街镇—村居四级网络。

(一)初创形成阶段

作为改革开放的前沿地,广州出现了无数个第一。1981年广州成立了第一个从事老年事业的社团——由17位关心老龄事业的老干部发起筹办的广州岭海颐老会。"地处五岭之南,珠海之滨",奉行维护老年人合法权益,以老有所养、老有所依、老有所学、老有所乐、老有所为为宗旨,让一些离退休老人愉快的学习生活,安度晚年。为了发展老龄事业,从老年人的需求出发,1984年,广州岭海颐老会创建了广州地区第一所老年大学——广州市岭海老年大学,也是继山东省红十字老年大学后的全国第二所老年大学,成为全国民办老年大学首创,被全国老龄委称之为全国民办老年大学的"播种机",招生400多名学员。岭海老年大学分校于1989年在海珠区创立,扩大了岭海老年大学办学规模。

值得重视的是广州军区政治部当时也发文要求各单位大力支持和帮助离退休干部建立和办好老干部大学。这是第一个以大军区名义下发的关于发展老年大学的文件,它不仅有力地推动广州军区老年学校教育事业的发展,还在全军产生了一定影响。1986年和1987年,依托驻穗部队,广州军区老干部大学和广东省军区老干部大学相继成立并延续至今。广州军区老干部大学于1986年5月创办,坚持"老干部大学老干部自己办",不属于军队编制单位,发扬"抗大"校风,根据军区老干部的特点和需要,围绕"增长知识,丰富生活,保持晚节,老有所为,为社会主义服务,为军队建设服务"的宗旨,建设学校,实施教学,在军队和地方均产生了较大影响。

1988年9月,市成人教育局备案,市委老干部局主办,提出"老干大学老人办",广州第二所老年大学——"广州市老年干部大学"正式创办。1989年4月改为挂靠市老干部活动中心,配事业编制5人,首次招生314人。此阶段的老年大学以自办居多,规模小,没有编制经费,运行艰难。在党委、政府以及军区的支持下,老年人的学校教育开始由群众的自发行为逐步转变为政府行为。

(二) 探索拓展阶段

经过前期摸索积累经验,从20世纪90年代开始,在老干部们的支持以及社会上老同志的强烈需求推动下,各区县依托老干部活动中心陆续创办老年大学,谋求发展。1990年9月老年大学(学校)向区、县(市)、局一级发展,开办广州市老年干部大学分教点,如海珠区、白云区、天河区老年大学等。1993年初,海珠区老年大学正式挂牌成立,首批入学的学员有60人,分成2个班,开设了书画、诗词、舞蹈、保健4个专业课程。1989—1996年广州市老年大学先后在广州铁路局和市属单位建立过12个分校或分教点。从1996学年度开始不再发展分校,原办的分校、分教点逐步过渡到由各单位自行举办。1998年,设置的专业增加到24个。到1993年底,全市共办有各级各类老年学校17所,在校学员约5 000人。广州老年大学从创办初期有学员300多人,发展到1995年底6 200多位学员结业,设置有语言文学、书法艺术、国画艺术、人体科学和家政文体5个系21个专业。此外,一些行政部门参与办学,如广州市文苑老年大学(前身为广州市文化局老年大学)。有条件的企业也开始自主办学,由企业内部的离退休管理职能部门主管具体工作,主要代表有广州铁路(集团)有限公司老年大学、广州钢铁集团老年大学等,但专业设置有局限,办学规模不大。到2000年,全市有15所设备比较齐全、师资水平较高,并有一定规模的老年大学,其中市、区办的有10所,局办的有3所,企业办的有2所。此外,一些区(县级市)、市直单位和大中型企业根据实际情况,开办过临时老人教育学校。2000年底,老年大学(学校)在校学员约8 000人。这个阶段的特点是老年大学覆盖面扩张,办学条件改善,建设规范化,相较于广州市所处的经济、政治、文化中心城市的地位而言,广州市老年教育的发展可谓之"起步早、发展慢"。1991年11月,广州市成立了老年学校教育协调小组,制定了《广州市老年学校教育近期发展计划》,提出了广州市老年学校教育的发展目标和任务,争取入学率达3%,入学人数达2—3万人。但实际情况离目标相差甚远,这与当时的思想认识观念和地方行政管理体制密切相关。

(三) 全面发展阶段

2000年左右,其他力量参与办学,广东省妇联主办的康怡老人大学以及南方医科大学老年大学涉老部门和其他各高校主办的老年大学也相继创立。南方医科大学老年大学原为第一军医大学老年大学,创办于2001年10月。作为高等院校自主创办的老年大学,南方医科大学老年大学是广东省、广州市为数不多的老年大学。在第一军医大学转制归属广东省后,在高校办老年大学方面尚缺乏可借鉴的经验的情况下,南方医科大学党委在经费、教育资源共享等方面给予大力支持,老年大学具有相当规模,在校学员每学期保持1 200人次以上。南方医科大学、华南理工大学、中山大学、暨南大学、华南师范大学等高校老年大学相继成立,形成百花齐放的局面。高校办老年大学,虽然起步较晚,但发展势头相当迅猛,办学环境不断优化、领导班子、制度建设逐步完善,师资队伍素质和教学管理水平得到提升、老年教育理论研究和国际交流取得突破,办学规范化和现代化水平较高。

(四)纵深发展阶段

2013年1月广州地区老年大学协会的成立,标志着广州地区老年教育事业进入了一个新的发展阶段。协会组织开展了大量的学术研究,承担老年教育课题,成为大专院校、科研机构与政府部门的联接平台,为老龄事业的发展提供了有力的支持。经过近30多年的发展,广州市老年教育不仅在教育实践上有了规模扩展而且在教育理论上也不断深化。

据不完全统计,截至2016年底,全市共有老年大学、老年学校、老年教育点共303所(个),在读老年学员近7万人,在校学员约为广州地区老年人口总数的4%。针对老年大学"夕阳学位"报名热导致的"一座难求",广州市政府扩建广州市老年干部大学,成为目前广州地区办学规模最大的老年大学,于2017年秋季正式招生,学位扩大到3万个,逐步实现全纳教育,向社会老年人开放。同时,广州广播电视大学积极开发建设融招生管理、教学服务、学习支持、用户管理于一体的"广州终身学习网"及24个线下数字化学习示范中心,设置一系列课程,以满足老年人的学习需求。2013年11月,中国老年大学协会国际联络部设在广州市老年干部大学,致力于广泛开展国际交流,特别是加强与国际老年大学协会(AUITA,即国际第三年龄大学协会)的合作,借鉴国外老年教育的先进理念和经验,推进老年教育与国际对接,宣传推广发展老年教育的经验与成果,扩大老年教育的国际影响力。

发展老年教育,老年大学是主阵地,社区老年教育是老年教育的重要形式。在广州市民政部门主导下,2008年,广州试点推出政府购买项目和社工服务;2010年部署20个街道家庭综合服务中心试点;2012年全面铺开,老年服务是必选服务内容。自2011年开始,各区设立长者综合服务中心,具体由各社会组织、养老院、福利院承接并开展专业服务。街道、居委、家庭综合服务中心、长者综合服务中心针对社区老年教育综合开展工作。

2017年6月,广东省政府发布了《关于大力推动老年教育发展的实施意见》,指导广东省老年教育工作的发展,为广州市老年教育发展提供更好的发展机遇。

二、广州市老年教育发展背景

(一)人口老龄化提出了更高要求

根据广州民政局2017年8月30日发布的《2012—2016年广州市老年人口和老龄事业核心数据》统计,截至2016年底,广州全市户籍60岁以上和65岁及以上老年人口分别为154.61万和103.40万,占户籍人口比重分别为17.76%和11.88%,较2015年年底略有增长(见表1)。其中,低龄老年人比重较大,高龄人口稳步增长(见表2)。广州呈现出老龄化程度高、老龄人口增长加快的特点。预计到2020年广州市老年人口将超过185万人,进入中度老龄化社会。

表1 2012—2016年广州市老年人口状况(单位:万人;%)

年份	60岁及以上老年人口		65岁及以上老年人口	
	人数	占户籍人口比重	人数	占户籍人口比重
2012年	126.43	15.42	86.5	10.55
2013年	133.04	16.03	90.13	10.86
2014年	140.65	16.75	94.86	11.29
2015年	147.53	17.27	98.77	11.56
2016年	154.61	17.76	103.40	11.88

资料来源:广州市民政局《2012—2015年广州市老年人口与老龄事业核心数据》
注释:老年人口统计口径有两个,一是以60岁及以上人口为老年人口,二是以65岁及以上人口为老年人口。

表2 2012—2016年广州市80岁及以上老年人口变动情况

年份	2012年	2013年	2014年	2015年	2016年
80岁及以上老年人口数(万人)	19.54	21.23	22.65	23.81	25.43
占老年人口比重(%)	15.46	15.96	16.10	16.14	16.45

数据来源:广州市民政局《2012—2016年广州市老年人口和老龄事业核心数据》

从区域分布看,8个区中老年人口数量占据前四的有:越秀区、海珠区、荔湾区及白云区,均突破10万,其中越秀区和海珠区的老年人口突破15万;越秀区老年人口高达17.89万;海珠区老年人口达15.35万。

据此可知,当前广州市人口老龄化程度高,进程快,与广州建设国家重要的中心城市战略目标不一致。未来20年人口老龄化形势将更加严峻,"未富先老"的特征日益凸显,给经济社会发展带来挑战。因此,老龄化与老年人相关议题将成为未来社会发展中重要的社会议题。应对广州老龄化,大力发展老年教育,是缓解社会发展压力的重要举措,也有利于继续推进学习型城市的建设。

(二)老年教育需求日益迫切

据上海、南京等地的调查,有学习愿望的老年人占人口总数的18%～20%,而入学率仅为3%。如要跟上老龄化步伐,我国老年教育办学规模每年至少要增长8%。广州自1992年进入老龄化社会以来,人口老龄化速度快、程度高、规模总量大,呈现老龄化、高龄化、空巢化、家庭小型化"四化叠加"的态势。广州老年(干部)大学作为全国办学规模最大的老年大学之一,在老年教育的实施中发挥重要作用。一直以来,由于教育资源有限,广州老年(干部)大学直到2017年才面向全社会老人开放。曾出现过老年大学学位"一座难求"、"凌晨三、四点在雨中排队等位"、"网络报名秒抢"等现象,学校完全开放后学位紧张的问题更加凸显。2017年,由于老年人学习需求火爆,学校分批追加约300个学位的招生计划,很快报满。

根据民政部门统计,截至2016年底,广州市60周岁以上的老年人口为154.6万,预计今后一段时期,还将以每年5%的速度增长,2020年,60周岁以上的老年人口将达到185万人。目前,广州地区有各类老干部(老年)大学32所,在校学员约7万人次,学员人数近5万人,办学总面积超过12万平方米。其中,广东省老干部大学、广州市老年干部大学的办学规模长期保持在一万人以上,各区委老干部局主办的老干部(老年)大学基本覆盖到全市11个区。各区属老年大学中,海珠区、越秀区和白云区老年大学学员人数突破千人。其中,海珠区老年大学学员人数达到7365人,位居区属老年大学首位。广州市老年教育事业的发展现状仍有许多与社会需要不协调的地方,供需失衡仍然是当前制约老年教育事业发展的瓶颈问题。一方面,与老年人口巨大的学习需求相比,老年教育供给的规模与数量存在严重不足;另一方面,老年教育的内容与老年人多层次教育需求不相适应。

(三)老年教育政策法规提出新目标

2017年,为贯彻落实《国务院办公厅关于印发老年教育发展规划(2016—2020年)

的通知》(国办发〔2016〕74号),积极应对人口老龄化趋势,大力推动广东省老年教育发展,省政府发布了《关于大力推动老年教育发展的实施意见》(粤府办〔2017〕41号),对构建覆盖城乡的老年教育网络体系、扩大老年教育资源供给、丰富老年教育内容和形式、加强队伍建设等方面作出部署。《意见》提出工作目标:到2020年,基本形成布局合理、机会均等、内涵丰富、灵活多样、服务完善,覆盖省、市、县、乡、村5级的现代老年教育体系。全省建成10所省级示范性老年大学、19所市级示范性老年大学、19所以上县级示范性老年大学,培育500所老年示范校和示范站(点)。全省以各种形式经常性参与教育活动的老年人占老年人口总数的比例达到25%以上,其中珠三角地区达到30%以上。

为进一步贯彻落实《全国老龄工作委员会办公室关于加强基层老年协会建设的意见》(全国老龄办发〔2012〕1号),《广州市民政事业发展第十三个五年规划纲要(2016—2020年)》(穗民〔2016〕159号)中提出老年教育事业的发展目标:95%以上的城镇社区和80%以上农村社区成立基层老年协会,调动老年人参加的积极性,发挥基层老龄工作的重要载体作用。为进一步推动基层老龄工作的健康有序发展,规范基层老年协会的管理,广州市民政局、广州市老龄委制订了《关于加强基层老年协会规范化建设的意见》(穗民〔2014〕316号);广州市民政局印发了《广州市福利彩票公益金资助老年文化宣传项目资金使用管理办法》(穗民规〔2017〕4号),对广州市辖区内的优秀老年文艺团体由市福利彩票公益金立项给予资助。综合性多功能性的市级"广州老年大学"创办时政府高度重视,2014年财政又下拨33万多元支持老年教育。

三、广州市老年教育的主要成效

(一)扩大老年教育供给,完善老年教育网络

老年大学是实施老年教育的主阵地,社区是实施老年教育的重要形式。各种老年协会、老年体育协会、老年科技协会、慈善会和红十字会等各社会组织是老年人参与社会活动的主要渠道。根据广州民政局发布的广州市老年人口和老龄事业统计数据显示,2016年全市有老年活动室2 632个,老年文艺团队1 815个,老年体育团队556个,老年体协347个。全市有老年学术组织2个,老年协会2 527个,老年基金会1个。2016年全市有老年大学20所,共有学员3.42万人;老年学校70所,学员8 681人;老年教学点213个,学员2.24万人。截至2016年,全市建立基层老年协会有2 500个,其中番禺、白云、花都、越秀、从化建立老年协会超过200个,创建示范性基层老年协会20个。

表3　2016年老年文化娱乐状况

地区	老年活动室		老年文艺团队		老年体育团队		老年体协	
	个数（个）	日均活动人数（人）	个数（个）	参加人数（人）	个数（个）	参加人数（人）	个数（个）	参加人数（人）
全市	2 632	115 124	1 815	51 230	556	14 297	347	16 598

数据来源：广州民政局《2016年广州市老年人口和老龄事业数据手册》

（二）办学主体多元化，丰富教育模式

老年教育的有效实施，有赖于老年教育机构的成立。受政治、经济、文化等多方面因素的影响，老年教育机构类型呈现出多元化的特征。广州地区的老年大学以各级老干部部门主办为主，在此基础上，逐渐形成了多渠道、多层次办学的格局。目前，广州地区现有35所老年大学，7种办学模式：各级组织部和老干部部门办学、市老龄委和市民政局等涉老部门办学、文化广播新闻局等行政部门办学、企事业单位办学、高校办学、驻穗部队办学、私人投资办学，可以说是各具特色、各有所长。其中，省会城市校2所、市级校25所（其中4所民办）、高校5所、军队校2所、非市属校1所，设置专业150多个，在校学员7.3万人次，占广州地区老年人口总数4%。

在政府的大力支持下，广州市老年大学一直是开展老年教育的主体及重要形式；驻穗部队所办老年大学主要依托部队的干休所进行办学，实行"校所结合"的模式，在广州地区起步比较早，发展比较稳定，长期注重特色教学，书画艺术和音乐舞蹈艺术水平较高；高校办学充分发挥高校的师资优势，整体水平高，专业化程度高；社会组织充分发挥其灵活性，利用多种形式，引入专业社会工作者，以社区为阵地，以社区老年教育需求评估为前提，针对性地开展社区老年教育。

另外，民间其他力量参与老年教育工作有效补充了老年教育的不同需要。如退休人员管理服务中心和私人投资办学。退休人员管理服务中心，包括市、区（县）、街道三级管理，由广州市及各区人力资源和社会保障局进行管理。在具体承担服务中需涉及组织全街道社会化管理退休人员开展文化体育健身运动，指导和帮助退休人员参与社会公益等活动，开展自我管理和互助服务等。以海幢街道退管所为例，海珠区退管办在海珠区的18条街道设置退管所，辖区下设14个社区居委会。每年海幢街退管所都会组织退休人员进行各项文体活动，如游园会、摄影大赛、登山活动、书法展、职工老年大学、保健课等。私人投资办学始于20世纪90年代，香港商人曾元亨在广州南沙买房，将其改造为办学课室，不以盈利为目的，追求造福老人的社会效益，招收老人学粤曲,学唱歌舞蹈,办学较规范,一度加入中国老年大学协会,虽然目前办学规模有所萎缩,但仍在运作。近年来私人投资的养老机构,如广州寿星大厦,也办起了老年大学,满足寄居养老老人的学习需求。多元主体参与办学,体现政府主导统筹企事业单位、社会力量积极参与的办学格局。

(三) 大力发展老年大学,完善课程体系内容形式

老年大学是开展老年教育的主体及重要形式。目前广州市老年(干部)大学是广州地区办学规模最大的老年大学,被评为"全国先进老年大学"、"全国示范老年大学",是全国老年大学十大名校、全国老年教育研究基地之一,共设6个系27个专业36门课程,目前开设272个班级,提供学位1.2万个。2017年随着新校区的投入使用,取消户籍限制,开始面向全社会招生,可实现在校学员3万人的规模,成为真正实现全纳教育、体现教育公平的老年学府。番禺区老年干部大学共开设17个专业、44个教学班,招收离退休学员1 400多人次,大部分课程都已经达到爆满状态。海珠老年大学自1993年创办以来,办学规模不断扩大,教学设施不断完善,师资力量不断增强,办成了老年人求知求真的校园、求乐求健的乐园、文化养老的家园、老有所为的田园。2016年底,海珠老年大学被中国老年大学协会授予"全国示范老年大学"。黄埔区老年大学办学规模逐年扩大,教学环境持续改善,为发挥老年大学的中心带动作用,满足高龄老人的就地、就近入学需要,在区居家养老示范中心和金峰园社区分别挂牌成立了区老年大学分教点,进一步探索办学模式,延伸学习阵地,让老年大学开在了家门口,推广老年教育,让黄埔区老年人能充分就近文化养老,享受幸福生活。

课程体系建设方面,既要体现老年教育的教育本质,又要符合老年人需求,同时结合地区文化特色和资源。岭海老年大学突出按需设课和社团活动特色,按照老年人的需求设立课程,在条件允许的情况下尽可能满足不同层次、不同爱好的老年人的学习要求,课程涵盖传统文化、养生保健和文娱方面,凸显课程种类的丰富多样性。此外,将社团发展作为课堂教学的延伸和补充,拓宽和加深学员对课堂知识的理解。番禺区开发了具有地方特色的社区老年教育课程资源,建设6—8个具有番禺特色的本土课程,实现课程设计与社区治理的有机融合。创建新的教育载体和学习形式,积极开展多种形式的社区教育活动,依托"番禺终身学习地图"、"番禺终身学习网",为社区居民提供便利灵活自主的学习载体。推进社区教育数字化建设,利用"智慧番禺"的优势资源,依托"番禺终身学习云平台",继续推进社区教育数字化学习,完善"十分钟学习资源服务圈"。

(四) 扩大社区老年教育覆盖面,惠及广大老年群体

社区学院助推社区老年教育。2006 年,萝岗区与广东岭南职业技术学院共建社区学院,承担社区教育工作。其品牌项目"社区大讲堂",深入到社区群体中,提供符合老年人需求的优质服务。2009 年,广州城市职业学院加挂"广州社区学院"牌子,先后拓展到白云、花都、黄埔等 12 个区、县和广州市团校,合作成立 13 个社区分院,并在此基础上设立分校、教学点。如广州社区学院白云分院已有景泰、金沙等 10 个分校,逐步落实广州市教育局制定的建成覆盖"区(县级市)—街道(镇)—社区(村)"的三级社区教育网络,推进社区老年教育,发挥社区教育中政府和高校的资源优势互补作用。如棠景社区组织广州城市职业学院食品系教学团队策划组织的老年人健康知识综合系列活动,景泰社区组织信息系师生针对老年人"电脑知识培训",华康等街道社区引进旅游学院的师资,开展了"粤旧粤广州"、"长者出游必备锦囊"等社区老年人旅游知识系列教育服务。2009 年,越秀区成立社区教育学院,分设一院、二院错位发展,其 22 条街道设立分院为社区居民提供继续教育、终身教育。

社会组织创新老年教育形式。由广州市恩善社会服务中心承接、管理和运作的越秀区长者综合服务中心作为越秀区创新为老服务工程,开展涉及四大部分内容的社区老人教育。(1)社区健康教育。中心与省内多家知名医院达成长期合作协议,如广东省人民医院、广州市脑科医院等。合作医院根据科室特色参与到老年健康教育中,如药物使用、药物安全等专题培训。(2)"老友记"学堂。参照老年大学的办学方式,着眼社区特色,在中心开设兴趣班,如科技资讯类、手工艺学习、文体类课程等。采取学分制,在社区内获得认可,鼓励学员积极参与。学堂的师资来自于义工,课程实施低偿收费,20—30 元不等。老年学员采取会员制,基本满足户籍条件即可,目前有会员 600 多名。(3)社工组织开展教育小组活动。针对长者疾病健康、情绪调节、社会交往需求,有计划开展长者小组活动。相对于规范的老年大学,社工组织的老年人比较固定,形成了稳定的社会关系和相互关注。(4)针对为老服务群体的培训,主要侧重社区文化环境尊老氛围的营造,如居家养老服务员、照顾者家庭提供的心理疏导等。荔湾区金花街家综的社区老年教育主要有:兴趣学习类教育活动,如粤曲;健康康复类老年教育,通过与社区医院、社区康复站各医院合作,开展如轻度认知障碍的老年痴呆及预防教育等;权益类老年政策教育,与《老人报》合作,邀请熟悉政策的公益人士讲解,如退休政策、遗嘱继承等。照顾者、护老者教育是该社区的特色性教育内容,反馈很好。未来社区还将尝试开展老年人的生死观教育。

此外,全市共有"星光老人之家"1 460 家左右,已覆盖全市。部分社区星光之家存在管理不到位等问题,为了更好地发挥星光之家植根社区,服务于社区老年人,发挥教育功能,部分街道已经进行服务整合。

(五) 发挥社会组织优势,积极参与老年教育

广州市近几年在各区、街道、社区建立了多种社区居家养老服务设施。各街镇家庭综合服务中心、居家养老综合服务中心、日间托老机构(项目)、居家养老服务部、星光老年之家、农村老年人活动站点覆盖城乡社区。在广州市民政部门的引导下,通过区(长者综合服务中心)—街道(家庭综合服务中心)—社区层级联动,鼓励社会组织积极参与提供老年服务,做好老年教育。

长者综合服务中心。老城区老龄化程度高,老年教育需求和意识强烈,公共服务资源集中,受关注程度高。中心运用综合服务模式,为不同健康状况和需要的老年人设计和提供合宜的服务,如长者教育、长者学苑、健康教育、护老者支援等服务。目前,全市各区均设立长者综合服务中心,但实际上除了越秀区和萝岗区等少数区外,其他区尚不能真正发挥作用。2011年,越秀区长者综合服务中心采取公建民营的方式,由香港圣公会福利协会建设、设计及改造,委托广州市恩善社会服务中心承接管理和运作。

家庭综合服务中心。家庭综合服务中心自2007年开始,已经运行了十年,由民办社会工作服务机构承接运营。根据《广州市街道社区综合服务中心相关参照标准》规定的老年人服务质量标准,明确提出开展精神慰藉服务,开展各种类型文化体育娱乐活动。家庭综合服务中心在社区老年教育中发挥着举足轻重的作用,荔湾区金花街家庭综合服务中心老年社区教育尤为突出。该家综辖区包含12个社区,现常住居民约8万,其中老人高达2万,老龄化程度非常高,中心明显偏向为老服务。2011年省民政厅支持200万元将其纳入省养老试点,并向全省推广试点经验。根据需求调研结果显示,70岁以下长者学习类需求高,如微信、外语等;70岁以上长者对健康、养老需求较高;90岁以上长者对生活照顾的需求明显。

2017年5月27日,"学而有为"农转居老年大学项目落户海龙街。该项目由广州市大同社会工作服务中心承办,是为老服务专项公益创投项目之一,为社区内"农转居"长者提供"寓教于乐"的老年教育课程。该老年大学创新办学模式,既开设独立办学的海龙校区、中南校区,也通过与荔湾区各家庭综合服务中心合作开设流动校区,为社区居住的长者提供便利的学习机会。

(六) 加强交流合作和理论研究,推动老年教育现代化

为加强老年教育的研究,广州市老年大学多次主办"广州地区老年教育理论研讨会"，承办中国老年大学协会学术委员会《中国特色老年大学教育现代化》课题研究；市民政局、市老龄办、广州大学广州发展研究院合作开展《应对人口老龄化发展战略研究——以广州市为例》的课题研究等。为进一步完善全市老龄政策顶层设计，健全社会养老保障体系、加强医疗卫生制度建设、发展养老服务业等建言献策。

从2004年开始，广州老年大学坚持每年举办一次"广州地区老年（干部）大学联谊会议"，搭建广州地区老年大学资源共享平台，实现资源互补和良性沟通。除加强校际交流协作外，2013年11月，中国老年大学协会国际联络部设在广州市老年干部大学后，广州市老年大学多次参加国际会议并在大会上发言，广泛开展国际交流、引进先进理念、翻译资讯材料、国际议题研究等，加强与国际老年大学协会（AUITA，也称国际第三年龄大学协会）的合作，借鉴国外老年教育的先进理念和经验，促进我国老年教育与国际对接，宣传推广我国发展老年教育的经验与成果，扩大我国老年教育的国际影响力，工作取得了很大的成效。

四、广州市老年教育主要问题

（一）广州老年教育发展不平衡

根据发达国家的经验，人均GDP达到5 000美元，文化需求就会出现井喷式的发展。广州市2016年人均GDP折合为21 868.09美元，广州市对社区教育的质和量的需求均会呈现快速上升，而作为目前社区教育中不可或缺的老年教育更是如此。作为国家中心城市，改革开放的前沿阵地，迎接老龄化社会的挑战，广州在发展老年教育方面应与该城市的地位和发展水平相匹配，理清发展老年教育方面领导体制内部关系，健全组织结构，统筹区域老年教育的发展工作。但目前发展老年教育方面，广东省的财政投入和社区教育发展速度尚有相当大的差距。在实际开展老年教育过程中，鉴于地方执政理念和重视程度不同，区域发展不平衡。

从学员分布看，前期调查中接受调查的居民多数是本地居民，其中不少是高校退休教师和政府机关、企事业单位里的离退休干部。他们均可以通过申请入读老干部大学或者就近参加由高校自设的老年大学、老干部活动中心等参加老年教育。而在上述教育机构的学员中，社区居民中的老年群众、企业退休职工所占比例很小。虽然2017年广州市老年大学已面向全市老人开放，但整体供需结构仍不平衡，部分来自省外、市外的老人的教育需求无法得到有效满足。因此，如何做好基层老年教育，鼓励引导老年大学、高校将老年教育的公益事业做到基层，让更多的老年朋友受惠值得思考。

（二）老年教育实施过程中的协调问题

老年教育实施过程中涉及多主体参与，首先，对从事老年教育的部门机构出现各种不同称呼，如老年大学、老年学员、人口学校、电大、社区学院等；其次，主办单位不统一，多是为政府、单位的老干部门举办，部分老年大学采取民办公助的模式，没有明确的举办单位，还有的老年大学主办单位是教育部门或者成教部门。老年大学的行政隶属关系不同，办学经费来源支持就不同，投入的经费力度有差异。在以居家养老为基础、社区为依托、机构为支撑的社会养老服务体系中，将社区老年教育作为养老服务的一项重要内容，为老年人提供健康、休闲、文化诸多方面的教育服务。因此，社区老年教育必然涉及多部门工作。教育部门将老年教育纳入宏观规划，社区教育主要由民政部门管，需要财政部门提供经费保障，文化部门将其纳入现代文化公共服务体系，老龄部门负责老龄事业，以致造成老年教育资源的重复性。广州市老年教育实施四级教育网络模式，具体落实到社区中，较好地体现了社区特色，突出社区建设"一街一品牌"特色，有利于挖掘社区老年教育的特色资源。但是不同主体在开展社区教育中，依据不同的组织方式进行课程开发，教育资源总量丰富，却不可避免地重复。纵观各老年大学、电大系统的课程设置，主要课程集中在书法、钢琴、舞蹈、绘画、棋类、太极、歌曲、中医养生等，课程趋同性明显。但各区、各社区文化背景特色各异，教育资源各有优势，老年人教育需求也呈现差异性。因此，需要解决因不同主体开展教育培训过程中的条块分割问题，加强教育资源的整合，搭建综合性的资源共享平台，避免资源重复浪费甚至是恶性竞争，促进老年教育有序进行，提高社区老年教育的实效性和针对性。

（三）老年教育实施中在基层落实中的困境

目前，广州市发展老年教育主要采取"市—区—街镇—村居"四级教育模式，在基层社区老年教育实践中，街道、居委、家综、社区大学、社区学院等共同参与，共同努力发展社区老年教育公益性事业，但是如何将各级目标落实到基层尚需探索。街道、居委会的老年教育工作发展不平衡，越秀区、荔湾区、海珠区的老龄化程度高，尤其是越秀区，地处政治中心腹地，拥有各种政府、医疗资源，开展老年教育的资源丰富，无论是越秀区长者综合服务中心还是荔湾区金花街家庭综合服务中心作为省示范，不无道理。而其他区个别街道至今尚未正常开展老年社区教育。基层老年教育是否能顺利开展与领导的理念和重视程度密不可分。

五、广州市老年教育的发展建议

(一)发挥政府主导作用,积极推动老年教育发展

发展老年教育,政府的作用是最重要的。一方面,推动关于老年教育的地方性立法工作,进一步完善政策和制度建设,大力发展老年教育,积极应对老龄化。根据广州市政府有关部门关于老年教育的发展规划,未来将鼓励社会各界参与老年教育,包括企业未来也有机会参与到老年大学的教育工作中。政府需要通过制定老龄工作的政策法规和给予必要的经费支持以引导更多社会力量参与为老服务。在顶层设计中,加强统筹协调,建议设立全市性的老年教育协调指导机构,有效整合目前的老年教育资源,是老年教育长效发展的重要保障。

(二)制定老年教育标准规范,引导老年教育的健康发展

老年服务是一项政策性很强的公共服务,开展的主要依据是《中华人民共和国老年人权益保障法》、《国家中长期教育改革和发展规划纲要(2010—2020年)》、《老年教育发展规划(2016—2020年)》等法律法规和规范性文件。标准则是其细化和支撑,老年服务标准化体系的构建始终与相关的法律法规保持高度一致。开展老年教育标准化建设,顺应国家大力发展老年服务趋势,是推动老年教育从外延式发展向内涵式发展的必经之路和建设规范有序的老年教育新格局的重要举措。教育标准是老年教育活动的基本依据。根据标准化的理念、方法、思维,制定和实施各项规章制度,确保老年教育的质量,维护老年群体的合法权益。在这一点上,上海市走在全国前列。

目前,广州市老年教育需求旺盛,社会需求决定了老年教育标准要求。老年教育属于社会公共服务行业,但又不同于其他服务行业。老年教育的发展必须回归到教育的本质。老年教育标准主要包括宏观和微观两个不同层面。从宏观上规范社会老年教育活动的各种因素,微观上指导具体老年教育活动的实施。发展老年教育,必须综合考虑不同层次、不同类型老年教育主体的共性和个性,既要考虑教育标准的普适性,也要体现标准的实用性,考虑不同主体的特色,注重管理实效。以标准化建设为契机,依托各级各类学校、机构已开展的各项工作平台,在现有老年教育的实践基础上,以课题研究的视角和方法,丰富和拓宽工作思路。通过建立覆盖全面、科学合理、层次分明、满足需要的标准体系,全面规范和提升老年教育管理、服务水平,满足老年人对优质教育的需求,实现积极老龄化,推动城市和谐发展。

（三）发挥社会组织优势，补充老年教育

随着"小政府、大社会"的有限政府社会治理概念的提出，以政府为主导的社区老年教育模式也需要创新服务模式。目前社区老年教育实践中，涉老服务的主体基本上都由社会组织承担，如社会工作服务中心承接的各家庭综合服务中心、社区居家养老服务，各社会组织、福利机构承接的长者综合服务中心等。街道、居委会在社区老年教育的工作中极少设置专职人员，大部分交由该社区的家综合作开展，一方面是基于社工在老年人教育方面的专业性，另一方面也是居委会工作任务重、人手不足，难以指派专门工作者。发展社区老年教育，坚持政府统筹领导，通过政府购买服务，让渡部分公共服务职能，由符合要求社会组织承接服务项目，发挥社会组织优势，利用专业团队，开发符合老年人需求的课程资源，提供专业化老年服务，实现政府和社会彼此合作，共同推进老年教育。

（四）鼓励各级各类学校承担老年教育任务，增加老年教育供给

面对老年教育发展中的不平衡、不协调、供不应求的局面，做好政策引领以规范发展，鼓励多元化办学和教学模式，最大程度惠及老年人。老年教育不等于唱歌跳舞，应该回归教育的本质。我国老年教育起步较晚，主要通过老年大学和老年学校的方式开展，这是由我国特殊阶段的老年群体特征决定的。老年教育发展至今，老年教育与正规教育融为一体，尚有很长一段距离。西方老年教育却做了有效探索，例如，瑞典的全国大学均向老年人开放，老年人在高校中占相当比重；美国的老年教育中心一般设立在本地的市立学校，由学员自行承担授课任务等。作为具有改革精神的广州，通过尝试扩大办学范围，更好地发挥老年教育作用，以各区级、市级学校为发射端，用设立分教点的形式将部分教学活动辐射到周边的街道、社区等公共活动场所。目前广州高等教育机构，如高等院校、高职院校分布在各区，但是这部分优质的教育资源并未得到充分利用，仅局限于为单位体制内部的退休教职工提供老年培训。引导学校教育资源吸纳更多的社会群体参与，通过提供有偿或者低偿的培训，满足部分社区居民的教育需求，政府在政策层面和操作层面可以探索实施的路径。在现有的老年大学基础上，拓宽教育范围，将老年大学延伸到基层社区中，大力支持发展社区老年教育，顺应政府职能转变趋势转变社区服务职能，整合社区内老年教育资源和其他社会资源，将老年大学开到基层社区中，真正实现老年人在家门口就能上大学。

（五）创新老年教育形式，丰富教育内涵

近年来，政府对老年教育的重视程度逐年增加，着手解决老年教育实施过程中的系列困难。为了解决老年大学"一座难求"的困境，广州市政府扩建并启用了广州市老

年(干部)大学新校区。广州民政部门通过政府购买服务等方式大力发展社区服务,提升社区老年服务和老年教育品质。

老年大学和学校主要采取班级授课制的方式,学员规模有限,无法满足学员群体的广泛性需求。另外,体制性因素导致很多老年人无缘就读老年大学,共享社会发展福利。依托老年空中大学、远程大学等方式能有效缓解实体办学对场地、人数的供给矛盾。但利用新媒体实施老年教育,需要建立在老年人较高的文化素质和配套的教学硬件设备的基础上。同为发达城市,上海早已实现空中大学与地面对接,"上海空中老年大学"和"上海网上老年大学"与"远程老年大学","老年人学习网"搭建了全方位立体的学习平台。学习上海的先进经验,广州远程老年大学、广州老年远程学习网已筹备,广州广播电视大学部分课程涉及老年教育。番禺区在发挥网络实施社区老年教育方面积累了丰富经验,通过搭建数字化学习平台,多渠道开发课程资源,如政府购买、自主开发,低偿或者无偿开放给市民,但目前的投入使用的程度和居民的知晓度、使用程度仍需提高。

根据老年大学、社区机构等不同的老年教育载体实施分层分类提供老年教育服务,提升各载体的引领和辐射功能。如市级老年大学着眼于满足探究和进取型老年学员的需求,发挥其在老年教育中的业务指导和辐射作用,着重加强老年教育研究、课程开发和师资培训、文化交流等,并在业务上指导区县和街道老年学校。高校系统内适当拓展老年教育,在现有的课程体系基础上通过开展混龄班级、吸纳具有较高文化素质的社区老年学员;拓展社区老年教育资源,统筹社区老年学校、社区学院、社区图书馆、博物馆和学习网站、移动学习资源等多种载体,重在提供凸显区域特色,贴近老人生活的学习内容,建设具有品牌特色的社区老年教育项目,提升基层教育载体的吸纳和服务功能;开发远程老年教育资源,突破课堂班级教学建制的限制,满足学习自主性强、具备现代技术能力的长者的学习需求。

参考文献

[1] 叶忠海.老年教育学通论[M].上海:同济大学出版社,2014.
[2] 齐伟钧.海外老年教育[M].上海:同济大学出版社,2014.
[3] 中国老年大学协会课题组.中国特色老年大学教育现代化[M].广东:广东教育出版社,2011.
[4] 田晓明.综合标准化与公共服务提升:来自苏州市的创新实践[M].江苏:苏州大学出版社,2015.
[5] 顾秀莲.老龄社会与老年教育研究[M].北京:中国妇女出版社,2009.
[6] 柳彩霞,李坪.广州市社区老年教育的现状调研分析[J].广州城市职业学院学报,2017(2):90—96.

太原市老年教育发展研究报告

桑宁霞　丁红玲　高　迪　宋　谱　都雅男[①]

一、太原市老年教育发展的背景意义

　　教育是一项造福全人类的事业,社会发展需要老年教育,时代老人需要老年教育,推进老年教育的发展,既是丰富老龄人暮年生活、实现积极老龄化的主要渠道,也是新时代建设学习型社会,促进经济发展政治民主社会和谐的必然需要。太原市作为山西省省会城市,位居山西中心,全市国土面积6 988平方公里,占全省的4.5%,建成区面积198平方公里,东、西、北三面环山,中南部为平原,山地和丘陵占总面积的五分之四,平川占五分之一,汾河横贯全市。全市常住人口344.2万,占全省的10.3%,其中,城镇人口279万。现辖六区(小店区、迎泽区、杏花岭区、尖草坪区、万柏林区、晋源区)、三县(清徐县、阳曲县、娄烦县)、一市(古交市),共54个街道、21个镇、31个乡,计639个社区、894个行政村。截至2016年底,全市60岁以上老年人口有68.1万人,占全市总人口的15.8%,老龄化比例居全省之首,据测算,到2020年,全市60岁以上老年人口将达到78万人以上,占全市总人口的比例将超过17.4%。其中,80岁以上的高龄老人、空巢老人、失能老人、半失能老人都将不同程度增长,高龄化、空巢化趋势愈发明显,并将继续呈现"未富先老"趋势。在持续严峻的老龄化形势面前,大力发展老年教育,以提升老年人生活质量,推动终身教育体系形成,促进学习型城市建设、社会

[①] 桑宁霞,山西大学继续教育学院教授;丁红玲,山西大学继续教育学院副教授;高迪、宋谱、都雅男,山西大学继续教育学院硕士研究生。

和谐,成为刻不容缓的发展大计。

  从老年人自身而言,首先,随着年龄的增长,生理的老化以及社会功能角色的退化,他们将面临健康、情绪、退休等多方面的问题,这些问题的解决都离不开老年教育的协调,协调老年人退休生活中的不适与矛盾,顺利实现社会角色的转变,减少孤独自卑,保持社会对其的尊重和认可。其次,老年人具有发展的需要,人的发展具有终身性,社会发展具有持续性,每个人都是社会的组成部分,都应当共享改革开放的成果,老年人也不例外。法国成人教育学家马塞尔·赖斯纳曾指出,人的社会化过程是一个持续终身的过程,处于人生晚期阶段的老龄人口,更加需要自我提升,特别是在知识更新加速、工作场所的歧视、家人的不耐烦等一些令人不安的现实因素面前。再次,老年人具有参与的需要,面对科技的日新月异与社会的飞速发展,人们对精神文化的需求不断增加,终身学习的欲望更加强烈,相比于赋闲在家,老年人更愿意"在学习中养老,在参与中成长",以满足自己继续发展的需要,有期待、有价值地生活。发展老年教育,使老年人参与社会,有利于开发和利用老年人身上蕴藏的巨大潜力,发挥老年人余热,化老龄压力为老年动力,在实现老有所为的同时,促进社会持续发展。

  当今世界教育正在发生革命性变化,确保包容、公平和有质量的教育,促进每个人全面享有终身学习机会,成为世界教育发展新目标,老年教育作为终身教育体系的最后攻坚,重要性不容忽视。现代社会中,教育已经成为一项公认的基本人权,老年人作为社会公民,同样享有受教育的权利,尊重每位老年人的受教育权是国际社会共同的价值观和发展趋势。太原市作为在全民终身学习活动周开展中连续九年荣获优秀组织奖的城市,发展老年教育,做好终身教育体系构建的最后一环义不容辞。《山西省"十三五"教育事业发展规划》中也明确提出,支持老年教育发展,办好老年大学。文化是民族的根基,社会越发达,就越要强调文化民族性的保持,每一个老人的身上都有着文化的符号,既浸透着过往时代的洗礼,也饱含着当下现实的丰盈。太原市作为有着悠久历史的文化城市,大力发展老年教育,可以使老年人与时俱进,将历史文化与社会现实结合,传递优良文化,从而使城市优秀文化薪火得以绵延传承。

  太原市老龄人口的快速增长,带来了日益严峻的老龄化问题,表面看来似乎只是关乎小我和小家,实际上却与整个社会的发展休戚相关。老年人作为社会的一个重要群体,每个人都与家庭、社区息息相关,他们可以为社会继续创造财富,可以继续受教育参与社会,在促进个人成长发展的同时又为社会的和谐稳定发挥重要作用。首先,老年人具有丰富的智慧、经验和技能,老年人力资源有着不可取代的经济社会价值。太原市发展老年教育,有利于开发和利用老年人身上蕴藏的巨大财富,完善老年人的就业环境,使老年人发挥余热,从而在实现个人价值的同时,缓解老龄化给社会带来的沉重负担,推进新时代社会持续发展。其次,发展老年教育对于太原市学习型城市的构建至关重要。中共太原市委太原市人民政府在《关于进一步推进学习型城市建设的实施意见》中提出,要全面推进社区教育,大力发展老年教育,逐步完善市、县(市、区)、乡镇(街道)、村(社区)四级老年教育服务体系,推动高校第三年龄大学联盟建设,倡导老年人开展数字化学习,探索"学养结合"的老年教育模式,吸引并方便更多市民参与到终身学习与学习型城市建设中。老年教育既是终身教育的最后阶段,也是学习型城市的必要一环,特别是在太原市老龄人口激增的现状下,老年教育的发展不容缺失。

二、太原市老年教育发展的历史沿革

太原市老年教育自产生至今,走过了三十多年的发展历程,从无到有、从小到大、蓬勃发展,历经了萌芽起步(1983 年—1993 年)、推进开拓(1994 年—2004 年)、发展壮大(2005 年—2011 年)、创新跨越(2012 年—至今)四个阶段,走过了多年不平凡发展历程的老年教育在政策以及实践上都取得了诸多成就。

(一)萌芽起步阶段(1983 年—1993 年)

20 世纪 80 年代,伴随着改革开放的到来,中国第一所老年大学——山东红十字老年大学于 1983 年成立,此举标志着中国老年教育的开始。1985 年,中国老龄问题委员会在北京召开全国老年教育经验交流会,国家对老年大学这一新事物给予了充分的肯定与支持,随后老年大学及各种老年教育活动开始在全国各地发展起来。太原市第一所老年大学为创建于 1986 年 4 月 26 日的太钢老年大学,是全国成立较早的老年大学之一;同年 11 月,山西老年大学成立,系山西省委老干部局管理的参公事业单位,也是太原市第一所公办老年大学;紧随其后的 1987 年 9 月,太原市老年大学成立,初步形成了政府力量办学与企业办学的基本格局。此后至 90 年代中期,各种形式的老年教育文化活动也逐渐活跃起来,各事业单位、区属街道及居委会等围绕精神文明创建活动、普法教育和老年人工作,举办了各种形式的文明市民学校、老年学校、社区学校,各类老年教育文化活动、体育活动十分活跃。这一阶段的老年教育主要以老年大学为依托开展老年教育,举办了丰富多彩的老年教育活动,使得这一时期太原市老年教育紧紧跟随国家步伐,在改革开放的东风中开展地卓有成效。

(二)推进开拓阶段(1994 年—2004 年)

为了有效推动老年教育的发展,中国政府积极制定了一系列政策和法规。1994

年,中央10个部委联合制定了《中国老龄工作七年发展纲要(1994—2004)》,这是我国老龄事业发展进程中第一次以指导性文件形式对老龄工作和老龄事业发展作出全面规划,它的发布推广,标志着我国老龄工作和老龄事业开始走上有计划的发展轨道。1995年《中华人民共和国教育法》和1996年《中华人民共和国老年人权益保障法》先后颁布实施,号召在全国"建立完善终身教育体系"和"国家发展老年教育",明确赋予了老年人"老有所学"的权利,为老年教育的发展提供了法制保障。国家对老年教育的支持时刻推动着地方老年教育的开拓,1998年,随着社区体制改革的深化,太原市杏花岭区率先提出了以社区建设统揽街道工作的思路,以"全员、全面、全程"为特征的现代意义的社区老年教育开始起航,老年群体成为最大的受益者。自2000年开始,教育部开始确定社区教育实验区,启动社区教育实验工作,2001年,太原市杏花岭区被确定为首批国家社区教育实验区,老年教育作为其中的重要组成部分,应运发展。随后其他各城区陆续开始推进社区教育,逐渐建立起社区教育四级网络,初步形成了社区教育(包括社区老年教育)服务体系和运行机制。

(三)发展壮大阶段(2005年—2011年)

伴随着我国学习型社会建设进程的加快,赋予了我国老年教育新的时代任务和使命。2006年,《中国老龄事业发展"十一五"计划纲要(2006—2010)》提出,大力发展老年教育,积极发展老年远程教育,倡导社区办学等多种形式的老年教育;2010年7月,《国家中长期教育改革和发展规划纲要(2010—2020年)》提出以加强人力资源能力建设为核心,重视老年教育,把老年教育纳入继续教育和终身教育体系,广泛开展城乡社区教育,加快各类学习型组织建设,基本形成全民学习、终身学习的学习型社会。至此,老年教育的发展进入了全新阶段。2005年以来,在太原市各级政府的领导和重视下,太原市老年教育得到了进一步发展;2007年,举办了全民终身学习专题论坛,促使全民学习从理论走向实践;2008年,市委、市政府召开了创建学习型城市动员大会,并明确了初步建成"人人皆学、时时可学、处处能学、按需选学、终身在学"的学习型城市框架,至此老年教育纳入了学习型城市建设中,老年群体作为社区教育重要的服务对象,受到各级政府的关注。同时,各个基层组织通过品牌创建,发现典型,培养典型,造就了"呼啸诗社"、"锦绣苑"、"小小睦邻点"、"文明市民学校"等社区老年教育品牌,发挥了典型的示范引领作用。2011年10月,太原终身学习网新平台开通,发挥了整合资源、满足需求、宣传太原、服务市民的功能,逐步为太原广大市民所熟知和使用,为老年教育的推进提供了便捷通道。

（四）创新跨越阶段（2012年—至今）

老年教育在经历了改革开放的冲击后，跨上终身教育发展的快车，借助网络的力量走到今天，取得了不容小觑的成绩，国家各项老年教育政策都更为完善，老年教育由边缘走向中心。2012年，《老年人权益保障法》修订版出台，其中明确规定了继续受教育是老年人应有的权利，将老年教育纳入终身教育体系的构建，国家鼓励社会发挥作用将各类老年学校办好。2016年7月，教育部等九部发布《关于进一步推进社区教育发展的意见》，提出大力发展老年教育，将老年教育作为社区教育的重点任务，结合多层次养老服务体系建设，改善基层社区老年人的学习环境，完善老年人社区学习网络，建设一批在本区域发挥示范作用的乡镇（街道）老年人学习场所和老年大学，努力提高老年教育的参与率和满意度。同年10月，国务院出台《中国老年教育发展规划纲要（2016—2020）》，这是我国发展多年以来第一部老年教育专项规划，对未来老年教育的发展将起到不可估量的促进作用。在国家政策的大力支持下，地方政策紧随其后，多种形式的办学格局逐渐形成。2012年，《太原市终身教育促进条例》诞生。2016年，太原市《国民经济和社会发展"十三五"规划》明确提出积极发展养老服务业，发挥政府主导、政策引领、社会主体作用，建立健全以居家为基础、社区为依托、机构和医养融合为支撑的养老服务体系和供给机制，通过新建社区养老服务中心和城乡老年日间照料中心，实现居家养老服务基本覆盖城乡社区。同年7月，太原市人民政府《关于进一步推进学习型城市建设的实施意见》出台，提出大力发展老年教育，逐步完善市、县（市、区）、乡镇（街道）、村（社区）四级老年教育服务体系，推动高校第三年龄大学联盟建设，倡导老年人开展数字化学习，探索"学养结合"的老年教育模式，积极开展新市民培训，促进农民工融入城市社区，开展面向未成年人、残疾人等弱势群体的公益性文化艺术展演活动，不断丰富学习内容与形式，提升学习质量，吸引并方便更多市民参与到终身学习与学习型城市建设中。"十三五"期间，社区教育参与率达到85%以上。2017年，山西省人民政府印发《山西省"十三五"老龄事业发展规划的通知》，为山西发展老年教育进行了战略部署，为推进老年教育发展指明了方向。这一时期，在政策的重视关怀下，老年教育被纳入城市发展战略规划中，并开始探索老年教育机构的改革和治理。同时，多元化办学为政府所提倡，办学主体多样，太原市中心医院老年大学于2015年成立，这是全省首家开办老年大学的医院；太原市电大老年学院于2016年3月成立，此后老年网络继续教育如雨后春笋般出现，教学形式新颖多样，学习内容日渐丰富，品牌课程不断涌现，且精益求精，自主课程越来越多。

三、太原市老年教育发展的现实基础

发展老年教育,是积极应对人口老龄化、实现教育现代化、建设学习型社会的重要举措,也是满足老年人多样化学习需求、提升老年人生活品质、促进社会和谐的必然要求。太原市老年教育自80年代起步以来,短短几十年实现了从无到有、从点到面、从弱到强的转变,为老年教育的可持续发展奠定了坚实的现实基础。

(一) 政策导引,规范老年教育工作的开展

发展老年教育是一个社会的系统工程,既需要足够的人力、物力、财力的投入,也离不开政策的支持。早在2001年,太原市人大常委会就通过了《太原市老年人权益保障办法》,要求市、县(市、区)人民政府应当重视发展老年教育事业,根据实际情况开办多种形式的老年学校,并鼓励和指导社会力量办好各类老年学校。之后,市教育局、市民政局、市文明办《关于创建学习型县(市、区)乡镇(街办)、社区、单位、家庭等五个标准》(2004年)、市老年大学《关于进一步加强老年教育工作的意见》(2005年)、太原市委、市政府出台《关于创建学习型城市的实施意见》(2008年)、太原市人大常委会《太原市终身教育促进条例》(2012年)及《太原市养老机构条例》(2016年)、中共太原市委、太原市人民政府《关于进一步推进学习型城市建设的实施意见》(2016年)、山西省人民政府办公厅发布《关于贯彻落实国家老年教育发展规划(2016—2020年)的实施意见》(2017年)等诸多老年教育专项或相关规划文件陆续发布。这一系列政策的出台和实施,标志着太原市老年教育走上了科学化、规范化的发展道路。

(二) 盘活资源,满足老年群体的学习需求

发展老年教育,资源供给是必不可少的重要保证。据调查,太原市全市共有1所省级老年大学,1所市级老年大学,县(市、区)级老年大学13所,街道(乡镇)级老年大学187所,社区(村)级老年大学777所,企事业老年大学170所,在校学员共计231 700余人。开展老年教育,必须盘活各类教育资源,为老年人提供发展条件。为此,太原市采取一系列措施和办法,加快发展老年教育事业和产业,构筑多元学习平台,为老年人学习创造良好条件。一方面,太原市目前除了山西老年大学和太原市老年大学两所省市级别的老年大学外,10个县(市、区)都有老年大学,部分企业、医院、街办、社区也开办了老年大学。2017年,晋城银行与《生活晨报》等单位成为太原市首批学养结合老年教育研究培训中心、基地,老年教育发展格局初步形成。最早成立的太钢老年大学已经发展成为一所现代化气息浓厚的综合性老年大学,是全国先进老年大学和全国企业老年大学示范校。另一方面,各社区充分挖掘图书馆、博物馆、文化馆等社会文化教育资源,开展老年教育,全市各街道社区的公共图书馆不断拓展服务领域,深化服务内涵,在馆内积极为读者提供高效快捷服务的同时,还创建"总馆+分馆+流通站"运营模式,把图书送到社区、送到农村,送到最需要的读者手中。博物馆则把自己变为市民了解市情、历史的"课堂",文化艺术馆深入社区老年群体,寓教于乐。

(三)协调联动,构建老年教育服务平台

通过整合区域教育资源,太原市充分发挥各级各类教育机构为老年教育和终身学习服务的功能,充分利用各级各类教育机构、文化场馆、媒体网络的资源优势,形成覆盖城乡、面向市民的学习服务平台。目前,全市拥有公共图书馆7个,其中省级1个、市级1个、县(市、区)5个,藏书量343万册;博物馆(纪念馆)10个,其中省级1个、市级1个、县(市、区)级6个;群艺馆7个,其中省级1个、市级1个、县(市、区)级5个;街道(乡镇)活动中心105个;社区(村)活动中心794个,各区域内学习型居委会数占居委会数的95%,区域内学习型街镇(社区)数占街镇(社区)数的93%,区域内学习型家庭数占家庭数的21.2%。除此之外,还利用学校这一主阵地,发挥教育培训的功能作用。近年来,太原市各城区、街道充分利用社区学校资源为老年群体的学习提供服务,将市民学校、家长学校、科技学校、健康学校、双休日学校、妇女学校、老年学校等文化教育资源进行整合,充分共享利用,目前中小学教育资源对老年教育开放率为51%,大学开放率3.8%,民办培训学校开放率100%。

(四)特色品牌,打造老年教育精品活动

品牌具有强大的辐射力和渗透力,太原市各街道和社区在打造特色老年教育品牌上下功夫,做文章,发挥品牌感召力,收到了一定的成效。例如,由杏花岭区胜利东街社区的一些喜欢诗歌的老人成立的"虎啸诗社"创办了《虎啸诗报》,还帮助社区成立了虎啸合唱团、书法班、舞蹈队、葫芦丝班等,被评为"全国社区老年教育案例",还出版了《草叶集》和《草叶葳蕤》两本诗集。再如万柏林区万柏林街道的和平社区将国学文化元素融入到社区老年教育内容当中,丰富社区老年教育内涵,为社区中、老年人群分期、分类组织"国学礼仪"学习,让"国学礼仪"走进社区,通过对社区居民进行"国学礼仪"教育,打造老年教育文化特色品牌。还有杏花岭区涧河街道的锦绣苑社区,形成了温馨社区、学习型社区、健康社区、快乐社区、绿色社区、平安社区六大特色,并建立了远近闻名的"锦绣苑社区义务红娘机构",被民政部命名为全国和谐社区建设示范区。总之,太原市各城区、街道都非常重视挖掘区域文化资源,因地制宜,打造了诸多老年教育特色品牌,并将其作为范本在实践中推广,老年学习文化氛围初步形成。据调查,太原市各区域内老年学习成果展示次数为 5 次/年,创建老年学习品牌数为 8 个,区域内老年学习推进规章制度数为 13 个,老年学习奖励数为 2 次/年。

(五)线上平台,提供老年远程继续教育

当今社会,网络已经成为包括老年人在内的诸多学习者日常学习最重要的途径之一,要利用广播电视和计算机网络的优势,推进信息技术与老年教育的整合,如利用广播、电视、通信卫星等资源,普及信息技术和多媒体教学,打造学习平台,给老年人提供了更多更便捷的学习机会。2006 年,太原市教育局组织,太原广播电视大学承办,开通了一个面向全体公众的开放式网上学习平台——太原终身学习网(http://www.tystudy.cn),向全体市民提供多媒体远程网络学习服务。太原终身学习网是一个面向全体市民的免费开放的网上学习平台,是开放的图书馆和活动教室,是老年学习的全天候活动教室。2011 年,网站升级改版,纵向与县(市、区)共建,建立起覆盖各行各业的学习资源库,学习课程门类齐全,包罗万象,包括卫生保健类、文明礼仪类、家庭教育类、生活休闲类、职业培训类等上万门课程。经调查,太原市 81% 的老年人具有手机上网设施,35% 的老年人具有电脑上网设施,10.28% 的老年人可以自主进行上网学习,平均每周学习时间 360 分钟。

四、太原市老年教育发展的问题分析

(一)政策着力宣传与行动贯彻力弱化之间的不和谐

太原地处中原,相对封闭落后。在老年教育的实施中常常出现政策紧锣密鼓地宣传,但由于种种原因,不能如实贯彻的现象。调查数据显示,首先,老年人对老年教育认识不到位,仅有 25.4% 的老年人赞同终身学习成为一种生活方式,近 75% 的老年人对终身学习的观念缺少深度认识,只有 0.76% 的老年人参加过社区学习团队。其次,老年人主动阅读学习的积极性不高。一方面表现在阅读量上,13.6% 的老年人每年阅读书籍数量为 1 本,4.2% 的老年人每年阅读书籍数量为 2 本,1.8% 的老年人每年阅读书籍数量为 5 本,老年人的阅读量少之又少。另一方面表现为对书籍的投入,其费用整体偏低,而且绝大部分老年人对于书籍的投入在 50 元以下,仅有极少部分老年人的投入在 100 元以上。再次,老年人学习费用投入呈现出低水平的特点,31.0% 的老年人在老年教育机构学习支付的费用在100—200元之间,18.6%的老年人在老年教育机构学习支付的费用在200—300元之间,6.8%的老年人在老年教育机构学习支付的费用在300元以上。通过对以上现象进行深度分析可知,政策不能如实贯彻一方面的原因是由于政策的制定缺乏针对性,脱离实际,存在形式主义的问题;另一方面也由于老年教育多数政策在性质上倾向规划目标,政策原则性强,缺乏可操作性。而且由于政策在执行过程中,行政干预过多,与老年教育办学主体自主发展之间存在矛盾,严重影响了老年教育办学主体的积极性。

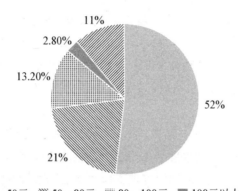

图1　老年教育阅读书籍费用投入情况

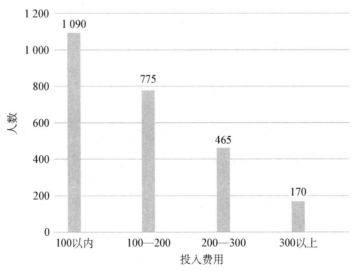

图2　老年教育机构学习费用投入情况

(二)点上典型打造与面上辐射力不足之间的不平衡

目前,太原市的杏花岭区成为国家级社区教育示范区、迎泽区成为国家级社区教育实验区、小店区和晋源区成为省级社区教育实验区示范区,这些实验区发展较好,形成了许多特色的老年教育品牌。但在太原市的其他乡镇,特别是娄烦、清徐、古交等地区的老年教育发展则相对缓慢,存在着老年教育发展不平衡的问题。太原市在构建学习型城市过程当中形成了发现典型、培养典型、推广典型的经验,从现实的工作绩效来看发现典型和培养典型做得更好一些,推广典型则显得相对薄弱,当然,典型的推广需要满足事物的充分必要条件,需要在相应的工作机制中做更加科学的规划和考量。从全市范围来看,教育部社区教育示范区和实验区明显领先于非示范区和非实验区;中心城区与郊区也之间存在着不平衡,中心城区进展明显较快于郊区;在同一城区内部,又有各社区之间的不平衡;同一社区内部,还有各单位之间的不平衡和各居民小区之间的不平衡。点上典型打造与面上辐射推广存在深刻的矛盾,发展的不充分与不平衡在太原市老年教育工作中有多方体现。

(三)休闲娱乐课程一边倒与课程结构系统和谐之间的矛盾

在太原市老年教育工作的推进中,或多或少存在着迎合老年人休闲娱乐需要的倾向,老年教育中休闲娱乐活动型的教育活动项目丰富而杂陈,内容随意而缺少设计,学术类及生命类的课程则较少。如从教育机构开展老年教育实践的调研情况来说,一年内老年大学平均组织老年学习活动次数仅为4次,社区大学平均组织老年学习活动次数为6次,社区学院平均组织老年学习活动次数为7次,社区学校平均组织老年学习活动次数为9次。一年内老年大学/社区学院平均开设班级30个。这些活动和课程基本集中在休闲娱乐上,课程供给不能满足老年人多样化的需求,特别是不能满足老年人创新生活和生命超越的需要。课程结构不能从生存、生活、生命等多维度进行构建,科学性、系统性、创新性未能彰显。

(四)需求旺盛与资源服务供给总体不足之间的错置

老年人对于教育的需求比较旺盛,但是存在供给不足的问题,调查数据显示,参加老年大学的老年人仅占5%,在社区学院学习的占7%,社区学校的为8.2%,79.8%的老年人未参加过老年教育机构的教育学习。在教育质量方面,65.36%的老年人非常满意,21.84%的老年人较满意,7.52%的老年人较不满意,5.28%的老年人不满意;在师资配置方面,62.4%的老年人表示"非常满意",31.28%表示"较满意",4.8%表示"较不满意",1.52%表示"不满意";在设施设备方面,29.08%的老年人"非常满意",52.44%的老年人"较满意",10.6%的老年人"较不满意",7.88%的老年人"不满意";在教育收费方面,93.84%的抽样调查对象认为教育收费合理,6.16%的调查对象认为收费偏高。从数据来看,实际参与者整体满意度比较高,但基于资源(机构设施、设备、人员)供给的密集度不强和渗透力不够,参与老年教育人群的整体基数较少,致使老年教育供给惠及不到的人群的满意度非常低,老百姓总体上对于教育资源的供给是不满意的。

五、太原市老年教育发展的未来展望

(一) 老年教育政策更趋合理

国家必须加快出台有利于老年教育发展的政策和法律法规,通过立法形式将老年教育纳入社会公共服务体系,保障多数老年人享受老年教育。以政府办学为主体,建立老年教育投资机制,进一步强化老年教育的服务机制。具体来说,考虑到地区发展的不平衡性,在经济发展水平不高的地区加大投入,提供软硬件设施,将老年大学(学校)及老年教育文化场地纳入社会公共设施规划,并制定全区老年教育文化基础设施建设标准。市县一级要开放图书馆、博物馆、文化馆、老年文化活动中心等非营利性公共文化活动场所;在经济发展水平较高的地区,通过完善财政、税收等优惠政策以及各类公益慈善组织筹措资金增加办学经费,鼓励和引导社会力量捐资、出资发展老年事业,建立由政府组织主体、市场化组织主体、社会人公益性组织主体以及自组织主体等共同构成的多元化老年教育文化投资主体。鼓励社会资本捐资开办老年教育机构,重点支持社区发展老年教育,优先用于拓展老年教育的项目和内容。

(二) 老年教育在社会文化中的地位更加凸显

老年教育是促进社会和谐的重要一环,随着老龄化社会的到来,老年教育在社会文化中的地位势必更加凸显,2012年中央和国家16个部门联合出台了《关于进一步加强老年文化建设意见》,强调"要树立积极老龄化理念,全社会要正确对待和接纳老年人,尊重老年人的社会价值,扩大老年人的社会参与,弘扬中华民族的传统美德,营造敬老爱老助老的良好社会氛围"。因此,首先我们必须积极引导并更新老年教育发展理念,改变以往视老年人为社会包袱的偏见以及消极养老的模式,将老年教育作为维护老年人基本权益与挖掘可持续发展资源的重要手段。其次,老年教育的理念必须体现对老年人的尊重与人文关怀,包含"健康尊严、慈爱包容、乐天知命、自强不息、积极参与"等内涵,围绕是否促进身心健康及提高科学与人文素养、晚年生活是否变得更加丰富多彩展开,不应以追求升学率与学历为目的。再者,我们必须尊重每一个老年人进行学习的权利,搭建高效的老年人社会参与平台,建立各类老年人才信息库和老年人就业指导信息网,帮助老年人再就业,对科技文教卫生领域的老专家实行返聘,鼓励老年人投身关心教育下一代、社会治安、公益慈善等事业中。总之,老年人社会参与的宗旨是用其所长、量力而行,使老年人在为社会发展继续做贡献的过程中获得精神满足与快乐。养中有学,学有所用,用而亦养,真正做到学养用三位一体。

(三) 老年教育在终身教育体系中的地位更加突出

老年教育是终身教育体系的重要组成部分,老年教育的发展离不开与其他教育之间的交流、沟通和资源共享。建立老年教育资源共享网络打破不同类型教育资源条块割据的局面,充分利用闲置资源,使老年教育与其他各类教育文化资源实现资源共享,如中小学、职业学校、高等院校以及各科研院所都向老年教育开放资源共享平台。依托全国高等院校教育资源兴办老年大学,根据老年人口分布情况,整合电大、职校教育和中小学资源兴办老年社区大学或老年职业学校,建立包括社会老年教育文化机构、活动场所、养老院、福利院、医院、社区办、中小学、大专院校等在内的全社会联网的老年教育文化中心(站),打造老年人网络教育精品课程及教育网站,开拓老年人互联网使用空间,将老年大学(学校)教师纳入正规师资队伍建设范畴,严把老年教师资格审查关,做好培养培训规划,提高教师待遇,努力造就一支高素质的老年教育专业化教师队伍。

(四) 老年教育课程体系更加科学完备

建立科学与人文并重的老年新课程体系,老年教育的课程设置应该是丰富多彩的,包括休闲娱乐课程、医疗保健课程、科学与职业技能课程、文学艺术课程、哲学与心理健康课程等。帮助老年人以积极的态度面对生老病死、人生价值、代际冲突等问题。老年教育应摆脱重实用而轻人文的倾向,帮助老年人提高心理健康水平,建立丰富的精神世界。与课程相匹配的老年教育教材也必须符合老年人的身心特点,简明扼要、通俗易懂,又要注重科学信息与人文教育的结合。开展老年人思想道德、科学文化、养生保健、心理健康、职业技能、法律法规、家庭理财、闲暇生活、代际沟通、生命尊严等方面的教育,帮助老年人提高生活品质,实现人生价值。

(五) 老年教育将成为老年人的重要生活方式

在倡导终身教育的今天,"活到老,学到老"的观念势必会影响老年人的生活方式,多样化的老年人生活方式要求我们发展多元化的老年教育办学形式,在老年大学(学校)的入学资格、上课时间、课程设置、教学方式等方面充分照顾到老年人的特点,对老年人不设限制。如开放高等教育机构的老年教育功能,并允许老龄学员以非注册学员的身份旁听大学课程和公开课讲座,老年人可免费入学;建立社区老年学校,聘请专家、学者在各个社区举办流动讲座,以方便老年人就近学习;发展民间教育机构非正规教育形式,如老年俱乐部、老年读书会、老年文化中心、老年培训班、老年旅游教育社等。在老年教育的教学方式上,应该寓教于乐、寓教于养、学以致用,同时也借助网络提高老年人利用互联网学习的能力。

总之,老年教育的开展是一个迫切需要解决的新课题,关注民生、改善民生,为老年教育大发展带来难得的历史机遇。只要我们以一种时不我待的紧迫感和责任感,以与时俱进,开拓创新的精神,去克服前进道路上的困难,去解决工作中的问题,就一定能够把太原市老年教育办出特色、办出水平、办出成果,为建设小康和谐和现代化社会,为实现党和国家的宏伟目标作出更大贡献!

附录:太原市老年教育调查问卷基本情况统计

本研究采用问卷调查和访谈调查两种方式展开,以接受老年教育的2 500名老年居民为问卷抽样调查对象,完成了《太原市老年人参加老年教育的现状调查》;以50家老年教育机构为调查对象,完成了《太原市老年教育基本情况的调查》。下文内容为参与调研的老年人基本情况。

1. 性别与年龄

在问卷抽样调查对象中男性1 083人,女性1 417人,50—55岁占13%,56—59岁占45%,60—69岁占35%,70—79岁占6%,80岁以上占1%。

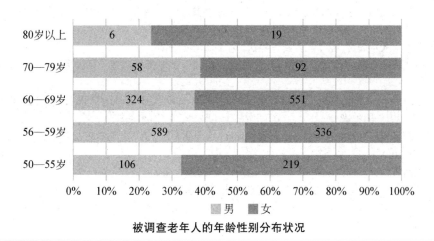

被调查老年人的年龄性别分布状况

2. 老年教育学习目的

从调查数据来看,老年人参与老年教育的动机较为多样,学习目的是"提升自我价值,实现老有所为"的占12%,"休闲娱乐,陶冶身心"占78%,"结交朋友,排遣寂寞"占35%,"结伴共学,满足归属感"的占38%,"弥补教育遗憾,发展兴趣爱好"的占63%,"与时俱进,学习新知识"的占14%,其他占3%。

参考文献

[1] 丁红玲,桑宁霞.太原市学习型城市建设案例诊评[M].太原:三晋出版社,2013.
[2] 丁红玲.终身学习社会化推进研究[M].太原:三晋出版社,2015.
[3] 马兆兴.创建学习型城市法制化运行——《太原市终身教育促进条例》百问百答[M].太原:三晋出版社,2012.
[4] 马兆兴.创建学习型城市太原在行动[M].太原:三晋出版社,2010.
[5] 叶忠海.老年教育学通论[M].上海:同济大学出版社,2014.
[6] 张东平,宋亦芳.老年教育社会学[M].上海:同济大学出版社,2014.
[7] 岳瑛.中国老年教育发展的背景和历史回顾[J].天津市教科院学报,2016(02):47—50.
[8] 董之鹰.试析我国改革开放以来老年教育的发展历程[J].社会科学管理与评论,2009(1):77—82.
[9] 弓亚斌,郭建勇,渠佳敏.太原终身学习网数字化资源的再建设与推广[J].山西广播电视大学学报,2012(04):15—17.
[10] 国家计委,民政部,劳动部等.中国老龄工作七年发展纲要(1994—2000)[Z].1994-12-14.
[11] 全国老龄委.中国老龄事业发展"十一五"规划纲要(2006—2010)[Z].2006-08-16.
[12] 中华人民国家中长期教育改革和发展规划纲要领导小组办公室.国家中长期教育改革和发展规划纲要(2010—2020年)[M].北京:人民教育出版社,2010.
[13] 全国人大常委会.老年人权益保障法[Z].2012-12-28.
[14] 中共太原市委,太原市人民政府.关于进一步推进学习型城市建设的实施意见[Z].2016-07-22.
[15] 中组部、中宣部、国家体育总局、全国老龄办等16部.关于进一步加强老年文化建设意见[Z].2012-10-24.
[16] 山西省发展和改革委员会,山西省教育厅.山西省"十三五"教育事业发展规划[Z].2017-01-20.
[17] 山西省人民政府.山西省"十三五"老龄事业发展规划[Z].2017-08-04.
[18] 颐养通.2020年太原市60岁以上老年人口将达到78万人以上[EB/OL].http://www.yytong.com/news1944.html,2017-06-20.

南昌市老年教育发展：现状、问题与策略

肖 菲[①]

  南昌，简称"洪"或"昌"，古称豫章、洪都，江西省省会，是新中国航空工业的发源地、中国重要的综合交通枢纽和光电产业基地，世界级的光伏产业基地。南昌辖6区3县，设1个国家级新区（赣江新区），总面积7 400 km^2（含水域），平原占35.8%，水面占29.8%，素有"物华天宝"之美誉。2017年南昌市人均GDP 9.15万元，常住人口546.35万人，截至2016年底，60周岁以上的老年人口已达到85.4万，占人口比重的16.3%，每100个南昌人就有16个以上是老年人。今后几年，老年人口数还将逐年增长，预计2020年老年人口将超100万。随着经济社会的发展，人民生活水平的提高，医疗卫生条件的改善，人均寿命的延长和计划生育新政的实施，南昌市老年人口比例越来越高，已经成为了老龄化城市。

  伴随着全球老龄化现象的愈益严峻，世界各国对于老年人口的晚年生活越来越关注。老年教育的开展，不仅可以让老年人学习新知识，开创全新的人生，而且对于老年人身心健康也有很大的促进作用。这样既有利于满足老年人多样化的学习需求，提升老年人的生活品质，促进社会和谐，也是提高国民素质、促进人的全面发展的重要途径。因此，南昌市积极响应国家的《教育部等九部门关于进一步推进区教育发展的意见》（教职成〔2016〕4号）、《国务院办公厅关于印发老年教育发展规划（2016—2020年）的通知》等文件的精神，积极发展南昌市老年教育，以满足南昌市老年人终身教育需求，实现积极老龄化。2017年6月，南昌市行政区教育指导中心向南昌市政府提交了

[①] 肖菲，女，教授，江西科技师范大学继续教育学院成人教育学专业硕士生导师、学科带头人，研究方向：成人教育管理

《关于推进南昌市老年教育行政区化的建议》的报告,分管副市长龙国英同志在报上做了重要批示:"要充分运用好国家开放大学的平台,既要搞好学历教育,也要有非学历教育;既要有经济效益好的教育项目,也要有社会效益好的教育项目;既要政府的资源支持,也要充分动员社会资源参与。真正办成覆盖所有居民,满足不同人群需要的终身教育的平台。"

一、南昌市老年教育调查对象的基本情况

Ulla Eloniemi-Sulkava(2014)指出,成功迈入老年生活取决于个人对生活的主观满意度、参与社会生活的程度以及维持认知的能力,而老年教育机构正是老年人成功融入社会的有效载体。那么,南昌市老年教育基本状况如何?对参与教育学习态度如何?基于相关问题,江西科技师范大学老年教育研究基地联合南昌老年大学对南昌市老年教育发展情况开展了相关的调研。2018年3月21—28日,调研小组到南昌市各个区县的行政区、行政区教育中心和老年大学进行了初步了解,选取西湖区、东湖区和新建县3个行政区为调查区域,发放了相应数量的问卷调查表。此次调研共发放问卷1 806份,回收有效问卷1 611份,实际回收率为89.20%。

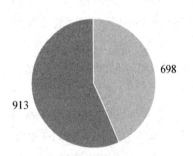

图1 南昌市参与调查的老年人口的性别构成(单位:人数)

(一)调查对象的性别比例

如图1所示,南昌市3个行政区1 611份有效问卷中,参与调查的男性老年人约占43.33%,女性老年人约占56.67%。基本上,3个行政区参与调查的女性老年人都多于男性。

(二)调查对象的年龄分布

如图2所示,在参与的调查对象中,80岁以上的老年人约占3.79%,70—79岁的老年人约占18.87%,60—69岁的老年人约占51.46%,55—59岁的老年人口约占25.76%,55岁以下的老年人口不足0.12%。

(三)调查对象的文化程度

如图3所示,在参与的调查对象中,研究生文化层次以上的老年人约占0.25%,本

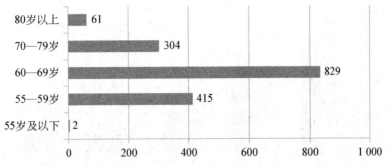

图 2　南昌市参与调查的老年人口的不同年龄层构成(单位：人数)

科文化层次的老年人约占 1.80%，大专文化层次的老年人约占 7.95%，高中(包括中专)文化层次的老年人口约 21.54%，初中文化层次的老年人口约 38.11%，小学及以下文化层次的老年人口约占 30.35%。从文化程度看，参与调查对象普遍偏低。

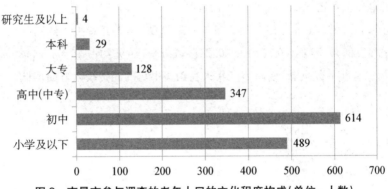

图 3　南昌市参与调查的老年人口的文化程度构成(单位：人数)

二、南昌市老年教育发展的基本现状

(一)南昌市老年人读书数量的基本情况

阅读量是衡量个体参与学习的一个重要渠道。如图 4 所示，南昌市 2016 年没有阅读书籍的老年人约 42.77%，0—5 本约占 37.62%，6—10 本约占 12.10%，11—15 本约占 3.60%，15 本以上约占 3.91%；2017 年没有阅读数量的约占 40.60%，0—5 本约占 34.82%，6—10 本约占 14.21%，11—15 本约占 5.40%，15 本以上约占 4.97%。总体来说，南昌市老年人阅读书籍数量偏少。

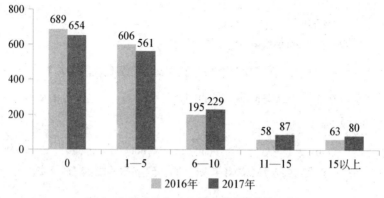

图 4 南昌市老年人口读书数量(单位：本)

(二)南昌市老年人购买书籍的经费投入情况

当问及老年人是否投入相应的经费购买书籍时,数据显示(如图4),2016年无经费投入的老年人约占43.89%,0—50元约占16.57%,51—100元约占18.31%,101—150元约占14.90%,150元以上约占6.33%。2017年无经费投入约占41.71%,0—50元约占17.88%,51—100元约占20.24%,101—150元约占13.04%,150元以上约占7.14%。从相关数据看,南昌市老年人在购买书籍的经费投入方面偏低。

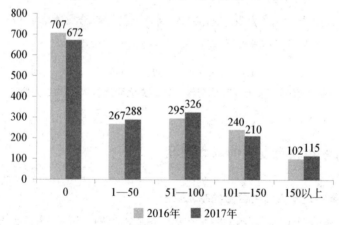

图 5 南昌市老年人用于阅读书籍(非学校学习的其他纸质)的经费投入(单位：元)

(三)南昌市老年人教育经费投入的情况

作为一种教育活动,必要的经费投入是基础。如图6所示,2016年没有费用支出的老年人约占72.56%,0—50元约占4.10%,51—100元约占5.96%,101—150元约占 9.19％,150 元以上约占 8.19％;2017 年没有费用支出老年人的约占 71.69％,0—50 元约占 3.35％,51—100 元约占 6.21％,101—150 元约占 8.44％,150 元以上约占 10.30％。总体上来看,南昌市老年人教育经费投入偏低,限制了其学习机会。

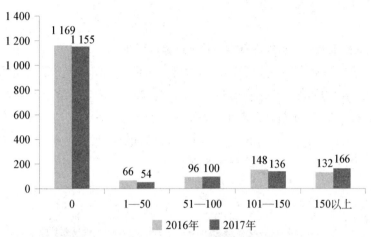

图 6　南昌市行政区老年人教育经费投入情况(单位：元)

(四) 南昌市老年人参与学习机构学习的情况

作为重要的学习载体,学习机构为老年人提供充分的学习机会。如图 7 所示,2016 年,参加过老年大学/学校或社区学院/学校学习的老年人约占 34.02％,没有参

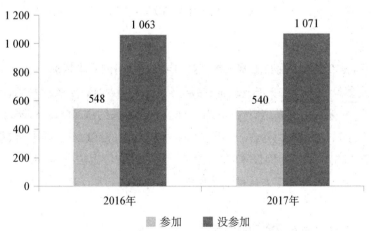

图 7　南昌市老年人参加相关学习机构学习的基本情况(单位：人数)

加过老年大学/学校或行政区学院/学校学习的约占 65.98%,超过半数。2017 年参加过老年大学/学校或行政区学院/学校学习的约占了 33.52%,没有参加过老年大学/学校或行政区学院/学校学习的约占了 66.48%,超过半数。从总体看,老年人参与相关学习机构的学习情况不容乐观。

(五) 南昌市老年人参加老年学习团队的基本情况

作为一种喜闻乐见学习方式,老年人组建了诸多学习团队。如图 8 所示,2016 年参加过老年学习团队的老年人约占 33.02%,没有参加社区老年学习团队的老年人约占 66.98%;2017 年参加过社区老年学习团队的老年人约占 34.95%,没有参加过社区老年学习团队的约占了 65.05%。虽然,这种方式能够满足老年人的学习要求,但是南昌市老年人学习团队组建依然有发展空间。

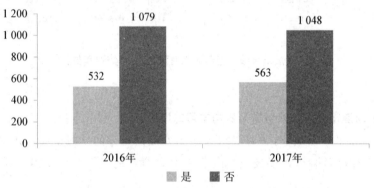

图 8　南昌市老年人参加社区老年学习团队的基本情况(单位:人数)

(六) 南昌市老年人拥有上网设施(包括电脑、手机)的基本情况

作为当前最为流行的学习方式,网络学习需要老年人具备必要的基础设置。如图 9 所示,2016 年拥有上网设施(包括电脑、手机)的老年人约占 64.12%,缺乏上网设施(包括电脑、手机)老年人的约占 35.88%;2017 年拥有上网设施(包括电脑、手机)的老年人约占 69.58%,缺乏上网设施(包括电脑、手机)的老年人约占 30.42%。这些上网设施的缺乏,容易影响老年人从网上获取学习资源的机会和渠道。

(七) 南昌市老年人网络学习的情况

如图 10 所示,2016 年,通过网络学习的老年人约占 49.53%,没有通过网络来学

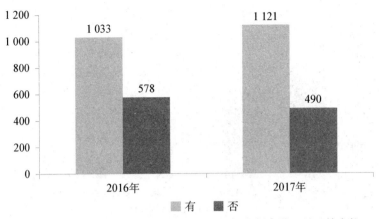

图9 南昌市行政区老年人口拥有上网设施(包括电脑、手机)的人数

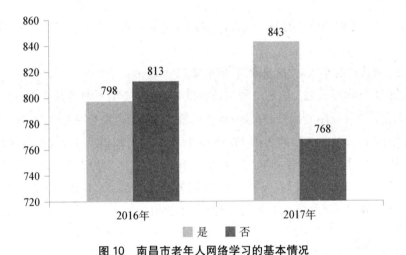

图10 南昌市老年人网络学习的基本情况

习的约占50.47%;2017年,通过网络学习的老年人约占52.33%,没有通过网络学习的老年人约占47.67%。相对于传统的书籍阅读方式,南昌市老年人更青睐通过网络进行相关的学习。

(八) 南昌市老年人口每周网络学习的情况

如图11所示,2016年每周没有网络学习的老年人约占49.97%,1—120分钟的约占29.42%,121—240分钟约占11.05%,241—360分钟的约占5.71%,360分钟以上的约占3.85%;2017年每周没有网络学习的老年人约占46.87%,1—120分钟的约占28.93%,121—240分钟约占13.22%,241—360分钟的约占6.83%,360分钟以上的

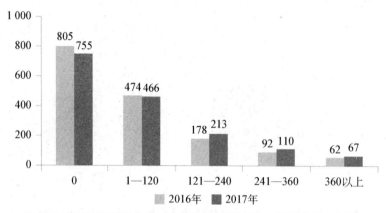

图11 南昌市行政区老年人口平均每周上网学习时间(单位：分钟)

约占4.16%。虽然网络学习的人较多，但是老年人并没有充分地利用网络学习资源。

(九) 南昌市老年人对"终身学习"的态度

当前，终身学习成为人们的一种生活方式，南昌市老年人如何看待终身学习呢？如图12所示，2016年，赞同"终身学习成为一种生活方式"的老年人约占62.69%，较赞同的约占14.21%，一般的约占19.18%，较不赞同的约占2.48%，不赞同的约占1.43%；2017年赞同"终身学习成为一种生活方式"的老年人约占64.31%，较赞同的约占14.21%，一般的约占17.75%，较不赞同的约占2.61%，不赞同的约占1.12%。从总体来看，南昌市老年人较为赞同终身学习的价值。

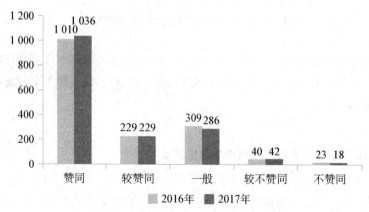

图12 南昌市老年人对终身学习的态度

(十) 南昌市老年人对老年教育的满意程度

在接触诸多的老年教育方式后,南昌市老年人是否对南昌市提供的老年教育满意呢?如图 13 所示,2016 年,对老年教育满意的老年人约占 44.01%,较满意的约占 16.20%,一般的约占 34.14%,较不满意的约占 3.04%,不满意的约占 2.61%;2017 年对老年教育满意的老年人约占 45.13%,较满意的约占 15.58%,一般的约占 33.40%,较不满意的约占 3.17%,不满意的约占 2.73%。总体来说,南昌市老年人较为满意当前南昌市各市区提供的老年教育。

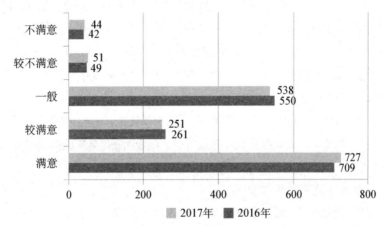

图 13 南昌老年人对老年教育的满意程度(单位:人数)

在此次调研过程中,我们不难发现,由于南昌市老年教育起步较晚,地方政府、街道办事处及区居委会等相关部门对老年教育并没有充分、足够的重视,教育资金短缺、教育场地有限等问题抑制了老年教育的发展效果。虽然南昌市已有南昌市老年大学,各区也开设了老年大学,但由于其学位有限、入学资格设限和课程开设有限,很难满足本市广大老年人日益增长的学习需求。总体来说,南昌市老年教育总体发展严重不平衡:其一,由于老年人的学历层次、工作经历、收入水平等存在显著差异,导致每个辖区的老年教育发展不平衡;其二,老年教育存在严重的供需矛盾,即老年教育资源供给远远不能匹配老年人的学习需求。这给南昌市老年教育的发展带来一定的威胁和挑战。

三、南昌市老年教育发展存在的问题

(一) 经费投入不足

成人教育和晚年教育应被视为生产性投资。对 U3A(University of the third age)的投资,不仅在经济增长方面取得了回报,而且提高了老年人的生活质量和社会整体发展水平。许多国家将教育支出优先考虑投资于青少年学校和高等教育,只有不到公共教育1%的预算分配到成人教育领域,更遑论分配到更具体的老年教育了。虽然足够的投入并不是决定提供满意项目的必要一步,但是经费投入不足几乎必然是教育项目质量低下的本质因素。以南昌市老年大学为例,其两个校区现在的基本运行,水电费一年大概30—40万,物业管理费153万,还有招聘的4个班主任,每个人需要支付一定的工资。同时,所有工作人员的奖励性工资、绩效也要算的话,就要自己筹资。这其中还没有估算聘请教师的费用,教师上一次课120元,学校共聘请了156名教师。这样的开支,对普通高等学校来说都是沉重的负担,而对没有教育部门专项拨款的老年大学来说更是"雪上加霜"。在调研过程中,各行政区领导或工作人员普遍反映一个问题,就是地方政府及相关部门没有针对行政区老年教育进行专项投入。老年教育经费是老年教育发展的保障,是老年教育发展的基础。由于缺乏专门的教育拨款,低廉的学费难以支撑老年教育机构的日常运转,致使办学条件难以得到改善,学校的基础设备、教学设施、师资力量薄弱……这些问题最终造成了老年教育供给无论是在数量还是质量上都难以满足老年人的学习需求。

(二)老年教育场所较为有限

2016年底,南昌市60周岁以上老年人口已达到85.4万,占人口比重的16.3%,今后几年,老年人口数还将逐年增长,预计2020年老年人口将超100万,这意味着每16个人中就有1位老年人。面对庞大的老年人口,南昌市各个区为老年人提供了老年教育,但就调查的三个区可知(如表1所示),为老年人提供的学习场所十分有限,主要表现为:其一,社会教育机构参与老年教育的积极性不高,从调查看,当地社区的博物馆、图书馆、文化馆对老年人开放程度不高,导致诸多老年人无法找到合适的教育场所;其二,专业的教育机构基础设施不完备。从相关数据看,虽然各市区老年教育机构数量在逐年增多,但面对基数大的老年人,再加上缺乏相应的经费投入,导致基础设施远远无法满足老年人的学习需求。

表1 三个区参与老年教育的机构

行政区	老年人口数(万人)	老年教育机构(个)	参加老年教育机构的老年学员所占区老年人口比例(%)	其他学习设施(图书馆、博物馆、文化馆等)(个)
西湖区	11	1	0.25	1
新建县	9.2	32	9.80	3
东湖区	13.2	13	1.99	7

(三) 老年教育设施供给暂不能匹配老年人的身体特质

相比较传统的教育,老年教育更要注重设施的便利性和安全性,然而,在调研过程中发现,南昌市老年教育对这一块的供给并没有得到足够的重视。随着年龄的增长,老年人身体素质大不如前,老年人被慢性病如高血压、高血脂、高血糖等疾病困扰,因此,相关教育机构应为老年人提供安全便利的设施。然而,在调查中发现,相关老年教育机构的活动开展很少考虑这一点。例如,一些老年大学楼层设置过高,电梯供应不足,一到上课时间非常拥挤,容易发生意外;还有一些行政区为老年人提供学习场地,但没有考虑到女性人数远远大于男性人数,洗手间数量供给不足,女性洗手间人满为患;随着年龄增长和疾病困扰,老年人行动力大不如前,所以为老年人提供一些应急医疗设施和队伍是必要的,但是,大多数老年教育机构还未配备应急医疗设施队伍。根据问卷调查,64.7%的老年人对老年教育提供的设施满意度在一般及以下,如图14所示。

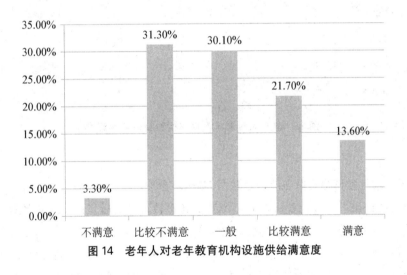

图14 老年人对老年教育机构设施供给满意度

(四) 老年教育内容供给与老年人学习需求尚不匹配

成人学习动机明确,是出于自我需要和个人意愿而参加学习,在学习过程中能保持持续的推动力,具有较强的主观能动性。作为有经验的成年人,老年人能够并且希望掌握自己的学习经历。他们希望自己选择学什么、怎么学以及和谁一起学,思考为学习制定什么目标、如何评估他们的学习目标以及他们从学习中获得了什么价值。老年人参加老年教育机构的目的不仅仅是增加人际关系,打发时间消遣寂寞等,而是在物质基础良好的情况下,更注重自己精神需求的满足以提升生活质量或实现自我价值。但是,南昌市老年教育机构提供的课程主要包括器乐、声乐、书画、体育、戏曲等,诸如此类的课程全都是休闲娱乐性的,缺乏深入研究式的课程。除此之外,随着信息通信技术的发展,老年人希望学习一些新的技能,如使用社交 APP——微信、QQ 等与亲朋好友聊天,或接触维基百科、博客等工具连接世界,跟上时代发展的步伐。从调研数据看,南昌市老年教育机构提供的教育内容与老年人学习需求不匹配,75%的老年人对老年教育机构提供的课程内容满意度在一般及以下(如图 15 所示)。

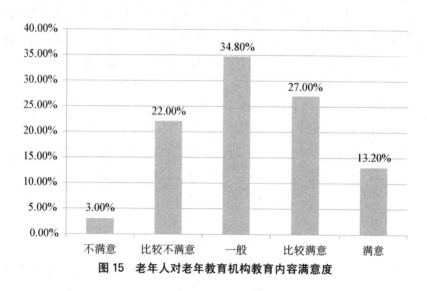

图 15 老年人对老年教育机构教育内容满意度

(五)老年教育师资队伍流动性较大,结构不合理

师资队伍建设情况会直接影响到南昌市老年教育的健康发展。老年教育教师的专业化发展不仅需要具备良好的思想政治素养、知识素养、能力素养,针对这些特殊的老年群体,更需具备良好的身心素养。但对三个区的老年教育机构调查得知,专职教师少之又少,有一个区只有 3 个专职人员,大部分为兼职教师。这三个区老年教育机构的负责人反映,教师流动性太强,有事情就不来了,导致活动难以开展。南昌市老年教育教师由志愿者队伍和聘请兼职教师组成,没有专职老师,缺乏专业的师资队伍帮助和支持老年居民的学习,从而难以满足行政区老年居民的多样化需求。

老年人喜欢较年轻的老师,和他们在一起感觉自己都变得年轻了。为此,我们不能把老年人局限在某个年龄圈子,而应与不同年龄群体,甚至年轻人进行交流。艾利斯通过研究发现,第三年龄大学的老年学习者非常喜欢与年轻大学生交流,或希望与不同职业领域的老师进行知识分享,这样可以帮助老年人拓展知识视野。通过问卷收集的数据,65.1%老年学员喜欢年龄在 30—44 岁的青年教师,认为他们既有经验又比较有活力。然而,从调研实际情况看,大多数老年教育机构的师资年龄较为老化。

四、推进南昌市老年教育发展的建议

彼得·拉斯莱特(1989)曾在《生命的全新图景》(*A Fresh Map of Life*)中强调:我们需要与传统教育模式相对立的新途径去帮助老年人参与到终身学习的体验之中。老年教育体现了一种教育理念,即从生命与学习的视角,把老年人视为资源,将其纳入终身教育体系。作为多元发展模式的"中国模式",南昌市老年教育同样面临相应的问题,在坚持自身发展特色的同时,应积极整合相关国家的实践经验,拓展发展的空间。

(一)健全老年教育法律法规,多方协同筹措资金

老年教育经费主要是以"政府为主,市场社会组织、学习者多主体分担"筹措老年教育经费的机制。基于此,老年教育机构想要构建持续稳定的经费筹资体系,需要着重考虑以下两个方面的内容。一是建立健全老年教育法律法规,使老年教育有章可循。南昌市相关部门及行政区政府等要以《中华人民共和国教育法》《国务院办公厅关于印发老年教育发展规划(2016—2020年)的通知》等为依据,结合本地的民俗风情,因地制宜,制定详细的、可操作性的老年教育法律法规(地方性),内容需涉及老年教育经费投入机制、老年教育管理体制、师资队伍建设机制等方面,以保障南昌市老年教育有法可依、有章可循,使老年教育健康有序地发展,最终能够基于"以人为本"原则来保障老年人的学习权益。二是多渠道筹集老年教育资金,保证老年教育的顺利开展。针对老年教育经费的投入,可在相关机构设立老年教育基金会,通过鼓励、支持、吸纳企业单位、个人等各类团体组织及个人的捐赠,多渠道筹集老年教育经费,为日后开展老年教育活动所需要的活动经费、人员支持、培训经费等奠定经济基础。

(二)整合内外资源,完善教育供给

1983年,我国第一所老年大学在山东成立,在30多年的时间里,我国老年大学获得了快速的发展。然而,伴随着人口老龄化、气候变化和其他重大社会责任的增加,资源配置的难度逐年增大。面对产业结构转型升级、劳动年龄人口迅速减少、人口红利关窗等经济学和人口学方面的问题和挑战,现有老年教育制度体系缺少足够的反应机制和提前布局,南昌市老年教育正暴露一个突出问题——教育供给难以匹配老年学习者的需求。老年教育机构"一座难求"、"一桌难求"成为一种常态。老年教育机构需要实现资源整合,有效的提升教育供给。为此,提出以下几点建议,一是延伸实体机构,

加强与行政区合作。作为老年人学习机构,老年教育机构要遵循"便利性"原则,为老年人提供便利的学习机会。老年教育机构应该加强与行政区的合作,整合行政区内学校、企业和社会教育机构的相关资源,把办学延伸到行政区当中。这样既能够有效满足老年学习便利性的诉求,又可以提升办学容纳率。二是建设虚拟校园,实现老人"足不出户"的学习。互联网使用的高龄化趋势为老年教育机构虚拟校园的建设提供了可能。虚拟校园通过互联网为学员们提供学习便利,克服了学习资源不足的缺陷,为更多的老年人参与其中提供了可能。三是加强与普通高校开展合作。虽然我国有2800多所普通高校,但已开设老年大学的仅有150余所。可以说,老年大学和普通高校之间的合作有无限上升空间,是扩大有效供给的一种渠道。老年大学与普通高校合作,可以为制订学习计划提供更多信息,用最好的方式呈现信息,促进学习活动开展,以及为老年人提供发展的路径。普通高校在学习场所、师资力量和教学设施方面具有先天优势,能够在一定程度上解决老年大学资源不足的问题。

(三) 重视老年人的身体机能,完善教学设施供给

老化是人成长必经阶段,是成年期发展过程中最突出的发展现象,随着年龄的增长而发生的身体机能老化会对老年人学习带来一定影响。力量和耐力减弱、视力下降、听力降低、身体平衡性降低等在老年期表现尤为明显。在这种情况下,老年教育机构教育资源供给还应更加完善,可以从以下几个方面入手:(1)老年人视力下降,必须对光照强度予以权衡,为此,老年教育机构在教室光线方面需要充分考虑,选址要合理;(2)听力随着年龄的增长下降较为明显,因此,老年教育机构环境要避免老年人暴露在噪音中;(3)老年人身体不灵活,行动不便,老年教育机构在校址设置要注意两个问题,一是地理位置交通便利及安全,便于老年人出行,二是应多元分布,扩大校区覆盖面;(4)由于特殊的身体特质,老年人出现眩晕情况比较常见,老年教育机构应该配备急救医疗队伍。因此,鉴于老年人的身体特质,老年教育机构需要考虑校址的合理分布以及服务设施的精准化。

(四) 跳出悲观思维,完善课程体系

通过研究发现,老年人不仅想学习类似学术科目的广泛主题,他们也希望获得实用、新颖的生活和职业技能;老年人不仅希望了解直接接触的社会范围,而且希望了解关于全球发展的议题;老年人不仅希望学习健康保健知识,他们也希望获得社会安全的知识;老年人希望参与绘画、音乐、戏剧等艺术课程,也希望通过课程开发个人智力;老年学习者渴望参与关于回忆录写作或自传的课程,从而记录他们的生活故事和往事

记忆。面对老年人口持续增多和日趋多元化,老年教育机构必须更全面地理解老年人的学习诉求,考虑新的发展趋势、新技术和新挑战,不仅仅要为老年学习者提供传统或技术定位的课程,也要提供全球和国际事务、新技术和新思想的课程,从而拓展老年人的思想、思维和视野,这样更有利于积极老龄化目标的实现。

(五) 重视志愿者资源,搭建专业教师团队

老年教育的师资队伍建设也是老年教育健康发展的重要保障。根据南昌市老年教育的发展现状可知,南昌市老年教育教师主要是外聘的兼职老师或者是热心于公益事业的老年人,专职老年教育师资相对匮乏。面对南昌市老年教育专业师资匮乏问题,提出以下几点建议。(1)设立老年教育讲师团。讲师团主要是根据各老年人的学习需求定期为老年居民开设教育内容,同时可以聘请老年教育专家指导教学工作。讲师团的来源可以是专职老年教育教师、兼职教师,也可以是志愿者队伍。老年教育讲师团的成立,有利于老年教育的师资队伍的建设。(2)定期对现有的老年教育兼职教师进行专业的培训并制定专业成长计划。对教学成果明显、老年学习者表现突出的教师颁发相应的聘书或给予表彰与奖励。(3)针对来源于志愿者队伍的老年教育教师,各老年教育机构需制定相应的老年教育教师志愿者制度。老年教育志愿者教师在教学中需根据老年人的学习特点,坚持爱心与智慧相结合的原则,满足老年人的学习需求。要严格选聘老年教育教师,同时,还要建立相应的激励机制与运行机制,鼓励更多的志愿者加入到老年教育事业中。

(六) 加强理论与政策研究,避免与现实脱节

《全国老年教育规划纲要 2016—2020》指出,促进老年教育可持续发展,需要加强理论与政策的研究。然而,许多理论研究往往与真实的世界割裂开来,难以经受真实世界需求的考验。开展相关的老年大学研究,首先要对老年大学研究进行合理的定位。作为成人教育的一个重要研究领域,老年教育应始终坚持应用性导向,为实践发展服务。为此,老年大学研究不只是从知识中获取知识,也不是说要建立一个完善的体系,而应该以迎合外部实践发展为准则,以老年大学发展实践为研究问题的来源,形成以推进实践为初衷的研究成果。其二,在研究方法上进行积极探索。老年大学研究的应用性导向,决定了其研究方法的实践导向。斯宾塞指出,我们的科学知识以经验为对象,当然,我们的经验对象之外还需要一个"实在"的领域。正是由"实在"所决定的自然因律的存在,使得我们的经验和现象之间会出现种种恒定的关系或秩序,从而使研究者获得科学知识的可能性大大增强。他认为,研究者的经验归根结底都是由

这个"实在"所引起的一系列感觉的产物,都是这个"实在"的表象和符号。这个"实在"就要求从事老年大学的研究者通过各类研究方法和工具,破除实践中的难题。例如,通过个案研究,注重对我国各种类型老年大学的实践经验和规律进行提炼;通过比较研究,加强对各国第三年龄大学发展的共性和异性进行概括;通过质性研究或量的研究,对老年大学的微观实践进行深入挖掘。第三,建设实践者与研究者联结的研究共同体。正如温格所言,共同体并不是简单的联结,包含了共同介入、共同事业和共享智库三大要素。首先是成员的共同参与,这是研究共同体一致性源泉的首要特征。实践存在于人们参与行动以及与他人进行意义协商的过程中。因而,研究共同体需要构建一个相互介入的关系网络,为他们提供互动的平台(例如,老年教育合作研究基地)。第四,老年大学研究共同体的建设需要实践者与研究者共同协商,协调彼此的愿望和利益,明确共同体的发展目标,这样有利于消除实践者和研究者的分歧,确保行动的一致性。最后是共同体在追求共同目标的过程中需要分享各自的资源。例如,老年大学为研究者提供丰富的实践资源,帮助研究者发现真问题,有利于提升研究的价值;研究者根据实践者提供的问题,形成相关的研究成果,有利于为实践者提供适切的服务。

总而言之,老年教育是一个社会性的公共事业,开展老年教育是各个阶层教育的分内之事,依托各种层次的教育开展老年教育势在必行。这既是满足南昌市老年人终身教育需求的有效途径,也是创建国家学习型城市的必要条件,更是打造富裕美丽幸福江西"南昌样"的重要保障。为此,南昌市政府应该与社会力量合作,积极推进南昌市的老年教育,按照"就近入学原则",让老年人在身边社区就能获得学习机会,从根本上解决我市老年教育"入学难"问题。

参考文献

[1] Rebecca P, Suzanne M, Maureen S, Jessica S, Christopher M, Judith B. Exploring social inclusivity within the University of the Third Age (U3A): a model of collaborative research [J]. Ageing and Society. 2016,36(8):24.
[2] United Nations Economic Commission for Europe. United Nations Economic Commission for Europe Policy Brief on Ageing [Z]. [EB/OL][2017/09/03] https://www.unece.org/fileadmin/DAM/pau/age/Policy_briefs/ECE-WG.1.17.pdf, 2010.
[3] 马尔科姆·诺尔斯著. 现代成人教育实践[M]. 蔺延梓,译. 北京:人民教育出版社,1989.
[4] Ellis B J. University and seniors working together: engagement in a regional community [J]. Australasian Journal of University-Community Engagement, 2009(4):6-19.
[5] Glendenning F. Education for older adults in Britain: a developing movement [J]. Ageing International, 1986,13(3):12.

三、类型篇

中国当代社区老年教育发展现状评析

张 永[①]

我国社区教育从 80 年代起步,经过 90 年代的发展,特别是自 1999 年国务院批准的教育部《面向 21 世纪教育振兴行动计划》提出开展社区教育实验工作以来,国家、省、市三个层面上的社区教育实验区、示范区蓬勃发展。从 2001 年确定了 28 个全国社区教育实验区开始,至今已公布六批(含增补)共 228 个全国社区教育实验区,四批共 122 个全国社区教育示范区。

表1 我国三大地区全国社区教育实验区与示范区分布(单位:个)

	全国社区教育实验区确定批次								全国社区教育示范区确定批次					总计
	一	二	三	四	增补	五	六	小计	一	二	三	四	小计	
东	19	17	14	23	1	25	37	136	25	26	16	18	85	221
中	5	8	5	3	2	13	17	53	5	5	3	9	22	75
西	4	8	1	7	2	7	10	39	4	3	3	5	15	54
总计	28	33	20	33	5	45	64	228	34	34	22	32	122	350

注:目前,东部地区包括北京、天津、河北、辽宁、上海、江苏、浙江、福建、山东、广东和海南等 11 个省(市);中部地区有 8 个省级行政区,分别是山西、吉林、黑龙江、安徽、江西、河南、湖北、湖南;西部地区包括的省级行政区共 12 个,分别是四川、重庆、贵州、云南、西藏、陕西、甘肃、青海、宁夏、新疆、广西、内蒙古。从表 1 可以看出,东部地区的全国社区教育实验区与示范区数量远多于中部与西部地区之和。当然,即使是在东部地区内部,也存在着显著差异。

[①] 张永,华东师范大学职业教育与成人教育研究所副教授,老年大学研究中心副研究员。

在社区教育实验区与示范区推进与发展过程中,逐渐形成了中国社区教育的基本特点。其中,在社区教育的对象上,老年人群成为社区教育的重要对象。由于社会结构的变化,特别是随着中国老龄人口的增长,面向社区内老年人群的各种教育活动越来越丰富。在城市和相当一部分发达地区的城乡社区中,老年教育已经成为社区教育重要的组成部分,老年群体已经成为社区教育一支十分活跃的力量。

就老年教育而言,社区老年教育已经成为最广泛、最大量开展的一种老年教育形式。社区作为居民自治的基层单位,把具有教育功能的社会组织、机构协调起来,以满足老年人群的基本学习需求,具有明显独特的优势。首先,借助社区组织网络,开展终身教育活动,极具地域性、群众性、生活性等特点;第二,社区教育把老年教育列入其中,纳入地方政府的统一管理与规划之中,从体制上保证了老年教育的开展;第三,老年人参加这类教育学习成本相应较低,不需要承受多少经济负担;最后,此类学习自主、自由,既可以参加系统学习,也可以选择自己喜爱的短期课程进行学习,不同层次、不同需要的老年人群可以各安其位、各得其所,老年人在社区中学习,可以充分感受社区教育宽松的学习气氛和丰富多彩的人际交往,化解老年人与社会的疏离感,是老年人再度社会化的基本形式。

本部分将概述中国当代社区老年教育发展的成就和挑战,并提出相应的对策。

一、中国当代社区老年教育发展的成就

中国当代社区老年教育发展取得了多方面的显著成就,具体如下所述。

(一) 社区老年教育样态不断丰富

社区老年教育样态多样,具有丰富多彩的形式和内容。一是借助社区教育网络,和其他人群一起参与教育学习。在社区教育实验区和示范区,都建立了城区的社区学院、街道的社区学校和居委会的社区学习点三级教育学习网络以及有关社会教育机构,依托这些基地,开展各种各样群众喜闻乐见的活动。在这些活动中,老年群体经常是稳定的,甚至是占主体地位的一个人群,但和其他年龄的人群融为一体,有利于沟通交流,丰富发展老年人的社会关系和人生内容。同时,在社区教育中,也包含了专门面向老年人教育的内容,开展老年人所需的各类讲座、报告及咨询服务活动。

二是举办社区老年学校。社区老年学校既是老年大学的一部分,又是社区老年教育的主要阵地。社区老年学校可以充分利用社区现有的教育资源,如学校的办学人员由街道、社区干部和老龄协会的积极分子担任,聘请退休的教师、医生、律师、厨师和各

方面的专家、学者、行家里手担任教师,使教学方法、教学内容更贴近实际、贴近老年人的需要。农村老年学校以乡镇办学为主,村设分校或教学班,有的村也单独办起了老年学校,一般由乡镇管理,日常工作由基层老年组织负责;业务由县老年大学指导;经费多方筹集;校舍采取"一室多用"的办法,教师就地聘请。乡镇、村老人居住分散,文化水平不高,学习内容一般实用性强。

三是老年居民建立各种社团组织。以民间社团为纽带,老年居民参加以健身强体、文化艺术、休闲娱乐为主要内容的活动。这种活动自主自愿、灵活分散、自娱自乐、寓教于乐,能够发挥群众自我教育、管理和自主的作用,化解社区矛盾、维护社区稳定、构建社区和谐、促进社区发展。有的还发挥老年人的人力和社会资本优势,在发展社区的科技应用与推广、帮助企业技术革新和创造,乃至在帮助政府决策、社区治理方面,发挥自身的聪明才智。许多地方建立关心下一代协会,把接受教育和发挥余热结合起来,充分发挥老年群体在关心、帮助、教育、爱护青少年方面的独特作用。

(二) 社区老年教育趋向内涵发展

社区老年教育是我国成人教育的新领域,近些年呈现蓬勃发展的态势。如前所述,自1999年国务院批转的教育部《面向21世纪教育振兴行动计划》提出开展社区教育实验工作以来,国家、省、市三个层面上的社区教育实验区、示范区蓬勃发展。目前全国社区教育实验区已评六批、全国社区教育示范区已评四批。各地还利用现有的教育资源,扩展其功能,建立省级、市级的社区教育实验区,总量近300个。它们成为全国发展社区教育的先行骨干力量。在社区教育实验与示范工作不断推进的同时,社区教育的内涵发展也日益提上了议事议程。对东部地区的全国社区教育实验区与示范区而言,情况尤其如此。

社区教育内涵发展是社区教育在品质上的提升,主要表现为社区教育机构的服务能力建设、推进能力建设与整合能力建设。具体而言,其一是社区教育服务能力建设,体现为增强社区教育满足社区发展需求与个体终身学习需要的能力。作为一种教育服务,决定社区教育服务能力的直接因素是课程与师资。课程是社区教育服务的内容,师资是社区教育服务提供者,两者共同决定了社区教育服务能力的品质和质量。近几年来,社区教育专业委员会一直把促进社区教育课程建设作为一项重点任务和努力方向,由浅入深,着力推展。2007年提出了加强社区教育课程建设的总体思路,2009年启动了首批社区教育特色课程评审工作。从评审情况来看,多数单位重视社区教育课程建设,共申报特色课程296门,在内容上,地域性的历史文化、民俗文化、民间工艺类的课程,卫生健康类、书画歌舞类、闲暇生活类课程,占了这次特色课程申报相当大的份额,凸显了社区教育课程建设的一大特色。其二是社区教育推进能力建设,体现为增强政府对社区教育的领导力与社区居民的参与能力。政府层面上的领导力对于社区教育机构的成功是至关重要的。政府需要形成对社区教育的长期规划,乃至法律保障,并为实施该规划提供充足的、持续的资金。另一方面,社区教育机构还应建立多种平台力求当地居民通过各种方式参与进来。其三,社区教育整合能力建设,体现为增强社区合作与社区教育资源有效利用的能力。从社区合作中产生的好处远远多于在建立和维持合作中产生的挑战。社区学校本身就是旨在减少利用社区资源障碍的一种场所。

(三) 社区老年学习平台建设大力推进

在社区老年教育发展过程中,老年学习平台是基础。广义上的老年学习平台可以理解为老年学习的各种场所、技术及其功能的结合。老年学习所涉及的场所、技术和相关功能的范围极其广泛:在场所上,包括公共图书馆、社会教育基地、公共体育设施、开放的教育培训机构等;在技术上,包括计算机会议、电子邮件、电视电话会议、文件共享、远程应用控制、扫描器和网络接入等。利用老年学习平台,学习者就可以随时随地进行学习。狭义上的老年学习平台主要是指以信息技术为载体的公共学习平台,即网上学习平台。

近年来,各地高度重视老年学习平台建设,我国老年学习平台建设进入了一个新的发展时期,即以适应构建学习型社会的需要,以学习需求为导向,不断拓展服务空间,为老年人提供更加灵活、便捷、多样和个性化的学习机会,从而推进了终身教育及其体系的构建与发展。2007年8月,北京市西城区第二届市民学习周活动正式启动,并在全市率先推出市民终身学习积分卡制度。此次选取全区50所市民学校进行试点推广,2 000名社区学员成为第一批学分制学员。每学时45分钟,每20学时为1学分,学员在每年年底需持培训部门出具的学习证明,交由各街道市民中心学校统一办理学分登记。同时,还将对那些累计学分多的市民给予相应奖励。上海学习网是由上海教委主管、上海远程教育集团承建的综合性终身学习网站。该网站2009年4月正式开通,2011年3月上线新版网站,采用360度学习支持服务体系,在学习目标导向、学习过程引导、学习全局管理、学习活动参与以及学习成果激励等多个环节,为学习者提供系统化的学习支持服务:通过"活动—学习圈—讲座"立体化的学习互动体系,以主题学习为引导,凝聚市民的学习热情;通过"积分—证书—头衔"一体化的学习激励体系,为学习者学习成果评定提供支持;通过个人护照陈列,展示其学习成果。目前上海学习网上资源总量已达15T,注册人数200万,总访问人次3亿。

(四) 社区老年教育工作者趋向专业化

在社区老年教育发展过程中,老年教育工作者是关键。在队伍建设方面,我国建设了一支由专职教师、兼职教师、志愿者、终身学习推进员等组成的老年教育工作者队伍,从而为学习型社会建设工作的开展提供了有力的人力资源保障。近几年上海建立了一支由近4万人组成、专兼结合的社区教育教师队伍,其中尤为重视专职队伍建设。2009年,上海市社区学院的专职教师总数为248人,社区学校专职教师总数为1 014人,合计1 262名。从队伍的学历结构来看,社区学院专职教师以本科和硕士学历为主,社区学校专职教师学历结构以本科和大专为主;从队伍的从业年限情况看,社区学院专职教师队伍中从事社区教育工作年限在3年以下的,占总数约3/5,而在社区学校,这个数字约为1/3;从队伍的职称结构看,社区学院队伍中高级职称者和中级职称者所占比例分别为20%和60%左右,而社区学校中拥有高级职称和中级职称者约为10%和60%。

2012年10月12日,《成人教育培训工作者服务能力评价》(国家标准编号GB28914-2012)正式发布,规定了成人教育培训工作者的职业道德与专业资格要求、培训过程实施与管理能力、培训教学能力、培训质量管理能力及相应的评价内容,适用于对成人教育培训工作者服务能力的评价。该标准规定"从事成人教育培训工作的专职教师和管理工作者应当取得相应的教师等职业资格",并把"成人教育培训师"资格和"成人教育培训管理师"资格列为专业资格,作为教师职业资格的补充。同时,各地还努力为成人教育专职教师建立专门的职称晋升通道。2011年5月开始实施的《上海市终身教育促进条例》"第二十条"明确规定:"从事终身教育工作的专职教师应当取得相应的教师资格。政府有关部门应当根据终身教育培训机构的性质,将从事终身教育工作的专职教师的职务评聘纳入相关行业职务评聘系列。社区学院、社区学校专职教师的职务评聘,可以在教师职务系列中增加设置相应的学科组,参照国家教师职务评聘的相关制度执行。从事终身教育的专职教师在业务进修、专业技术考核等方面与相应的专业技术人员享有同等权利。"此外,该条例还对相关的成人教育兼职教师资格作出了相应的规定。

(五) 终身学习文化营造引起重视

在社区老年教育发展过程中,终身学习文化是灵魂。学习型社会建设同终身学习文化有着相互促进、相互激越的密切关系:终身学习文化孕育学习型社会,学习型社会激励终身学习文化。终身学习思想在我国古代文明中十分突出,成为五千年中华文明生生不息、源远流长的传承动力,其观念之深固,形式之多样,爆发的创造力之巨大,使中国文化历久弥新。终身学习文化的营造为学习型社会建设持续注入生命力与成长力。我国在营造终身学习文化的过程中,既重视继承和弘扬中华文化的优良传统,又重视吸收国外文化的有益成果。近年来,我国尤其重视通过多种途径和方式强化终身学习理念的舆论宣传,如举办区域性的"全民终身学习周",组织区域性的"全民读书活动",建立区域性的"终身学习网站",利用电视、广播、报纸、期刊等新闻媒体,召开"终身学习文化"的学习研讨活动,结合世博会、国际艺术节等各类国际文化活动,举办广场文化活动等等。

二、中国当代社区老年教育发展的挑战

中国当代社区老年教育发展一方面取得了显著的成就,另一方面也面临着诸多挑战。

(一) 社区老年教育发展很不平衡

社区老年教育是老年人美好生活的重要构成。中国特色社会主义进入新时代,我国社会主要矛盾已经转化为人民日益增长的美好生活需要和不平衡不充分的发展之间的矛盾。社区老年教育发展很不平衡是我国社会主要矛盾的一个缩影。如前所述,从表1可以看出,东部地区的全国社区教育实验区与示范区数量远多于中部与西部地区之和。当然,即使是在东部地区内部,也存在着显著差异。

从参与人数、覆盖面、发展水平、老年人享受的教育质量上,城市和发达地区,要分别多于、广于、高于和好于农村及欠发达地区。我国老年教育总体上还处于发展的初级阶段,与发达国家和地区相比还存在较大差距。在城市和发达地区,促进和追求自身发展完善的老年人占了相当大的比例,而且随着时间的推移这部分老年人的比例将越来越高,这与社会经济的发展水平以及人们追求精神文化生活的质量,呈正相关。而农村老年教育培训大多仍是为了谋求生存、生计着想,农村和城市的老年教育不仅具有类型上的差异,更具有发展程度上的较大差距。

(二) 社区老年学习取向有待强化

伴随着终身教育趋向终身学习、成人教育趋向成人学习,社区老年教育开始趋向社区老年学习。换言之,以教育者为主体的时代逐渐式微,以学习者为主体的时代则逐渐浮现。这些新的提法不只是"创造"了一些新的教育词汇或教育形态,而更是试图

"营建"一种新的生活方式和新的生活态度。显然,这是一种公众文化建设或公民养成意义上的生命自觉。社区老年学习的意蕴在于,它体现的是一种大学习观,即学习场所不限于学校和教室,学习资源不限于书本或教材,学习主体不在于教师,从而,突破了小学习观对学习场所、学习资源和学习主体的传统认知和刻板印象。然而,小学习观在近些年的社区教育领域中,依然很有市场,其影响甚至有增无减,从而使得社区教育领域中一系列亟待探讨的、事物本真意义与实践创新意义共存的新命题、新议题至今无法引起足够的重视,如社区教育项目或社区学习科目的整合、社区精神培育、公民意识养成、学习作为生存方式、学习作为生活方式、学习主体意识养成、学习需求测定、学习目标确认、学习计划设计、学习过程控制、学习能力开发、学习资源利用、社区社团学习、协同学习、自我导向学习等等。

(三) 社区老年学习资源使用效率不高

老年学习资源建设是学习型社会建设的关键问题之一。没有相当数量和质量的老年学习资源,老年学习平台就成了无米之炊、无源之水,难以为继。然而,当前对应当建设什么样的教学资源,显然还缺乏相应的技术规范和标准。这是因为当下的老年学习资源建设往往只聚焦具体的内容,而对教与学的组织形式以及相应的特点还缺乏深入的研究,也就是说,人们对于老年学习资源应该具有哪些特性,应该建立怎样的技术标准,应该如何科学使用这些学习资源等还没有予以足够的关注和重视。同时,也缺乏对学习资源的使用评价,不注重使用效果,因而导致教学资源的使用效率难尽人意。此外,由于各方建设者之间缺乏交流和借鉴,部分的精品学习资源没有得到充分的共享和重用,以致老年学习资源内容凌乱,出现大量的低水平重复开发,浪费了相当数量的人力和物力。

(四) 社区老年教育社会认知不足

我国有着悠久的成人教育传统,但是"老年教育"这一概念因为种种原因,其社会的传播度与接受度、民众的理解度与实践度,在近年来依然还没有达到理想的水平。尤其令人堪忧的是,在某些特定的时空情境里,少部分人对之还存有很大的不解,乃至很深的曲解。改革开放之初,可以说成人教育主要是一种类正规教育。也就是说,当时人们主要是从学校教育、学校教育概念的视角来理解和呈现成人教育内涵的,进而也就势必更多地指向对于成人的学历教育,在这种情况下社区老年教育无从谈起。引入终身教育思想之后,对成人教育的理解相比原来的类正规教育概念扩展了不少,它把面向成人的各种非学历教育也纳入进来了,社区老年教育开始进入人们的视野。在终身学习的时代里,需要更多关注成人学习主体,关注成人学习者的能动性和自我规划,关注成人学习的多样性,其中社区老年教育和学习成为应有之义。如今,老年教育早已不像原来那样局限于类正规教育了,但是,对于老年教育的社会认知,却往往还停留在类正规教育的层面上,俨然少了对于这个领域深度与广度的确切把握。

三、中国当代社区老年教育发展的对策

社区是老年人每天初入的空间,社区教育也是最容易接触到的教育形式。英、美、日等发达国家都重视社区在老年教育中的独特地位,大力开发社区教育资源,开展老年教育活动。针对我国当代社区老年教育发展过程中面临的挑战,亟需采取以下对策。

(一) 提升社区老年教育的可及性

2008年末我国已有老年人口1.6亿,占总人口的12%,占全球老年人口的21.4%、亚洲老年人口的40%,且平均每年增加596万(年增长率3%),高龄($\geqslant$80岁)老人1600万(年增长率5%)。中国目前约有1万多名百岁老人,每百万人口中平均有8.9个百岁老人,达世界之冠。2010年第六次全国人口普查结果显示,$\geqslant$60岁人口为1.77662亿,占总人口12.3%。研究表明,2001—2020年,中国社会处于快速老龄化阶段,平均每年将增加596万老年人口,年均增长速度达到3.28%,大大超过总人口年均0.66%的增长速度。到2020年,老年人口将达到2.48亿,其中,80岁及以上老年人口将达到3067万人,占老年人口的12.37%。

与老年人持续增长的教育需求相比,中国社区老年教育的发展相对滞后,存在覆盖面小、教育机构分布不平衡等诸多问题。虽然制度、资金等资源投入不足会对社区老年教育产生负面影响,但教育既是一种结果,也是一个过程,探讨社区老年教育的可及性不仅需要研究社区老年教育资源是否得到充分的配置,还要明确有限的社区老年教育资源能否为老年人真正拥有和使用以及社区老年教育能否有效提升老年人的生活满意度。

如何促进老年人广泛而有效的社会参与,提高老年人口的生活质量是老龄化社会必须要面临的挑战。社区老年教育作为实现积极老龄化的重要途径正在引起普遍关注。相对于我国"正规"的老年大学而言,"非正规"老年教育是指除"正规"老年大学以外的多种形式的老年教育,主要包括社区老年教育、大众传媒中的老年教育和老年人自发组织的老年教育。"非正规"老年教育以其灵活性、参与性和低成本等特性契合了

中国老年人口的特点,能够更有效地适应老年人的教育需求,是提升老年教育可及性的重要途径。

社区老年教育的可及性意味着社会应为所有老年人提供充分的教育资源并保证其进入社区老年教育领域,并在教育参与中,实现其生活质量的持续改善。从这个角度出发,社区老年教育的可及性可分为三个层面:一是供方可及,通过制度或政策等教育资源的充分供给保障老年人的入学机会;二是需方可及,保证老年人参与教育,即在社区老年教育已经覆盖的地区,老年人不因受教育程度低、收入水平低、教育信息缺乏等因素被排斥在教育体系之外;三是教育成果可及,通过教育参与增强老年人的生存发展能力,提高生活质量,推动老年人、家庭、社区和社会的和谐发展。这三个层面的可及性循序渐进,相互促进,没有教育资源供给,老年人就无法获得入学机会,也就不可能参与教育和享受教育成果。

王莹和谭琳根据"教育资源供给—教育参与—教育成果"框架,以及 2008 年 4—5 月对北京、山西、陕西、甘肃、四川五个社会经济发展状况和老年教育活动差异较大的省市的 600 位老年人问卷调查(实际获得有效问卷 493 份)数据,审视和分析中国老年教育的可及性问题。

在教育资源供给方面,老年教育制度保障不完善,学校建设滞后,而社区及附近公园开展的教育活动更具可及性,教育信息输送仍主要通过老年人的人际交往来实现。

在教育参与方面,参与教育的老年人持续增长,低龄、女性和受教育程度高的老年人教育参与率较高;老年人对身体健康和家庭生活实用知识最感兴趣,休闲娱乐类课程也受到老年人的青睐;老年人对电脑科技类知识的学习需求已经显现。休闲时间老年人多用于收看收听电视广播和闲谈,室外活动时间老年人多用于体育锻炼和玩牌观棋,一些老年人也花时间上网娱乐。

在教育成果方面,尽管一些老年人对教育的重要性缺乏认识,担心教育可能带来的经济支出,认为教育与需求不契合,但绝大多数老年人认为参加教育能有效提高自己的生活品质。

基于此,为有效促进中国社区老年教育的发展,提升社区老年教育的可及性,一方面,要增加社区老年教育的资源供给,即完善社区老年教育法律制度和政策制度,以社区老年教育为发展重心,加大欠发达地区社区老年教育的资源投入,建立多元、畅通的教育信息输送机制。另一方面,要增进老年人的教育参与。从老年人的教育需求出发,设置多样化的课程体系,保障不同年龄、性别、受教育程度的老年人的受教育权利,促进政府的福利性投资,免费提供教育服务。同时,教育者有必要增进老年人对于参与教育活动的意义和重要性的认识,跳出养老与丰富生活的老年教育发展思维,从社会变化和老年人多样性需求出发,提供增能型、发展型的教育课程,吸引更多的老年人走出封闭的家庭,通过教育参与,持续改善生活质量,实现老年人与家庭、社区和社会的和谐发展。

(二)以法规制度建设保障社区老年教育

政府应加强统筹与推进有关社区老年教育条件的制度建设,通过制定法规和制度来引导和规范各种社区老年教育途径。学术研究单位应通过相关研究,推动政府制定关于社区老年教育的法规制度,达到通过法规制度来完善社区老年教育的目的。党政机关、企事业单位、社会团体等作为实务办理单位应本着资源共享、逐步推进、共同发展的原则,协助政府加强统筹与推进社区老年教育的各种途径,实现各个单位向所在社区开放,社区内的公共教育设施(如科技馆、图书馆、文化宫、文化馆、电影院及公园等)向居民开放,社区内的各个单位之间相互开放各种图书馆、运动场地、会议室等。实务办理单位的组织管理者应尽可能地创造条件和健全机制,把各种社区老年教育途径充分、有效地开发并利用起来,使之转化为社区老年教育活动的有效载体。

第一,完善社区老年教育制度。增加现有法律法规中有关社区老年教育的赋权性规定,制定更为具体、更具操作性的规定;制定《社区老年教育法》,明确社区老年教育赋权增能的发展定位及其相关制度;完善社区老年教育的政策制度,明确政府、社会、老年人在社区老年教育发展中的责任、权利和义务;制定具体的社区老年教育中长期发展规划和政策实施体系,将老年教育纳入社区社会经济发展规划中,启动各种激励机制,鼓励社会机构、民间组织和个人多元参与社区老年教育发展,并制定社区老年教育发展评价指标体系。

第二,建立社区老年教育保障机制。健全管理机制,成立社区老年教育委员会并成立社区老年教育基地,实行统筹规划、分级管理、民主参与的管理方式;构筑以政府投资为主,行政拨款、基金会、社会企业、非政府组织等公共机构资金支持,以及个人投入相结合的多渠道社区老年教育经费筹措体系;完善教学机制,重点发展社区老年教育,增建和改善老年教育的场所设施。同时,培养社区老年教育专业师资,构筑专职、兼职和志愿者相结合的多层次、多结构的社区老年教育师资队伍。

第三,优化社区老年教育环境。培育社区老年教育的人文环境,树立社区老年教育优先发展与人人有责的意识,同时,明确政府主导社区老年教育发展的责任和社会机构与个人的参与,培育和发展涉老协会,促进老年人在社区教育活动中全面参与、自我发展和自我实现。

第四,增进社区老年教育心理赋权。建立社区老年教育权利的宣传与倡导制度、教育信息收集、反馈及输送制度,培养老年人的权利意识;加强老年人主体意识培养,包括开设系统的心理教育课程;支持自发性的社区老年教育活动;支持老年人在社区老年教育组织实施中的全程参与和自主、自助行为;开展社区老年教育评价活动。

(三) 以学习平台联结提升社区老年教育资源使用效率

随着我国信息基础设施的不断改善和网络技术的不断发展,计算机应用日益普及,促使我国建立全国远程教育网络已经可以成为现实。为了适应构建学习型社会的需要,需要不断拓展社区老年学习平台的服务空间,为老年人提供更灵活多样和个性化的教育项目或学习科目。通过各种层次、各种渠道的社区老年学习平台"一体化"策略,可以改变过去"独立"作战、相互碰撞、冲突的局面,实现社区老年学习资源的重组和整合,为学习者利用学习资源提供更为便捷、实在的服务。同时,还要以社区老年学习资源的使用促进社区老年学习平台的建设,在资源的应用中发现问题并加以改进。因此,社区老年学习平台的建设要与社区老年学习资源的使用结合起来一起研究,通过使用了解需求、引导需求,建立社区老年学习资源使用的反馈机制和评价体系,不断改进社区老年学习平台的适用性。

(四) 以队伍发展带动社区老年教育品质提升

社区老年教育工作者队伍的发展是提升社区老年教育品质的关键。近年来,我国在社区老年教育工作者队伍建设方面取得了一些成绩,但仍与社区老年教育自身发展的需求不相适应,因此推动社区老年教育工作者队伍发展迫在眉睫。具体而言,社区老年教育工作者队伍发展应从以下两方面加以努力。其一,进一步加强成人教育学专业研究与社区老年教育事业发展之间的双向互动。我国已有一批高校拥有成人教育学专业硕士、博士学位授予权,这些高校也已成为培养高层次成人教育学专业人才的重要基地。成人教育学专业研究与社区老年教育事业发展之间存在着互动的关系:成人教育学专业研究的价值在于推动社区老年教育实践的发展,扩大和充实社区老年教育领域的专业人才队伍;社区老年教育事业通过提供问题资源和吸收专业人才发展和进步,反过来也有助于成人教育学专业研究工作的拓展与深化。其二,进一步加强社区老年教育工作者的工作场所学习。在构建终身教育体系、建设学习化社会的时代背景下,每一位社区老年教育工作者都既应成为终身教育、终身学习的倡导者,更应成为终身教育、终身学习的践行者。

参考文献

[1] 杨志坚.中国社区教育发展报告(1985—2011年)[M].北京:中央广播电视大学出版社,2012.

[2] 中国成人教育协会组.中国成人教育改革发展三十年(精)[M].北京:高等教育出版社,2008.

[3] 黄健.专业化:社区教育专职教师队伍建设的研究[J].远程教育杂志,2010,28(4):99—104.

[4] 上海市第十三届人民代表大会常务委员会.上海市终身教育促进条例[Z].2011-1-5.

[5] 叶忠海.学习型社会建设研究与探索[M].上海:同济大学出版社,2013.

[6] 叶忠海.创建学习型城市的理论和实践[M].上海:上海三联书店,2005.

[7] 林振春.社区学习[M].台北:台北师大书苑,2008.

[8] 王英,谭琳."非正规"老年教育与老年人社会参与[J].人口学刊,2009(4):41—46.

[9] 王英,谭琳.中国老年教育的可及性研究[J].学术论坛,2010,33(8):173—177.

[10] 张永,马丽华,高志敏.新世纪中国成人教育发展的成就、挑战与路向——基于UNESCO学习型城市六大支柱的视角[J].开放教育研究,2013(5):30—37.

中国当代学校老年教育发展现状综述

丁沁南[①]

我国第一所老年大学——山东省红十字会老年人大学成立于1983年。此后,各地老年大学纷纷成立,我国老年教育于此起步。1990年,"中国老年大学协会"的成立,标志着我国老年大学发展进入了新阶段;2005年,西藏老年大学的成立,标志着老年大学在全国各地区范围内均有建立。经过三十多年的发展,我国老年大学(学校)已经发展到约6万所,在校学员约700万名,另有上千万老年人通过远程课程等方式参与老年大学的学习。

尽管我国老年大学在不长的时间内已经取得了较为迅速的发展,但结合我国老年人口众多的现状,全国各地老年学校"一座难求"的现象仍然比较普遍。根据人口普查结果显示,2016年底我国60岁以上老年人口已经超过2.3亿,占总人口的16.7%。根据国务院办公厅印发的《老年教育发展规划(2016—2020年)》,到2020年,全国县级以上城市原则上至少应有一所老年大学,50%的乡镇(街道)建有老年学校,30%的行政村(居委会)建有老年学习点,以各种形式经常性参与教育活动的老年人占老年人口总数的比例达到20%以上。

因此,老年大学是老年教育的主阵地和重要形式之一,对其现状及未来发展进行研究对于完成国家老年教育规划目标的重要命题"如何在老年大学现有资源基础之上将其作用最大化?如何尽可能让更多的老年人通过老年大学的平台获益?"至关重要。

本研究以老年大学为研究对象,对其现状进行梳理、并就其发展方向进行探讨,旨在为我国老年教育的进一步发展提供参考。

[①] 丁沁南,华东师范大学老年大学研究中心研究人员、硕士。

一、中国学校老年教育发展成就

(一) 发展速度迅速,已基本形成多层级的办学体系

目前,我国已形成世界上规模最大的学校老年教育体系。尽管我国老年教育起步相对较晚,但发展速度很快,形成了突出的办学机制特点:政府主导、多力合一,政府和社会相结合。在党和国家高度重视与积极推进下,通过颁布法律法规、编制规划纲要、加大财政支持等方面的措施,主导并保障了老年教育事业的发展,与此同时,社会的多方协同、市场的积极调节及老年群体的主动参与,共同推进了老年教育事业的发展。如今,上千万老人通过多种方式参与到老年教育学习中,而老年大学是其中非常重要的形式和力量,已逐渐形成基本覆盖各省、市、地区,全方位、多层次、多学科、多功能和开放式的网络体系。

以上海市为例,据上海市教育委员会主任陆靖在2018老年教育国际学术交流活动中的介绍,上海老年教育在老干部局、民政、教育、文化、工会等多部门齐心协力推进老年教育的努力下,已形成由市级老年大学分校系统和区老年大学、街镇老年大学以及居村委学习点构成的覆盖全市的四级老年教育办学网络,产生了一批名家坊、乐龄讲堂、睦邻学习点、网络学习圈、村民周周乐、乡村宅基课堂、百姓学习中心户等基层学习组织,参与人数累计达78万次,基本形成了全方位、多层次、多渠道办学的新格局。

(二) 已形成以党政办学为主的多方办学的格局

我国老年大学发展具有强大的内生动力。根据中国老年大学协会副会长林元和的观点,内生动力首先来自于老年群体日益增长的学习需要,同时也离不开老年教育工作者的探索与推动,最重要的是,来自于党和政府以人为本、执政为民的施政理念,把人民对美好生活的向往作为重要的奋斗目标,而老年教育是老年人美好生活需要的重要组成部分。

具有中国特色的老年教育有党政办学、学校办学、企业办学、社团办学、民间办学等多种形式,其中80%以上的老年大学由党和政府主办,遵循"省—市—县"的层级分布方式,以财政拨款作为运营基础,既具有较好的软硬件环境,同时收费相对较低,对学员的吸引力较强。在具体办学设置上,专业与课程门类均相对齐全,可以基本满足老年人多层次、多样化的个性需求,传承了我国传统教育理念中"有教无类"的思想,体现了终身教育和人的全面发展的要求。

（三）已发展成为以文艺养生保健类课程居多的种类丰富的课程

追根溯源，我国老年大学最初是为丰富退休老干部的文化生活而创办的，因此，它的最初价值定位就是丰富老年人文化生活，教学内容多以健身、休闲类的文体活动为主。在充分考虑老年人兴趣特点的基础之上，我国老年大学的课程设置在课程规模和课程体系上都呈现出丰富化的特点。

在课程规模上，依托于多层次的办学体系，表现出数量庞大、内涵丰富的特点。中国老年大学协会国际联络部主任王友农的统计数据显示，我国老年大学总计约有360—400门课程。开设课程较多的老年大学包括哈尔滨老年大学(168门)、上海老年大学(150门)、武汉老年大学(127门)等。在课程体系上，取决于老年学员的兴趣和特点，总体而言文体养生保健类课程占大多数。以上海老年大学为例，文体类的课程包括了书画系、保健系、文艺系、家政系、钢琴系、器乐系等；知识技能类的课程包括了文史系、计算机系和外语系等。与此同时，随着信息技术的普及，各个老年大学也纷纷增设计算机、互联网、智能手机等工具使用类课程，帮助老年人适应信息时代的到来。

除此之外，中国老年大学协会教学委员会于2013至2015年期间立项并成立《中国老年大学课程体系及配套建设的研究》课题组，参考高校学科分类，建立了一套基本的老年教育课程体系框架，将老年教育课程体系设置为社会科学类、书法类、美术类、信息技术类、语言类等一共十五个学科，进一步统一了课程设置，是老年大学课程进一步丰富化、规范化的重要参考和基础。

（四）学校远程教育逐渐成为重要的教育模式

邵庆、陈明昆2014年通过梳理老年教育现状后认为，我国已经基本形成以学校老年教育为主，社区老年教育和远程老年教育为辅的三种教育形式协同发展的基本格局。老年大学作为老年教育的传统主阵地，依然是老年教育的重要形式之一。在此基础之上，开放大学可以利用师资力量、社会认可、政府支持、硬件设施、网络覆盖等方面的优势，更好地为老年教育服务。通过信息技术的发展，利用网络等信息媒体的远程教育打破了教育的实践和空间的限制，提高了老年学习的便捷性和可得性，扩大了老年教育的覆盖面，弥补老年教育资源匮乏的现状，正逐步成为老年教育的重要补充形式。

（五）教学效果显著，教学成果展示活动蓬勃开展

老年大学学员们不仅在课堂上学有所乐、学有所成，同时也在生活实践中学有所用、学有所为。在健康老龄化、积极老龄化的同时，利用学到的知识服务家庭、回馈社会，体现了老年大学显著的教学成果。

以天津市老年大学为例,学校把教学成果的定期展示展演和总结交流活动纳入教学计划,每学期末以班为基础、以系为单位,将学员学习成果进行汇报,向社会进行展示,既检验了教学成果、同时也激发了学员学习积极性,形成了教学活动展示品牌,比如"天津群众性文体活动品牌"、"用镜头扩展生命宽度"、"耄耋老兵续新篇,瑞江国色更添香"、"白鹤亮翅显精神,太极情怀捧金杯"等活动。其中以天津老年大学艺术团为主要参与对象的"天津群众性文体活动品牌",涵盖了民乐团、合唱团、芭蕾和民族舞蹈队、服饰模特、武术队等,多次荣获天津市和全国各类文艺体育展演的最高奖项,展示了新时代老年人的精神风貌,成为展现天津老年教育成果的一道亮丽的窗口。

(六)国际交流合作活跃,"中国模式"产生影响

面向世界、与国际目标及要求对接、与国际老年教育保持对话与交流,是我国老年教育发展的目标之一。自 1994 年入会以来,中国老年大学协会与国际老年大学协会一直保持密切的合作关系,在此前提下,中外学者积极交流、分享彼此的经验。中国国际教育年会框架下的国际老年教育论坛,就是我国经验对外交流的重要窗口。据国际老年大学协会主席维拉斯介绍,老年教育的"中国模式"目前在国际上迅速扩展,许多国家开始学习中国做法,采用政府力量直接办学,以推动老年教育事业的加速发展。

2018 年 4 月 11 日,主题为"参与、实现、共享:从老年大学到老年学习者"的 2018 年老年教育国际学术交流活动在上海召开。国际老年大学协会主席维拉斯、国际老年大学协会秘书长玛利亚和来自法国、英国、葡萄牙、意大利、美国等十余位老年教育专家专程出席。在这一国际老年教育盛会上,中、英、法等国家分别对本国老年教育特色模式进行了介绍。会议同时宣布国际老年教育研究中心落址上海老年大学,这意味着中国上海将成为老年教育研究国际交流的重要平台。中国老年教育研究在国际老年教育学术舞台上赢得了荣誉,同时也是中国国际影响力的体现。

二、中国学校老年教育发展的挑战

(一)覆盖面不足,区域发展不平衡

我国老年大学教育资源稀缺、覆盖面小,分布不平衡是最为突出的问题。根据 2014 年统计数据显示,老年大学学员人数仅占全体老年人口的 2.64%,说明我国老年大学和老年学校尽管有了较快速度的发展,但承载能力仍十分有限。在现有的老年学校中,报名火爆的现象普遍存在:老学员想留下、新学员想进入、学员不肯毕业。这说明老年大学课程受欢迎的同时,也反映出了面向社会老年大众的老年教育供需矛盾十分突出。

除此之外,中国老年大学协会 2015 年统计数据显示,华东地区所办老年大学和老年学校的数量,占到全国的 60% 之多,西南、华北、中南、东北、西北五大地区的学校数量加起来不足全国的 40%。2013 年统计数据显示,全国乡镇(社区)中,老年学校数仅占 13%;城市中的老年大学和老年学校的学校数占 87%。说明了老年大学的分布非常不平衡、区域之间、城乡之间差异较大。

(二) 政策、资源支持有待进一步完善

在老年大学的政策管理上,目前在国家层面尚未出台统一的法律法规,不同省、市、地区的规章制度并不统一,涉及老年大学管理的相关内容分散在不同的纲要、决定和通知中,缺乏统一的操作标准,在实践中造成了一定的障碍和困难。而在老年大学的管理上,也同样存在不同地区主管部门不一的情况。比如,我国老年大学和老年学校管理归口不一,一些老年大学和老年学校分属文化局、老干部局、民政局等管理,而少数老年大学和老年学校在教育部门注册,造成行政管理不便和沟通不畅的情况。

(三) 社会资本参与有待加强

当前国内老年大学主体模式主要依托政府、事业单位、高校等单位开展,以财政拨款作为运营基础,收费相对较低,对学员吸引力较强。政府部门财政资金的投入,使得依托政府部门运营的老年大学有较好的软硬件环境,且能够以低价学费开展运营,是当前市场的主体。而社会机构举办老年大学需自负盈亏,学费是其主要收入来源,在当前市场环境下,远低于同期市场培训机构收费水平的学费难以实现盈利,这就限制了社会力量的介入,即使进入该行业的,也是通过其他相关产品的运营来弥补亏损,或是出于企业社会责任等其他因素的考量,这不利于充分发挥社会力量的积极性。需进一步在政策上鼓励、支持、引导多方参与老年教育的建设,为老年大学的进一步丰富发展提供基础,解决供需矛盾。

(四) 教师管理团队需进一步规范化

上文已经提及,与广大学员的热情需求相对比,老年大学教育资源相对匮乏、教师队伍有限,师资力量不足。有统计显示,目前我国老年大学的教师队伍仍以外聘兼职教师为主力。有学者对 215 所老年大学进行统计发现,教师总人数为 6 541 人,其中兼职外聘教师为 6 377 人,在教师总人数中的占比高达 97.5%。即使是在为数不多的拥有专职教师的老年大学,比如哈尔滨老年人大学,其专职教师占比也只有十分之一左右。外聘、兼职教师为主要力量,是我国老年大学的一大特征。其中,以 40—60 年龄

的教师居多,退休人员居多,音美体舞医等专业教师居多,这是符合老年大学目前的课程设置的。但兼职老师队伍相对而言流动性较大、师资结构不稳定,难以形成有规模的教学模式,对课程设置的稳定结构带来一定的挑战,往往存在根据老师情况而非学生需求为主来进行课程设置,甚至出现一门课程因为老师无法继续授课造成停办的情况,在一定程度上制约了老年大学的系统性发展。

三、中国学校老年教育发展理念及对策

(一) 发展理念

1. 终身教育

终身教育是指"人们在一生中所受到的各种培养的总和",具体而言,指的是起始于人的生命之初,终止于人的生命之末,包含个体一生发展中的各个阶段及各个方面的全部教育活动,目标是"维持和改善个人社会生活的质量"。具体到老年阶段,是指在这个阶段,为了提高晚年的生活质量和生活品位,个体将继续利用家庭、社区、学校和大部分社会学习空间,主要通过不正规教育和非正规教育两种方式接受新知识,不断充实和完善自己,为社会发挥余热,以实现"老有所为"的人生价值。从这个角度出发,终身教育的思想具有终身性、全民性、广泛性和灵活实用的特点。

终身性主要是指突破了正规学校的框架,把教育看成是个人一生中连续不断的学习过程,是人们在一生中所受到的各种培养的总和,实现了从学前期到老年期的整个教育过程的统一;全民性是指接受终身教育的人包括所有的人,无论男女老幼、贫富差别、种族性别;广泛性是指终身教育既包括家庭教育、学校教育,也包括社会教育,包括人的各个阶段,是一切时间、一切地点、一切场合和一切方面的教育,为整个教育事业注入了新的活力;终身教育的灵活性,表现在任何需要学习的人,可以随时随地接受任何形式的教育,学习的时间、地点、内容、方式均由个人决定,可以根据自己的特点和需要选择最适合自己的学习。

终身教育广泛而灵活的特点决定了老年大学教育可以以丰富、多样、灵活的方式开展。而满足老年教育及学员们多样化的需要,也是对老年大学教育从业人员提出的更高要求。

2. 文化养老

文化养老是相对于传统的待遇养老、物质养老而提出的一种新的养老理念,它以老年人的全面发展为前提,以满足精神需求为基础,以沟通情感、交流思想、拥有健康体魄与心态为基本内容,以弘扬个性、享受快乐、愉悦精神为目标,是一种更高层次、更高水

平的养老方式。随着我国国力不断增强,物质生活水平逐步提高,老年人在物质养老、生活养老的基础之上,需要在精神需求上得到进一步的满足。因此,文化养老是在向全面建成小康社会迈进的大环境下,为丰富养老层次,提升养老内涵,促进养老发展衍生的一种养老方式,是积极应对人口老龄化,提高养老水平,丰富养老内涵的重要载体和方式。

与此同时,文化养老也是对党和国家老年工作方针政策的落实。党的十九大报告为老有所养、老有所乐、老有所安指明了方向。报告强调,要构建养老、孝老、敬老政策体系和社会环境,加快老龄事业和产业发展。十九大报告同时指出,要坚定文化自信,推动社会主义文化繁荣兴盛。文化是一个国家、一个民族的灵魂。在中国走向大国、强国的过程中,文化养老也将成为文化自信的重要支撑之一。

在文化养老思想的指导下,老年大学的办学理念,需遵循马斯洛的需要层次理论观点,在满足老年人基本生活、物质需要的基础上,进一步满足老年学员对于包括尊重、社交、爱与归属等较高层次的需要。从课程设置上注重文化和精神层次的高度。

3. 社会适应

社会适应是社会心理学中的重要概念。社会心理学从个体与社会相互作用的角度出发,研究特定社会生活条件下个体心理活动的发生发展及其变化的规律。社会心理学不仅强调社会与个体之间的相互作用,还注重关于社会情境的探讨,重视个体的内在心理因素,具体包括个体心理过程、个体知觉与自我意识、个体情绪与人格等;个体与个体之间的人际互动过程,比如侵犯与利他、人际吸引等内容;团体过程,即从宏观环境与团体相互作用的角度研究人类心理与行为问题。

在社会适应理念的指导下,老年大学教育需注重环境及群体对于老年学员的影响。国外研究显示,多样化的群体组成有利于老年人心理健康水平的提升,有组织、定期开展的社会活动有助于老年人社会认同和幸福感的提升,同时减缓认知功能的衰退,这一影响在男性老年人身上尤为显著。除此之外,根据世界卫生组织关于健康的定义:"健康乃是一种在身体上、精神上的完满状态,以及良好的适应力,而不仅仅是没有疾病和衰弱的状态。"这就是人们所指的身心健康,也就是说,一个人在躯体健康、心理健康、社会适应良好和道德健康四方面都健全,才是完全健康的人。社会心理学所涉及的社会行为、人际互动与人际吸引以及个体情绪的相关理论,也有利于老年学员自身心理健康水平的提升。

(二) 政策建议

1. 提升教育意识,扩大覆盖面积

上文已经提及,我国老年大学教育资源稀缺、覆盖面小,分布不平衡是最为突出的问题,使得老年大学的发展受到限制。进一步从建设投入与发展意识两个方面进行分析。老年大学的发展不足固然受到当地经济发展水平的制约,但也和当地政府的主动投入有关。根据有关学者对各省、市、自治区经济发展水平与老年教育普及状况对照表发现,贵州、四川、安徽三个相对欠发达地区的老年教育发展水平分别位列全国第8、第7和第6位,由此可以看出,老年教育的支撑体系是由多方面因素构成的。

而在发展意识方面,仍有不少地方及组织对老年教育认识滞后,认为老年大学是"哄老年人开心的地方"、"养老的地方"等,这也会影响老年教育的服务水平、服务质量及管理组织人员的专业化程度。因此,进一步大力倡导老年大学管理专门化、教育专业化,并鼓励高校、民营资本等多方参与,对老年教育实现"政治承认、行政承认和学术承认",是需要进一步提升的重要内容。

2. 进一步规范学校管理与组织

在老年大学的管理组织上,往往出现管理人员不足、老年大学工作人员身兼数职的情况,这制约了老年大学的进一步发展。根据天津市老年人大学与天津教科院进行的一项关于老年人学习需求调查结果显示,对于老年人而言,除考虑到距离远近这一要素之外,人数选择最多的是"规模较大、管理正规、专业较多的老年大学"。这就说明老年人对于老年大学的期待不仅在于知识的传递,还希望其能正规化、有固定的组织和专业的管理。规范管理的优势首先在于具有一定的硬件基础,良好的教学环境;其二在于面对面的授课方式有利于学习效率的提升,且教学具有一定的系统性;第三在于良好的学习氛围,可以在课程学习的基础上结交到有共同兴趣爱好的朋友。

3. 师资及教师团队不断专业化

在解决老年大学教师队伍专业化的问题上,除进一步加强投入、积极建立稳定的教学团队力量外,还需要积极开发老年人力资源发展老年教育。国家《"十三五"规划纲要》明确提出"加强老年人力资源开发,增强大龄劳动力就业能力"。比如,聘请优秀退休教师作为老年大学的专业教师、鼓励和支持老年人自主教育,建立不同类型的学习共同体和学习团队等等。

除了教师队伍之外,对于教师团队的管理也是教育的重要组成部分,与教学质量息息相关。一般而言,教师管理制度需从选聘、管理、培训及评价几个方面展开。就我国目前老年大学的发展而言,教师的选聘方式集中于他人推荐、单位推荐,经过一定程序的社会招聘较少。在团队管理上,具有完善管理制度的也较少,部分单位没有明确的管理制度,也无相应师资培训及评价工作。建议有条件的老年大学,逐步规范教师队伍的管理,从聘任流程开始,与教师形成相对稳定的人事关系,突破编制限制,明确教师责任及权利。逐渐将师资的培训及评价纳入管理工作,建立较为完善的教师管理体系,进一步提升教师队伍的整体素质。

4. 建立老年大学特色课程体系

目前,我国老年大学的课程的设置主要依据《老年教育规划》中教育内容、社会要求以及学员需求设立,但在学科分类、课程名称上并没有统一指导和规范,相似的课程内容,在不同的地区、不同学校往往名称不同,导致难以进行统一的调查和统计,给老年大学整体课程建设与规划造成一定困扰。因此,在课程建设上,首先需从建立老年大学特色课程体系开始。

在此基础之上,有研究显示,老年大学课程设置不够均衡,人文课程所占比例较少,课程形式多以传统讲授式为主,比较单一。因此,在老年大学课程的基本教学形式上,有学者提出了"三个课堂"的理念,即老年学校中的课堂教学活动为第一课堂;老年学校中的社团活动与课外活动为第二课堂;由学校及学员自己组织、学以致用、融入社区、服务社区的活动为第三课堂。在明确课程建设目标的基础之上,搞活第一课堂、丰富第二课堂、拓展第三课堂,并积极开展网络环境下的教学,实现教学内容的丰富化、教学手段的多样化,将极大提升老年大学教育的效果、进一步满足老年大学学员的需要。比如,华东师范大学老年大学以"传家宝——隔代教育面面观"特色课程开发为例,初步构建了参与式老年教育课程开发的模型,是在老年大学课程多样化上的领先尝试。

参考文献

[1]《全国老年教育发展规划》远程教育课题组. 全国电大系统老年教育发展调研报告[J]. 中国远程教育. 2015(9):61—70.
[2] 叶忠海. 老年教育若干基本理论问题[J]. 现代远程教育研究,2013(6):11—16.
[3] 邵庆,陈明昆. 2014年我国老年教育研究综述[J]. 西北成人教育学院学报,2015(6):29—32.
[4] 赵师敏,陈鑫佳. 参与式老年教育课程开发模型构建研究——以"传家宝——隔代教育面面观"特色课程开发为例[J]. 当代继续教育,2017,35(2):58—62.
[5] 何天维. 构筑老年教育大平台推动文化养老大发展的思考——以广西为例[J]. 经济与社会发展,2013,11(6):132—137.
[6] 黄健,吴真. 教育公平视域下老年教育的发展研究——基于上海老年教育的一项实证研究[J]. 当代继续教育,2016,34(2):8—15.
[7] 樊立华,袁向军,吕征,杨琳丽,王静宇,刘乐乐. 老年教育模式及发展趋势研究[J]. 教育探索,2013(3):65—66.
[8] 毕虎,李惟民. 老年教育质量监控和保障体系构建[J]. 当代继续教育,2017(6):20—27.
[9] 孙莉萍,雷丽丽. 上海高校老年大学发展定位及对策研究[J]. 继续教育,2016,30(12):7—10.

[10] 杨咏梅.我国老年教育的特色和发展趋势[J].中国成人教育,2016(6):141—143.
[11] 岳瑛.中国老年教育发展的背景和历史回顾[J].天津市教科院学报,2016(2):47—50.
[12] 岳瑛,暴桦.关于老年大学学员学习需求情况的调查报告[J].天津市教科院学报,2003(6):55—59.
[13] 王友农.推进我国老年教育与国际对接[J].上海老年教育研究,2018(2):53—58.
[14] 林元和.老年教育的中国模式[J].上海老年教育研究,2018(2):14—15.
[15] 李晶,罗晓晖,张秋霞,罗萌,王君.中国老年教育研究[J].老龄科学研究,2015(10):40—51.

中国当代老年远程教育发展现状评析

马丽华[①]

我国是世界上老年人口最多的国家,也是世界上较早进入老龄化社会的发展中国家之一。截至2017年末,我国60周岁及以上的人口,占总人口的17.3%(2.409亿人),其中65周岁及以上的人口,占总人口的11.4%(1.583亿人)。应对人口老龄化问题,发展老年教育是一个重要举措。老年教育在满足老年人个体学习需求的同时,也能提升老年群体的生命质量,进而促进教育公平与和谐社会的构建。近年来,我国老龄化日趋严重,老年教育的发展在我国尤为迫切和必要。

老年教育的产生发展是人终生发展的内在要求和内源性动力。这种"按照老年人和社会发展的需要,有目的、有组织地为所属社会承认的老年人所提供的非传统的、具有老年特色的终身教育活动",具有完善老年人的自由、自主、自我的终生发展属性。爱尔兰学者基更(Keegan)认为,远程教育是以"师生时空分离的学与教"逻辑起点区别于传统教育的一种教育活动,包括6项基本要素:师生分离、教育组织的影响、应用技术媒体、双向通信机制、可能有面授交流的机会和教育的工业化形态。伴随着老年教育的快速发展,老年人接受教育无论在学习形式、内容、技术手段上都日益丰富。通过互联网等远程技术手段,满足不同文化层次、地域的老年人的学习意愿成为老年教育的发展趋势,老年教育和远程教育这两个不同的领域逐渐结合成一个全新教育形式,老年远程教育应运而生,成为开展老年教育的有生力量和重要载体。越来越多的老年人正通过广播、电视、互联网络、微型移动终端等各类远程教育技术手段,参与学习,融入社会,提高生活质量。目前,我国老年教育正在逐步建立和完善远程老年教育系统,

---

[①] 马丽华,华东师范大学职业教育与成人教育研究所副教授、博士。

通过信息技术的融入,将"老年收视点"延伸至基层社区,提高了老年人学习的便捷性,通过"开放大学"建立远程老年教育系统,提倡"养教一体化",着力开展社会老年教育,激发老年人学习的内在动力,引导其自主发展学习团队。

在此,将概述中国当代远程老年教育发展的成就和面临的挑战,并提出相应的对策。

一、中国当代老年远程教育发展的成就

中国当代老年远程教育伴随着中国老年教育的快速发展取得了显著的成就,总结和梳理老年远程教育改革与发展,对进一步推动我国老年远程教育更快更好地发展具有增强自信、促进反思的重要意义。在此,主要从法制建设、网络构建、平台建设、形式和内容的具体化发展等进行成就综述。

(一) 完善法规政策保障了老年远程教育的稳步发展

发展老年教育得到了党和政府的高度重视。在有关老年教育的法律法规中,老年远程教育经历了从"略有涉及"到"逐渐突出"再到成为"重点发展建设目标"的过程,这也是伴随社会经济发展、科技进步,人们思想水平认识自然提高的产物。

表1 中国老年教育相关政策法规

发布机关	政 策 名 称
中共中央、国务院	《关于加强老龄工作的决定》(1999年中共中央、国务院) 《面向21世纪教育振兴行动计划》(1999年国务院批转教育部) 《关于进一步加强老龄工作的决定》(2000年中共中央和国务院) 《中国老龄事业发展"十五"计划纲要(2001—2005年)》(2001年国务院印发) 《中国老龄事业发展"十一五"计划纲要(2006—2010年)》(2006年) 《中国老龄事业发展"十一五"规划》(2007年) 《国家中长期教育改革和发展规划纲要(2010—2020年)》(2010年) 《中华人民共和国老年人权益保障法》(2015年) 《老年教育发展规划》(2016年) 《"十三五"国家老龄事业发展和养老体系建设规划》(2017年)
全国老龄委	《中国老龄事业发展纲要(1994—2000年)》(1994年) 《关于印发全国老龄工作委员会成员单位职责的通知》(1999年) 《中国老龄事业发展"十一五"规划》(2006年)
文化部等	《关于进一步活跃基层群众文化生活的通知》(2002年) 《关于做好基层文化教育资源共享工作的通知》(2002年)

续 表

发布机关	政 策 名 称
教育部	《关于在部分地区开展社区教育实验工作的通知》(2000年教育部职成司) 《教育部关于推进社区教育工作的若干意见》(2004年) 《教育部办公厅关于推荐全国社区教育示范区的通知》(2004年) 《2017年教育信息化工作要点》(2016年)
民政部	启动了"全国社区老年福利服务星光计划"(2001年)
联合发文	《中组部、文化部、教育部、民政部、全国老龄工作委员会办公室关于做好老年教育工作的通知》(2001年) 中组部、宣传部、教育部、民政部、财政部、文化部、总工会、团中央、妇联、老龄委等十六个部委联合发文《关于进一步加强老年文化建设的意见》(2012年)

资料出处：部分引用于齐伟钧，马丽华编著.海外老年教育[M].同济大学出版社，2014：224.

1995年，上海成立"空中老年大学"，拉开了我国老年远程教育发展的序幕，其后伴随着网络技术和多媒体技术的迅猛发展，各地纷纷尝试利用现代技术发展老年教育。1996年8月颁布《中华人民共和国老年人权益保障法》，这是第一部涉及老年人的法律，带动了老年大学向基层老年教育辐射。该法第31条强调："老年人有继续受教育的权利。国家发展老年教育，鼓励社会办好各类老年学校。各级人民政府对老年教育应当加强领导，统一规划。"1999年，全国老龄工作委员会成立大会上，原中共第十五届中央委员、中央政治局委员、常委、国务院总理李岚清也强调，"要大力发展老年教育，动员社会力量兴办各类老年大学和老年学校"。2000年，党中央、国务院下发《关于加强老龄工作的决定》指出：各地要重视发展老年教育事业，发展广播、电视、网络和函授教育，鼓励和指导社会力量按照有关规定兴办各类老年学校。进而，北京、上海等大城市相继开办了空中老年大学，建立起网络交流平台。2001年，中组部等五部门联合下发《关于做好老年教育工作的通知》和《中国老龄事业发展"十五"计划纲要(2001—2005)》中强调培育"老年大学示范校"、"建立老年教育网络"等大力发展老年教育的措施。在这些政策的影响下，老年大学的办学数量得到提升，老年学员的需求也得到了多元拓展。

十六届三中全会(2003)提出"坚持以人为本，树立全面、协调、可持续发展观、促进经济社会和人的全面发展"的科学发展观。在此背景下，2004年再次强调提出"营造全民学习、终身学习的浓厚氛围，推动建立学习型社会"，以实现人的全面发展的目标。之后，《中国老龄事业发展"十一五"计划纲要(2006—2010)》(2006)提出了"各级政府要加大对老年教育的资金投入"，对老年教育的发展起到更大的促进作用。《国家教育事业"十一五"规划纲要》(2007)中将老年教育首次列入国家教育发展规划。继而,《国家中长期教育改革和发展规划纲要(2010—2020)》(2010)进一步要求"重视老年教育"。《中国老龄事业发展"十二五"规划(2010—2015)》(2011)提出,加强老年事业"体系化"建设,在加大财政投入力度的同时,支持社会力量参与老龄事业,使老年大学办学规模进一步扩大。2012年,党的十八大报告强调完善终身教育体系,建设学习型社会。老年教育是实现终身教育的关键环节,是和谐社会建设的重要力量。2013年,《国务院关于加快发展养老服务业的若干意见》(国发〔2013〕35号)指出:完善人才培养和就业政策。充分发挥开放大学作用,开展继续教育和远程学历教育。开放大学是一所新型大学,建设开放大学,对于终身教育体系构建,学习型社会建设,满足社会成员多样化的教育需求,促进教育公平具有重大意义。2015年4月修订的《中华人民共和国老年人权益保障法》,强调把"老年教育纳入终身教育体系",各级政府应"加大投入",鼓励社会"办好各类老年学校"。

2016年,国务院办公厅印发了《老年教育发展规划》(2016—2020年),这是我国第一部老年教育专项规划,进一步明确了最大限度满足各类老年群体的学习需求,将我国老年教育事业带入一个逐渐快速发展和品质提升的新时代方位。2016年12月,国务院办公厅《关于全面放开养老服务市场提升养老服务质量的若干意见》(国办发〔2016〕91号)提出"积极应对人口老龄化,培育健康养老意识";2017年,国务院发布的《国家教育事业发展"十三五"规划》提出"推进老年教育机构逐步纳入地方公共服务体系,完善老年人学习服务体系,办好老年大学,有效扩大老年教育资源供给"。同年,教育部办公厅印发《2017年教育信息化工作要点》力主构建"网络化、数字化、个性化、终身化"的现代化教育体系,国务院发布的我国第一部老龄事业规划《"十三五"国家老龄事业发展和养老体系建设规划》(2017)要求"牢固树立和贯彻落实创新、协调、绿色、开放、共享的发展理念",表明到2020年基本形成"老年教育新格局"。2017年党的十九大继续强调了继续教育和老龄工作,并提出了战略要求和伟大目标——"完善终身教育,建立学习型社会"。

总之,随着社会的发展,根据不同时期的发展特点,党和国家审时度势,因地制宜,有的放矢地制定并出台了相应的老年教育法律法规及相关政策,为有效应对老龄化,发展我国老年远程教育事业提供了制度上的保障。这些法规政策也成为了我国老年远程教育理论成就的一部分。

(二)依托广播电视大学系统构建了老年远程教育网络

发展老年远程教育是我国新时期实现积极老龄化和构建学习型社会的重要内容,

我国广播电视大学系统具有一定的老年教育办学基础和经验,为贯彻落实《国务院关于加快发展养老服务业的若干意见》以及国务院副总理刘延东同志"应加大建设老年开放大学的力度,以满足老年人的学习需求"的批示,中央广播电视大学转变为国家老年开放大学,由此拉开了广播电视大学系统向开放大学转型的序幕。

目前,电大(开大)系统由1所国家开放大学、5所省市开放大学,39所省级电大,945所地市级电大分校(工作站)、1 842个县级电大工作站、46 724个教学班(点)构成。各地电大(开大)利用先天的网络教育和新技术应用优势,积极开展老年远程教育,取得了较为明显的社会效果。根据相关资料显示,早在2008年,北京地区就已有500多万老年电大学员通过北京电大制作的近30门课程进行系统学习,取得了老年电视教育的实效;天津电大系统至2013年底,开办8所开放大学,累计培训老年学员约10万人次,在校的各类老年学员近1.3万人;上海开放大学开办的"网上老年大学"网站,开设的"上海远程老年大学"和开通的"上海老年人学习网"自1999年至今,访问量已有248.2万人次;福建广播电视大学上线的"福建老人学习"平台日均访问量达2 400人次,最高日访问量6 100人次;江苏省空中老年大学网站于2013年改版,改版后的"夕阳红·江苏老年学习网"宣传老年教育政策,报道老年教育信息,加强学习资源库建设,提供优质资源服务。已开放9大类39个方向16 454个单元的学习课程,开发17个学习证书。目前,在"夕阳红·江苏老年学习网"注册的老年学员有5 000多人,最多时达8 000多人,学习积分达60 000多分,其学习成果已全部记入"江苏省终身教育学分银行"。国家开放大学2014年建成"老年开放大学网",现有近300门课程,约1 700段视频资源;各地电大系统还纷纷设立微信、微博公众账号和老年学员积极互动、交流信息普及和推广远程教育。

通过电大系统开展老年远程教育具有覆盖面广、接受方便、师资力量强大、成本相对低廉等优越性,依托各地电大系统构建起的老年远程教育网络成为老年远程教育的主力军,为我国发展老年远程教育,推动老年教育事业发展发挥了巨大的作用。

(三)基于网络技术搭建了老年远程教育的平台

20世纪90年代末,中国基于网络的老年远程教育开始出现。上海成为了我国第一个基于网络开展远程老年教育的城市,"上海网上老年大学"1999年10月正式开通。此后,北京、陕西、浙江等地的老年网络远程教育也逐渐兴起。如何大力发展在线网络学习,切实解决老年教育发展难是随着老年教育模式的创新带来的新问题。2007年开始,中国的老年远程教育就进入了蓬勃发展阶段,由中国老龄事业发展基金会创办的"东方银龄远程教育中心"正式面向全国开通授课,标志着全国的老年人有了自己的远程教育平台。这一时期,教育规模不断扩大,硬件建设得到完善,教学成果日益显著,我国远程老年教育事业不断发展和完善。接着,一些省、市、区相继搭建起了各具特色的远程老年教育平台,各地区纷纷结合本地本校实际的情况,创造性地开展工作。山东、福建、重庆、上海、武汉、天津、内蒙古、厦门、武汉、云南等地区的老年大学竞相结合自身的优势和特点努力推进老年教育信息化的进程。

2012年开始,我国的老年远程教育进入了稳步发展、全面推进阶段。在2012年12月举行的远程教育工作委员会年会上,中国老年大学协会常务理事会作出了确立并实施老年远程教育"三个一"计划的决定,即建立一批老年远程教育实验区;推荐评选一批全国老年远程教育优质课件;开展一批老年远程教育的课题研究。2015年5月7日—8日,国家开放大学老年教育研讨会在北京召开。国家开放大学校长杨志坚表示,面对日益严峻的老龄化形势,国家开放大学将主动承担国家的使命和期望,进一步开拓新的发展空间,增强服务意识,凝聚共识,树形象、创品牌,办好老年开放大学。

随着互联网技术、传媒技术的发展,如何将数字化与教育有效融合成为当今教育改革的方向之一,同时也是比较难以攻克的难题之一。"互联网+"深度融入到教育的进程中的时候,势必会对传统的教育产生冲击。老年教育也不例外,从空中大学和网络平台的建设来看,老年教育的学习模式、学校组织的构筑、教师角色都在发生着深刻的变革,刷新着传统的老年教育的格局。形式更加灵活化,在互联网技术的推动下,受众面越来越广,微课程和慕课的大量引入使得教育形式更加灵活多样,教材的丰富性也得到了极大拓展。老年教育在网络时空下,得益于信息、网络与媒介的技术融合,数字课程将图、文、声、像融为一体,教材内容线上线下互为补充,推动了老年大学课程的模块化。可见,老年教育在改革发展的过程中,充分认识到互联网技术具有改善和拓展老年教育的潜能。当然,信息技术不是万能的,不能忽视其他社会因素对老年教育的影响,特别是老年教育有建立伙伴关系这一重要职能,应该考虑到如何利用互联网技术更好地促进老年人之间的互动与交流,杜绝犯"互联网+教育"这种技术决定论的错误。

(四)融入社区治理丰富了老年远程教育的形式和理论

我国老年远程教育的形式多种多样,有广播、电视、网络、函授、音像制品等,在"互联网+"时代,网络的利用具有可得天独厚的优势,我国的网络普及率及网速都居世界前列。在《全国老年教育发展规划(2016—2020年)》远程教育课题组一项调查数据中显示,在老年教育的学习终端使用比例分别为电脑(91.43%)、电视(62.86%)、手机(54.29%)、Pad(45.71%)。说明基于互联网的远程教育形式是老年教育的主要途径。

老年远程教育关注资源共享,注重整合和合理利用网络的优质资源,其目的是更好地满足老年人学习需求,不断探索最合适的教育内容和教育方法。远程的课程里包括书法、摄影、养生等,方法趋于生动,辅助教师为学员精挑细选现在的课程资源,同时结合不同的资源,激励学员参与的积极性。在社区课堂中开发微课程视频,提升课堂内容品质丰富教学形式。例如,上海的马桥,通过组织收视点,共同学习"时事政治"。"村民周周会"是架构于上海远程老年大学收视节目,利用每周二收视前的一段时间,开展干部讲村情收民意、辅导员讲案例明道理、村民代表履职、远程收视专家讲科学促健康等四个环节活动。特别是社区和居(村)委会的远程收视点,内容上包罗万象,注重视觉冲击力和感染力,受到各地的支持和重视。同时,"村民周周会"构筑了干群关系沟通、交流的桥梁和纽带。干部和群众之间的关系不再是单纯的自上而下的权威"管理",而是上下互动的治理过程。这种互动中的社会治理为那些无法由政府绝对解决的社会和政治问题提供了更具有秩序和更可靠的解决办法。架构于远程教育的"周周会"很自然地成为了村民话语权释放的重要通道,加强了政府公信力和社会融合,就像是一粒火种点燃了村民的热情,提供了社区和谐的氧气,成为社区治理成功之路的持续动力源泉。

在这种整合各种远程教育资源的实践活动丰富化和深入发展的过程中,老年远程教育理论研究也得到了发展,如"老年远程教育研究"(顾秀莲,2009)、《中国社区远程老年教育研究》(顾秀莲,2014)、《全国电大系统老年教育发展调研报告》(《全国老年教育发展规划(2016—2020年)》远程教育课题组)等。随着老年远程教育的发展,各地根据理论研究和法规政策要求,开展老年远程教育"三个一"行动计划,成立远程教育工作委员会,组建老年远程教育试验区指导中心,有序开展老年远程教育工作。

二、中国当代老年远程教育发展的挑战

中国当代老年远程教育尽管取得了不错的成就,但仍然面临着一些问题亟待解决。

(一)老年教育立法尚不完善

我国终身教育分为学前教育、基础教育、职业教育、高等教育、继续教育、老年教育,其中,除了继续教育和老年教育外,其他教育都已经制定了一系列法律法规作为保障。当前我国颁布的老年教育相关法律只有《中华人民共和国教育法》和《中华人民共和国老年人权益保障法》,虽然这两部法律给老年人予以了一定的法律赋权,但对老年

教育的发展目标、重点任务、基本原则、管理体制、运行机制、保障措施等内容没有明晰、完整、系统的规定,也缺乏可操作性和具体的实施项目。老年教育的立法不完善,相应的会影响到老年远程教育的发展动力及执行效果。

(二) 老年学员远程教育学习能力尚需加强

人类社会已经进入信息化时代,互联网技术的发展给人们特别是老年人在学习观念、学习方式和学习行为等方面带来了深刻的变化,老年远程教育加强势在必行。尽管学习需求随着时代的变化在不断增强,但老年人中缺乏网络知识的非网民人数仍较为可观。《第41次中国互联网络发展状况统计报告》指出,截至2017年12月,中国网民达到7.72亿,其中60岁以上的网民仅占5.2%左右。可见,老年人对信息技术的疏离形成了一种由年龄构筑的数字落差。缺乏网络应用能力的老年人影响了老年远程教育的推广,老年人对信息技术的学习有待加强和提高。

(三) 对老年远程教育认识不到位

当前,很多地方省市地区还未将老年教育信息化纳入本地区的发展计划,老年远程教育没有得到应有的重视和支持,对老年远程教育在老年教育发展中的作用存在认识不足。这一方面是由于老年人自身对老年远程教育的认识还不够。由于历史原因,我国长期以来形成了以居家养老为主的养老方式,相当一部分老年人尤其是农村老年人受当前经济条件以及传统观念的制约,在老年远程教育对他们的健康生活、实现自我价值以及社会服务等方面的重要性与必要性的认识上存在不足,在一定程度上影响了老年教育的社会地位,使得社会参与缺乏号召力。另一方面,全社会还未对老年远程教育产生肯定的意识。一部分人认为,老年远程教育在我国的社会发展中并不是不可或缺的;还有部分人认为,老年教育其实就是"休闲教育",主要供老年人休闲娱乐,因此没必要进行计算机技术的教学和学习;还有人认为,老年远程信息教育只有投入,没有效益产出。正是由于全社会对发展老年教育存在深浅不一的认识阻碍了中国老年教育信息化的发展。

(四) 经费保障机制尚不完备

由于我国老年教育的公益性、非营利性属性,没有建立国家层面的老年教育经费保障机制,老年教育机构的资金来源大都是来自于政府零散的、不具有长效机制的经费支持。我国终身教育体系中,当前各部门对基础教育、职业教育、高等教育比较重视,但对老年教育相对比较忽视。总体上对老年教育的投入明显小于其他各阶段教育的投入,导致老年教育发展规模较小,相应的老年远程教育能力弱化,办学条件过于简陋。当前,各老年大学的办学经费仍然没有相关制度保障,能否获得相应的办学经费往往取决于区域政府重视程度,甚至需要完全自筹办学经费。一些老年教育机构作为老年教育活动管理的基层管理单位和老年教育的挂靠单位,也没有稳定的资金来源和相关制度保障,大大削弱了老年远程教育活动的有效开展。

三、中国当代老年远程教育发展的对策

我国老龄化社会的严峻形势和互联网络技术的发展,使得发源于老年教育和远程教育的老年远程教育已逐步演化成为一个新的研究领域,面对中国当代老年远程教育发展中存在的问题和挑战,提出如下对策。

(一)进一步加强老年教育法制建设

我国老年教育是涉及民生的社会公益事业,为了科学有效地发展,需要各部门通力合作、社会各界广泛参与。我国老年教育四十年来发展的实践证明,制度建设是我国老年教育发展的内在要素,规则、标准和政策促进了初期老年教育的生长和发展。老年远程教育相对于老年教育而言,既有工具价值,又有自身价值,因此老年教育的法制建设和老年远程教育息息相关,两者一荣俱荣,一损俱损。今后需要进一步夯实老年教育的法制建设,建立顶层统筹协调机构,整合社会老年教育资源。改革开放40年来,虽然为了保障公民受教育权,制定颁布了一些教育法律,但在老年教育的发展上并未发挥出很大的针对性实效。在审视现行教育政策的基础上,需要兼顾国家利益,构建能够满足每个老年人学习需求的老年教育法律与政策体系,以便更好地保障每位老年人的个性和尊严的充分发展。通过立法,老年教育得到法律保障,老年远程教育成为发展老年教育的重要抓手,为老年教育事业的发展发挥更大的作用。

(二)提高老年人数字化、智能化的学习能力

提高老年人数字化的学习能力,推进老年教育的信息化、智能化建设,可帮助缩小新兴科技与老年生活的"数字鸿沟"(Digital Divide),加快信息技术与老年人学习的深度融合,从而保障"互联网+"时代中老年人的学习权。老年人自身的生理特点决定了老年人对新生事物学习能力减弱,对老年人的数字化学习不仅需要"赋权",更需要"增能"。为此应注重提升老年学员的老年远程教育学习能力,进而促进教育公平。

老年教育的数字化、智能化发展,不仅要完备和提升数字化学习的硬件设备,更要

加强数字化学习的软件建设。在数字化技术、高科技、多媒体的迅猛发展背景下,以远程学习点建设为重点,推进远程老年教育,适应教育互联网变革,同时有的放矢,切实贴近老年人的学习需求。需要从经费、教师队伍、教育体制上提升老年人网络学习和数字化学习服务体系建设效益,在网络教育中融入人文关怀,让老年人感受到科技进步带来的便捷与快乐。为老年人提供网络学习平台与培训,保障老年人网络学习的机会与过程,开发老年人网络学习的多元途径,以及培养老年人学习权益的信息意识等。

(三)提高对老年远程教育的认识

办好老年教育是党和政府应对老龄化社会的重大决策,也是社会公众的期待。老年教育不但是促进社会和谐的具体行动,更是重要的民生工程。老年教育机构要充分认识到老年教育是我国教育事业发展的有机组成部分,而老年远程教育是发展老年教育的重要抓手。面对人口老龄化加深和社会信息化、智能化的发展趋势,充分利用各种社会教育资源,推进老年远程教育是满足老年人日益增长的精神文化需求的重要途径。推进过程中需要以终身教育理念为指导,以服务学习型社会为导向,从而为构建和谐社会、建设学习型社会发挥积极作用。老年远程教育的发展需要坚持"以人为本"的办学理念,依托市、县开放大学等老年教育机构,有效利用广播、电视、互联网等现代传媒开展老年教育,不断拓展老年人学习活动渠道,积极开展老年人参与度高、社会影响大的文化活动,逐步建立技术先进、传输便捷、覆盖城乡的老年教育网络体系,把更多的老年教育资源配置到基层,为老年人创造良好的学习条件。此外,老年教育机构要认识到充分研究老年远程教育规律的重要性,努力办好老年教育,服务国家老龄化战略,推进学习型社会建设。

(四)建立健全老年远程教育经费保障机制

加快老年教育方面的立法建设,使老年远程教育的经费从国家层面得到保障。在当前财政支持相关立法滞后的形势下,要根据相关法规政策逐步健全政府公共财政投入与其他多渠道投入机制相结合的老年教育经费机制,鼓励社会企事业单位和个人捐资助学、建设基层老年教育专用设施等,支持社会力量参与老年教育事业。政府应加大投入并鼓励社会团体和个人投资老年大学,形成投资主体多元化的良好格局,通过行政拨款等方式,进一步设立可供老年人方便快捷学习的老年远程教育机构,保障教育经费来源的多元化,继续制定发挥社会组织作用的长效机制。建立健全政府主导,教育部门牵头,文化、财政、民政、老龄等部门参加的老年教育工作运行机制,并通过项目合作、政府购买服务等形式激发社会组织的活力。

党的十九大报告提出,人民日益增长的美好生活需要和不平衡不充分的发展之间的矛盾成为了我国当前社会主要矛盾。同理,老年人对"美好生活"日益多样化的需求与老年教育发展不平衡不充分的矛盾正是我国当前老年教育的主要矛盾的体现,而大力发展老年远程教育就是解决好这个主要矛盾的重要方法。我国应利用老年远程教育受众覆盖面广、教育资源丰富、资源获取高效便捷、学习时间自由、学习成本相对低廉等优势,通过发展老年远程教育适应教育互联网变革,开发老年人力资源,将老年教育融入社区治理、发展"教养一体化"、促进老年学习共同体的发展、打造志愿者平台、建立合作式的服务共同体等方式来提高老年教育服务质量,以老年远程教育为抓手推进老年教育的发展,为老年人赋权增能,使老年人展示人生价值,成为推进民族复兴梦的强大引擎之一。

参考文献

[1] 国务院办公厅.关于全面放开养老服务市场提升养老服务质量的若干意见[Z].2016-12-23.
[2] 国务院印发《"十三五"国家老龄事业发展和养老体系建设规划》[Z].2017-03-06.
[3] 教育部办公厅.2017年教育信息化工作要点[Z].2017-01-25.
[4] 马丽华.建设学习型社会,老年教育需做强[N].光明日报,2018-08-09,第14版.
[5] 马丽华.中国老年教育的嬗变逻辑与未来走向[J].南京社会科学,2018(9):150—156.
[6] 马良生.探索远程教育服务老年人群新模式[J].中国远程教育,2015(9):71—76.
[7] 齐伟钧,马丽华.海外老年教育[M].上海:同济大学出版社,2014.
[8] 《全国老年教育发展规划》远程教育课题组.全国电大系统老年教育发展调研报告[J].中国远程教育,2015(9):61—70.
[9] 孙传远.老年人远程学习现状调查研究——以上海老年人为例[J].中国远程教育,2013(12):41—46.
[10] 叶忠海.学习型社会建设研究与探索[M].上海:同济大学出版社,2013.
[11] 叶忠海.老年教育若干基本理论问题[J].现代远程教育研究,2013(6):11—16.
[12] 张波.基于国外教育信息化经验的远程教育服务型老年教育的构建研究[J].中国成人教育,2017(3):115—118.
[13] 张永,马丽华,高志敏.新世纪中国成人教育发展的成就、挑战与路向——基于UNESCO学习型城市六大支柱的视角[J].开放教育研究,2013(5):30—37.

四、专题篇

我国老年教育四十年：回眸、困厄与超越

丁红玲　宋　谱　都雅男[①]

目前，我国已经进入老龄化社会，成为世界上老龄人口最多的国家，并正经历着历史上规模最大、速度最快的老龄化进程，老龄问题已经成为影响国泰民安的战略性问题。大力推进老年教育，既是丰富老年人暮年生活，实现积极老龄化、健康老龄化的主要渠道，也是新时代建设学习型社会，促进经济发展、政治民主、社会和谐的必然要求，是整个社会义不容辞的责任。老年教育的价值意义可以体现为四个维度：从生命学的维度来看，老年教育是老年人个体作为有灵性的人生命不断成长、不断完善的需要；从社会学的维度来看，老年教育是老年人老有所依、老有所为、实现自我价值的需要；从教育学视角来看，老年教育是老年人心智成熟，摆脱愚昧，提高个人修养，不断提升向善本性的需要；从政治学视角来看，老年教育是老年人作为社会公民应享有的基本权利和社会福利，更是关乎构建和谐社会，建立公平、公正的民主国家的需要。老年教育丰富的价值意义需要我们对其进行不断地探索研究。本文先是对改革开放四十年来我国老年教育的发展进行了历史回眸，然后在此基础上分析了我国老年教育发展面临的困厄，进而提出我国老年教育发展的现实超越。

一、回眸：我国老年教育发展的历史演进及现实基础

（一）我国老年教育发展的历史演进

老年教育自产生至今，走过了40年的发展历程，从无到有、从小到大、蓬勃发展，

[①] 丁红玲，山西大学继续教育学院副教授；宋谱，都雅男，山西大学继续教育学院硕士研究生。

历经了启动(1978年—1991年)、推进(1992年—2004年)、发展(2005年—2011年)、深化(2012年—至今)四个阶段,经历了艰难的本土化探索历程。通过盘点和梳理老年教育四十年的发展,发现其在政策及实践上都取得了诸多成就。

1. 启动:初步起航,显露生机(1978年—1991年)

20世纪80年代,乘着改革开放的东风,我国各行各业开始了改革与制度创新,老年教育的产生源于干部终身制度的改革。1982年,我国开始实施国家工作人员退休制度,为满足广大退休干部继续学习、奉献社会的壮志,中共中央于1982年2月出台《关于建立老干部退休制度的决定》,该决定作为我国老年教育制度诞生的契机,预示着我国老年教育航舰的开启。1983年,中国第一所老年大学——山东红十字老年大学成立,此举是我国老年教育的报春花,昭示着我国老年教育春天的到来。1985年,"中国老龄问题委员会"在北京召开全国老年教育经验交流会,国家对老年大学这一新事物给予了充分的肯定与支持,随后老年大学、老年学校及各种老年教育活动开始在全国各地发展起来。各地纷纷创办老年大学,如1984年,北京市第一所老年大学——海淀老龄大学开办;1985年5月,上海老年大学创建,原名为上海老年人进修学院,1986年改名上海老年大学;1986年4月26日,太原市第一所老年大学——太钢老年大学建立;1988年12月,中国老年大学协会在武汉宣布成立;全国各区县、基层街道、乡镇创办老年学校,甚至企事业、军队、高校、社会团体等也纷纷参与进来,到1990年底,老年学校达2300多所,初步形成全国老年教育网络。此后至90年代中期,各地各种形式的老年教育文化活动逐渐活跃,各事业单位、区属街道及居委会等围绕精神文明创建活动、普法教育和老年人工作,举办了各种形式的文明市民学校、老年学校、社区学校,各类老年教育文化活动、体育活动十分活跃。

这一阶段,在政策的指引和倡导下,我国老年教育理念开始逐渐觉醒,各地的老年教育主要以老年大学、老年学校为依托,开展老年教育,举办了丰富多彩的老年教育活动,在改革开放的东风中开展得卓有成效。

2. 推进:理念逐渐明朗,聚焦机构建设(1992年—2004年)

1994年,伴随着我国市场经济体制的确立,我国各行各业掀起了改制的浪潮,社会保障领域也与时俱进,开始了制度改革。为了有效推动老年教育的发展,党和政府积极制定了一系列政策和法规。1994年,中央10个部委联合制定了《中国老龄工作七年发展纲要(1994—2004)》,这是我国老龄事业发展进程中第一次以指导性文件的形式对老龄工作和老龄事业发展作出全面战略规划,提出老年大学、老年学校是老年教育的重要形式。它的发布与推广,标志着我国老年教育理念在国家政策层面开始正式明朗化,老龄工作和老龄事业也开始步入有计划的发展轨道。1996年《中华人民共和国老年人权益保障法》第一次以法的形式提出了要保障老年人的合法权益,实现老有所养、老有所医、老有所为、老有所学、老有所乐的理想目标。2000年,中央国务院下发了《关于加强老龄工作的决定》,要求重视发展老年教育,鼓励社会力量兴办老年学校。国家对老年教育的政策感召也推动了地方老年教育的发展和政策的出台,如上海市、北京市、山东省、太原市等省、市纷纷出台政策,推动老年教育的发展。

这一时期,在政策的推动下,老年人群作为继续教育和终身教育的最后一个环节得到了各级政府的重视,中心任务是抓机构建设,各地纷纷加快发展老年教育机构的步伐。与此同时,除了大力发展老年大学外,社区作为老年教育的基础性主阵地之功能开始暗香浮动,初露峥嵘。四级社区教育委员会开始建立,社区教育有了组织保障,各地社区教育实验区开始举办内容丰富、形式多样的社区老年教育活动。

3. 发展：系统统摄,功能彰显(2005年—2011年)

伴随着我国学习型社会建设进程的加快,赋予了我国老年教育新的时代任务和使命。2006年,《中国老龄事业发展"十一五"计划纲要(2006—2010)》提出大力发展老年教育,积极发展老年远程教育,倡导社区办学等多种形式的老年教育;同年,《中国老龄事业的发展》白皮书发表,指出国家要重视保障老年人的受教育权利,加大投入,积极扶持,推动老年教育事业迅速发展。2010年7月,《国家中长期教育改革和发展规划纲要(2010—2020年)》提出以加强人力资源能力建设为核心,重视老年教育,把老年教育纳入继续教育和终身教育体系,加快各类学习型组织建设,基本形成全民学习、终身学习的学习型社会,进入人力资源强国行列。2011年,国务院颁发的《中国老龄事业发展"十二五"规划》指出要"赋权增能",注重老年人力资源开发,支持老年人老有所为,发光发热,服务于社会经济建设,至此,老年教育的发展进入了全新阶段。同时老年教育也纳入到了学习型社会建设的怀抱,各地在学习型城市建设中,开始纷纷创建形形色色的活动载体,如全民终身学习活动周、全民终身学习大讲堂、读书节、天天课堂等,这些活动载体在一定程度上活跃了老年人终身学习的文化,丰富了学习型城市建设的内涵。

这一时期,在政策引领下,老年教育作为终身教育体系、学习型社会与学习型城市建设的重要地位和角色受到政府的热切关注,老年教育开始正式统摄纳入学习型社会建设与终身教育体系构建的系统中。同时,社区教育得到了进一步发展,社区老年教育的功能日益彰显。在社区老年教育中,首先,社区教育四级管理机构和四级教育网络开始建立;其次,继续加强阵地建设,尤其是重视利用学校这一基础性资源,通过社区与学校互动,充分发挥学校在老年教育中的主阵地作用,如将市民学校、家长学校、科技学校、健康学校、双休日学校、妇女学校、老年学校等文化教育资源进行整合,充分共享利用,开展社区老年教育;再次,开始重视内涵建设,重视老年教育特色课程与特色项目品牌创建。通过边实验、边总结、边提炼、边研究,从中选取有推广价值的案例,将其打造成特色项目品牌,作为范本在实践中推广,发挥典型的示范引领作用。

4. 深化:战略化提升,社会化推进(2012年—至今)

伴随着我国人口老龄化进程的加快,国家对老年教育予以高度关注,进一步丰富了老年教育的战略内涵,老年教育进入到了战略化提升和社会化推进阶段。2012年,中央和国家16个部门联合出台了《关于进一步加强老年文化建设意见》,强调要树立积极的老龄化理念,扩大老年人的社会参与度,营造老年人继续接受教育的良好氛围。2012年和2015年先后对《中华人民共和国老年人权益保障法》进行了修订,进一步强调了老年人继续接受教育是其应享的人权,并提出一定的行动举措,如增强全社会积极应对人口老龄化意识,鼓励全社会办好各类老年学校。2016年7月,教育部等九部门《关于进一步推进社区教育发展的意见》发布,将老年人群作为重点人群予以教育政策关怀,提出社区教育中要大力发展老年教育,一是要加强养老服务体系建设;二是要密布社区学习资源网点,改善基层老年人的学习环境,完善老年人学习支持服务网络;三是要建设一批在本区域发挥示范作用的乡镇(街道)老年人学习场所和老年大学。同年10月,国务院出台《中国老年教育发展规划纲要(2016—2020)》,这是我国发展多年以来第一部老年教育专项规划,尤其是明确提出积极探索养教结合的新模式。在老年养护院、城市社会福利院、农村敬老院等养老服务机构中,设立固定的学习场所,配备教学设施设备,通过开设课程、举办讲座、展示学习成果等形式,推进养教一体化,对未来老年教育的发展将起到不可估量的作用。2017年10月,党的十九大报告中提出构建养老、孝老、敬老政策体系和社会环境,推进医养结合,加快老龄事业和产业发展。至此,老年教育由边缘化走向中心。

这一时期,在相关立法和政策的重视和关怀下,老年教育的重要地位凸显,首先,有关老年教育的理论研究成果不断涌现。有研究老年教育基本理论问题的,如叶忠海的"老年教育若干基本理论问题";有研究老年教育本质属性的,如罗志强的"对老年教育本质的理性思考";有研究老年教育发展模式和运行机制的,如胡庆莲、宋晚生的"终身教育视阈下我国老年教育发展模式探究";有研究教养结合老年教育的,如徐明刚、罗彤彤的"以教促养,教养融合,回归老年教育本源"等,对实践起到了很好的指导作用。其次,实践领域也进行大力推进,重视线上线下服务平台的搭建。在线上平台的搭建中,利用广播、电视、通信卫星等资源,普及信息技术和多媒体教学,打造老年教育远程教育学习服务平台,给老年人群提供便捷的学习机会,老年网络继续教育雨后春笋般出现,教学形式多样,包括慕课、雨课堂等。在线下平台的搭建中,则开放各级各类公共文化设施,利用各级各类教育机构为老年人的继续教育与学习提供学习服务资源。再次,社区作为开展老年教育的主阵地再一次被强化,社区老年学习共同体开始兴起并日益活跃,涌现出了许多国家级星级品牌。与此同时,国家也开始在全国部分示范区、实验区建立社区学习共同体实验基地。目前,上海已建立各类以老年人为主体的社区学习共同体3万多个,杭州有4 000多个。社区学习共同体通过自我组织、自我教育、自我管理开展各种学习与文化活动,丰富了老年人的闲暇生活,活跃了社区文化氛围,起到了辐射效应。第四,倡导老年教育公共治理,鼓励多元主体(政府、企业、民间社团、个人)投资办学,各种非营利性公共文化机构,如文化站、图书馆、博物馆等也在积极创造各种条件,为老年人提供优质的老年教育服务;第五,教养结合、学养结合作为一种新型的老年教育模式受到政府和社会各界的推崇,并在实践中开始推展。

(二) 我国老年教育发展的现实基础

1. 强化政策关怀

政策关怀由愿景目标的确定到内涵的不断丰富,层层推进、不断深入。先是《中华人民共和国老年人权益保障法》(1996)第一次以法的形式提出了要保障老年人的合法权益,提出"养"和"教"的愿景目标——老有所养、老有所医、老有所为、老有所学、老有所乐;然后是《国家中长期教育改革和发展规划纲要(2010—2020年)》以"教"为核心,将老年教育纳入了继续教育和终身教育体系;接着,《中国老龄事业发展"十二五"规划》(2011)致力于丰富"教"的内涵,提出对老年人"赋权增能";之后,《关于进一步推进社区教育发展的意见》(2016)再一次提出"养"和"教"的行动举措,如加强养老服务体系建设,密布社区学习资源网点,加强老年学习机构建设等;接着,《中国老年教育发展规划纲要(2016—2020)》,立足于"养"和"教"的完美结合,进一步提出"养教"融合的战略构想。

2. 形成了一定的办学机构网络

目前我国已经初步形成了老年教育办学机构网络。首先,我国各级政府、有关部门和企事业单位创办了一批老年大学,截至目前,我国老年大学数量已经超过7万所。其次,建立了覆盖市、区(县)、街道(镇)、社区(村)的四级社区教育网络,包括社区大学、社区学院、社区学校、社区分校,这些机构面向社区开展教育,包括老年教育。再次,建立了远程教育机构,如建立了自上而下的广播电视大学和广播电视学校,有些地区的广播电视大学还专门建立了老年学院,为老年人提供学习便利。

3. 线上线下服务平台初步建立

线上服务平台主要是指在网络环境运行下供老年人自愿、自主学习、实现数字化学习教育资源的共享。伴随着我国远程教育的发展，全国省会城市都已经建立了终身学习网，同时通过发放市民学习卡，建立个人学习账户制，积极探索学分银行制和学习成果认证与转换制，服务全社会成员，包括老年群体成员。线下服务平台主要是指社会公共文化设施资源。公共文化设施资源可分为纯公益性文化设施资源和准公益性文化设施资源，其中，纯公益性文化设施资源包括图书馆、博物馆、科技馆等，准公益性文化设施资源包括大中小学校、社区的教育资源。其中的社区教育资源具体表现为社区多功能文化活动中心、文化站及图书馆，以及农村社区的农家书屋等。

4. 重视特色项目品牌创建

特色项目品牌具有丰富的文化内涵，而文化对人的价值观、世界观、审美观具有一定的引领作用。好的文化具有向善性，对人的行为具有一定的正向引领作用。特色项目品牌作为一种文化载体，具有高影响力、高辐射力和高渗透力，具有正能量的传播和扩散功能。社区是老年教育的主阵地，一些社区教育的示范区、实验区在开展社区教育活动中，尤其重视以地域文化为元素的特色项目品牌的创建。通过开发地域文化资源，丰富社区老年教育的内涵，提升社区老年教育的文化品味，使社区老年人群在地域文化的熏陶中，增强地域文化认同感和精神归属感，形成积极向上、文明健康的精神风貌，促进和谐社区的建设。

5. 社区学习共同体在基层社区逐渐兴起

社区学习共同体是指社区居民基于共同的兴趣、爱好及学习需求，以自主、协商、交流、融通、共享为基本特征而形成的一种自我学习、自我管理、自我服务的自组织。社区学习共同体的参与者主要以老年人群居多，其类型有活动类、文化类、服务类、权益维护类、智库类、咨询类等。其形成方式主要有两种：一种是民间自发形成的，然后政府再通过政策扶持进行培育；还有一种是自上而下形成的，主要是指政府通过建立"孵化器"，施以阳光、水分、空气，着力培育而成。目前，在北京、南京、郑州、广州、上海、成都等地建立了社区学习共同体区域推进实验基地，如上海已建立各类以老年人为主体的社区学习共同体 30 000 多个，杭州有 4 000 多个。学共体的类型齐全，丰富多样。

二、我国老年教育面临的困厄

（一）政策紧锣密鼓宣传与民众意识淡漠之间的尴尬

近年来从国家到地方均出台了一系列关于老年教育的政策，积极倡导和宣传老年教育，但民众参与意识普遍淡漠。国务院办公厅印发《中国老年教育发展规划纲要

(2016—2020)》中提出"到 2020 年经常性参与老年教育活动的老年人口占总人数的比例达到 20％以上"的要求。而我国目前老年人口 2.4 亿,仅有 700 多万老年人进入老年大学,占全部老年人口的 0.029％。当然,这里未包括老年人自主教育、社会老年教育。总的来说,目前我国老年人参与老年教育率低,受教育意识淡漠。其中有内在的原因,主要是受传统文化观念的影响,不少老年人认为进入老年期就该退出社会舞台,回归家庭生活,实践中表现为:或者是奉献家庭,帮子女带孩子,含饴弄孙,享受天伦之乐;或者是完全的享乐主义,打打麻将,下下象棋,颐养天年;或者是彻底的悲观消极主义,过一天算一天,于空虚落寞中打发时日。这种观念上的误区导致不少老年人主观上不愿意参与社会活动,从而对老年继续学习接受教育的意识淡漠。

(二)点上烈火烹油与面上荒芜暗淡之间的落差

社区教育是开展老年教育的主要形式。社区教育的发展路径模式是由点及面、典型示范引领。自 2001 年以来,教育部陆续在全国设立社区教育实验区、示范区,但从社区教育的总体发展来看,全国的社区教育示范区、实验区社区老年教育搞得烈火烹油、轰轰烈烈,在政策关怀、经费扶持、品牌创建、学习型组织与自组织创建方面做出了显著的成绩,但这些示范区、实验区在实践中的典型示范作用并未充分发挥,其辐射能力和示范效应仍然较为羸弱。总体看来,老年教育的发展不尽如人意,具体体现在:示范区、实验区与非示范区、非实验区之间的不平衡,示范区、实验区的老年社区教育建立了社区教育四级网络体系,老年教育设施设备较为齐全,活动内容丰富,形式多样化,鲜花著锦,烈火烹油,而非示范区、非实验区的老年教育基本处于沉寂状态。

(三)潜在市场需求巨大与现实优质资源供给稀缺之间的鸿沟

整体上看,我国老年大学的收费较低廉,但存在需求旺盛,供不应求的问题。数据统计结果显示,截至目前,60 岁以上老年人口占总人口的 17.14％,潜在的需求旺盛,但老年教育优质资源严重短缺,我国目前的老年教育机构主要包括老年大学、社区学校以及各种公共文化教育设施如文化活动中心、图书馆、博物馆等。但是其中老年大学仅为 7 万所。社区老年教育服务网点较少,没有形成广覆盖和密集性渗透。各级各类学校资源开放度低,服务于老年教育的责任和义务的理念缺失。各类教育机构与养老服务机构等还没有建立起相互衔接、相互融通、相互合作的社会化服务网络。资源供求的矛盾在农村尤为突出,相对城市的资源供给而言,农村的老年教育供给资源明显不足,目前,除了一些示范区、实验区的农村地区有一些多功能文化活动室、农家书屋等设施,并开展相应的休闲娱乐活动外,大部分农村地区设施匮乏,几乎没有什么老年教育文化活动,老年人修身养性方面的生命本质意志学习诉求更是鲜有问津。

(四) 产品需求多元与产品有效供给不足之间的缺口

老年人接受教育是基本的人权。总的来看,我国老年人对老年教育产品需求总量旺盛,且由于老年人个体年龄、性别、职业背景、家庭状况、兴趣爱好的不同,其对老年教育产品需求又存在着多元化和差异化。而目前我国老年教育机构对老年教育产品的供给总量上来看尚较为丰裕,但在供给结构上存在着错配,表现为供给结构与需求结构的不匹配,导致有效供给不足。教育内容单一陈旧,一般只涉及文化娱乐、科普和养生保健、生活艺能等大众化的内容,较少涵涉深层次的关乎生命成长和完善等方面的课程,如文学、哲学、宗教、生命学、生命伦理学等人文课程。老年教育课程的设置在一定程度上存在着过于迎合老年人表层需求的倾向,老年人深层的关乎生命、生存的潜在需求却被忽略。教育形式和类型也单一,老年教育机构如老年大学、老年学校还是传统的课堂教学为主。老年教育类型应该包括补偿教育、继续教育、闲暇教育三类。但目前我国的老年教育仅止于闲暇教育,忽视了以学历为主要目标的补偿教育和以赋权增能为主要目的的继续教育。

(五) 政府办学活跃与社会办学疲软之间的窘迫

我国政府非常重视老年教育,目前,全国示范老年大学有180所,然而,尽管从国家到地方各级政府也陆续出台一系列的政策法规积极鼓励社会办学,但是社会投资办学的热情并不高。原因在于:一是老年教育是公共产品,其投资回报率低,风险大,收益没保障;二是政府的政策不健全,缺少相应的财政、税费、土地和服务支持等配套支持政策。尤为遗憾的是,由于长期以来老年教育一直独立于正规的教育系统之外,教育部门涉及较少,导致相关的教育办学机构尤其是高校服务于老年教育的意识和理念缺失。目前,就全国来看,仅有20多所高校举办老年教育,如北京师范大学、华东师范大学、陕西师范大学、西安交通大学等有老年大学,以及沈阳大学、浙江大学建立了老年学院外,多数高校的资源并未面向老年群体开放,处于封闭状态。

(六) 多头并进与统筹协调无序之间的遗憾

目前老年教育管理体制存在着不合理,各个行政部门如教育、民政、宣传、老龄办、老干部局等部门多头并进,纵向进行管理,如教育部门已把老年教育纳入社区教育事业发展规划,和乡(镇、街道)共同管理社区教育;民政部门将老年教育作为老年社会福利的重要部分,主管社区社会事务,包括老年电大教育;老龄委也倡导大力发展老年教育,与老干部局共同管理老年学校,其他相关部门也参与其中。但不同部门责权利划分不明确,缺乏统筹协调,导致在实践中各部门权责混乱、相互推诿,沟通与协作少,重复建设,老年教育运行效率低下,影响老年教育的进一步发展。

三、我国老年教育发展的现实超越

(一)加强舆论宣传,搭建平台,提高老年人的参与率

加强舆论宣传,营造敬老、爱老、助老的良好社会氛围,引导并更新老年教育发展理念,倡导积极的老龄化理念。要改变以往视老年人为社会包袱的偏见以及消极养老的模式,将老年教育作为维护老年人基本权益与挖掘可持续发展资源的重要手段。老年教育理念应体现对老年人的尊重与人文关怀,包含"健康尊严、慈爱包容、乐天知命、自强不息、积极参与"等内涵。探索"教养相结合"的老年教育模式,活到老,学到老,以学养老,学有所用,老有所为。不是消极地在退化中老去,而是以乐观积极的心态对待衰老,充分保障老年人的尊严与生命质量。

搭建高效的老年人社会参与平台。首先,建立老年人二次就业、创业提供信息服务平台,包括建立各类老年人才信息库、开设老年人就业指导信息网、开展老年人才招聘会等;其次,建立老年人二次就业、创业社会化培训服务网络体系,帮助老年人二次就业;再次,重视老年志愿者队伍建设,通过对一些身体健康、专业素养高、热爱公益事业的老年人进行正面引导和培训,使更多老年人积极参与到志愿者队伍中,并不断增强其服务意识,提高服务质量,成为老年教育的坚强后盾。

(二)致力于提高社区教育的辐射面,重视示范区、实验区遴选标准的制定

社区教育是老年教育的主阵地。在政策的基础杠杆和重要的导向作用引领下,我国社区教育取得了一定的进展。开始建立了全国范围内实验区、示范区以及省级社区教育实验区、示范区,而且全国也已经有了国家级社区教育实验区、示范区。但截至目前,我国老年教育发展还很不成熟,无论是实验区,还是示范区,都还处于粗放式发展阶段。由于缺乏规范化、标准化建设理念,各地的实验区、示范区发展参差不齐。今后,提升社区教育发展水平,加强实验区、示范区规范化建设将是未来发展的方向。

制定社区教育实验区、示范区的遴选和质量标准体系的原则包括:首先,标准制定应界定"宽"与"严"的适用范畴。基于实验区的实验试点功能属性,对其遴选和评估的标准要适当放宽,基于示范区的示范引领功能属性,对其遴选和评估的标准要以严

为主。其次,注意区域差异性。标准制定在注重共性基础上,应考虑各地区经济文化发展的不平衡性以及特殊性,注意区域政策的倾斜,即对中西部欠发达地区的标准要放宽。再次,标准制定应发扬民主化,倡导自下而上的参与。

(三)多措并举,丰富和优化老年教育资源供给

首先,完善老年教育文化的硬件设施。政府应将老年大学(学校)及老年教育文化场地纳入社会公共设施规划。制定全区老年教育文化基础设施建设标准,市县一级要有合适老年人的图书馆、博物馆、文化馆、老年文化活动中心等非营利性公共文化活动场所。其次,加强社区教育资源整合。社区内的驻地单位包括企事业单位、中小学、高校教育资源整合。实行社企联动、社校联动,释放社区教育资源能量。再次,要大力扶持各种老年教育文化的公益性组织和自组织,加大民办老年教育文化机构的政策扶持与激励力度。最后,要加强工作者队伍建设。如在一些院校中设置相关专业,培养专业化程度高的工作者队伍;规范对老年教育工作者队伍管理,提高管理水平;重视对老年教育工作者的继续教育培训,形成常态化的教育培训机制;加大对老年教育工作者队伍建设的专项经费投入,完善经费保障机制。

(四)重视教育内容、形式和类型的完善,提高老年教育产品有效供给

丰富课程内容,重视老年教育课程开发,采用市场细分的方法,对老年教育课程进行开发。可以根据不同性别、不同受教育程度的群体、不同职业背景的群体、不同兴趣爱好的群体以及不同年龄段的群体进行课程开发,以提高有效需求。首先,建立科学与人文并重的老年新课程体系,增加哲学与心理健康课程,如哲学、宗教、生命学、生命伦理学等,帮助老年人以积极的态度、正确的人生价值观面对生老病死、代际冲突等问题;其次,加强老年人退休前的心理准备教育,老年人退休后生活目标和生涯规划教育,以及如何面对生命死亡的终结(收场、回归)教育与心理辅导;再次,增加有关"赋权增能"职业能力提升方面的课程,加入老年教育发展性和人力资源型内容,并不断对课程进行创新,激发老年人的潜在价值。

丰富老年教育形式和类型。一方面,发展多样化的老年课程形式,除传统的互动式学习(指演讲、对话、辩论等形式)外,还应着力增加团队式学习,体验式、实践式学习(游学)、网课掌上课程等形式。另一方面,鉴于我国老年教育以闲暇教育为主,而补偿教育和继续教育的缺失。今后,要大力发挥高校在老年教育中的功能作用,国家要通过政策法规赋予高校对老年人进行补偿教育和继续教育的责任和义务。

(五)建立多元化办学机制,推进老年教育社会化

2016年7月《教育部等九部门关于进一步推进社区教育发展的意见》提出鼓励、支持和扶持民间社会资本参与社区教育。不难看出,社会公共治理将是我国今后老年教育政策的价值目标取向。但长期以来,我国老年教育一直沿用的是政府行政主导一元化的管理模式和供给体制机制,老年教育办学主体的单一化是制约我国老年教育发展的瓶颈。

首先,政府应该出台政策,鼓励社会资本对老年教育进行投资办学,积极鼓励社会资本、个人多方途径、多种形式发展老年教育。其次,引入市场竞争机制,政府出资购买服务并以招标的方式,使项目外包,让合适的民间组织或个人来承接项目,优化老年教育格局。同时,必须强化高校开门办学、开展老年教育的责任义务理念,着力推进"无围墙老年大学"的建设,如在高校建立老年大学或成立老年学院;采取免费入学,并允许老年人以非注册学员的身份旁听大学课程和公开课讲座等,发挥高校优质资源服务于老年教育的功能,破解老年大学孤掌难鸣、跳独舞、唱独角戏的困境。

(六)建立统筹协调机构,发挥部门协同力

老年教育是一个巨大的社会公益事业,会涉及党政的多个部门,如组织部、教育部、老龄委、文化部、民政部等,虽然这些部门都在开展老年教育,但由于缺乏一个对老年教育进行系统统筹管理的核心部门,使得各部门出现重复建设、协同力差、各自为政的现象。所以必须由政府来统筹协调,建立统筹协调机构,明确各个部门的职责,确立管理主体,同时要将老年教育工作纳入相关部门或者单位的考核内容之中,并建立相关的激励与约束机制,充分调动各个部门的积极性,促使各个部门通力合作,推动老年教育活动的有效开展,提高老年教育的整体运行效率。

参考文献

[1] 林筱文,黄建,朱丽达.中国老年教育发展、管理与政策[J].集美大学学报(哲学社会科学版),2012,15(3):40—45.

[2] 岳瑛.中国老年教育发展的背景和历史回顾[J].天津市教科院学报,2016(2):47—50.

[3] 中国养老金网:http://www.cnpension.net/m/xyh/lndx/29599.html

[4] 丁红玲.终身学习社会化推进研究[M].太原:三晋出版社,2015.6:84.

[5] 丁红玲,王瑞琪.我国学习型自组织发展研究[J].河北大学成人教育学院学报,2013,15(4):5—9.

[6] 汪国新,项秉健,陈红彦.社区学习共同体六个重要话题的讨论[J].当代继续教育,2017,35(2):63—69.

［7］国务院办公厅.国务院办公厅关于印发老年教育发展规划纲要(2016—2020年)的通知[N].2016-10-15.
［8］蒋文宁."养教用"结合的老年教育新模式探索[J].成人教育,2018,38(3):42—45.

我国当代老年教育发展现状评析

张 永[①]

我国是世界上人口老龄化程度比较高的国家之一,至 2016 年末,我国 60 岁以上的人口已经有 2.3 亿,老龄化程度达 16.7%[②]。与此同时,我国已经拥有老年大学、老年学校等教育机构近 6 万所,在校老年学习者 700 万名左右,还有上千万的老年人通过社区教育、远程教育等多种形式参与终身学习,初步形成了多部门推动、多形式办学的老年教育发展格局[③]。

本部分主要是对我国老年教育发展现状的评析,包括着重阐明所取得的前所未有的进展和成就,及其对老年人的全面发展、对整个社会的和谐发展,对整个教育改革的促进作用;也指出当前我国老年教育发展所遇到的挑战,面临的主要问题和不足,及其影响因素分析;最后提出解决老年教育主要问题的思路和对策,包括解决老年教育供给不足问题、老年教育的中心问题——课程体系建设、老年教育可持续发展的关键问题——队伍和学科建设等问题的对策。

一、我国当代老年教育的成就和进展

改革开放 40 年以来,我国老年教育取得了突出成就,其展开的范围之广、规模之

[①] 张永,华东师范大学职业教育与成人教育研究所副教授,老年大学研究中心副研究员。
[②] 国家统计局.中华人民共和国 2016 年国民经济和社会发展统计公报[R/OL].2017-2-28. http://www.stats.gov.cn/tjsj/zxfb/201702/t20170228_1467424.html.
[③] 我国现有老年大学老年学校等教育机构近 6 万所[N/OL].2015-9-23. http://www.moe.edu.cn/jyb_xwfb/s5147/201509/t20150923_209938.html.

大、类型之丰、发展之快、收效之著,令世人瞩目①。

(一)制定老年教育法规,依法实施老年教育

我国老年教育从创办到发展,始终得到国家、政府的重视和支持。1996 年,《中华人民共和国老年人权益保障法》颁布,明确规定"老年人有继续受教育的权利";"国家发展老年教育,鼓励社会办好老年教育";并提出了"老有所养、老有所医、老有所教、老有所学、老有所为、老有所乐"的工作方针。2000 年全国老龄工作会议又提出建立和完善社会保障体系,关心老年人思想,丰富老年人生活,大力发展老年服务,依法维护老年人的权益;同年,中共中央、国务院又下发了《关于加强老龄工作的决定》,各级政府积极贯彻落实该文件的精神,要求"各地要重视发展老年教育事业";2001 年 3 月颁布了《中国老龄事业发展计划纲要》;全国老龄工作委员会办公室等多个部门又联合下发《关于做好老年教育工作的通知》,体现了政府各部门齐抓共管、大力发展老年教育的决心。这一切,都为老年教育事业在新世纪的发展创造了十分有利的条件。

有些地方人大也重视并颁布了加强老年教育的地方性法规。天津市第十三届人民代表大会第三十四次会议,于 2002 年 7 月通过《天津市老年人教育条例》,自 2002 年 9 月 1 日起施行。这是全国第一部老年教育的地方性法规。该法规共 12 条,明确了老年教育的性质和定位,规定了各级政府对老年教育的职能,并把社区基层教育作为老年教育的重点。

(二)多种形式推进老年教育,服务对象不断延伸

中国老年大学产生于 20 世纪 80 年代初,它一诞生就显示了强大的生命力。此后迅速发展,在社会上,乃至世界上产生了积极的影响,引起了世人的广泛关注。1983 年,山东省率先创立了第一所具有中国特色的老年大学,标志着我国老年学校教育迈出了第一步。随后广州、长沙、哈尔滨也相继开办了老年大学。1998 年中国老年大学协会成立后,老年学校教育有了进一步的发展。进入新世纪初期,中国老年学校教育在校学员已经发展到 230 多万人,初步形成了省、市、县、社区(乡、村)老年教育网络,显现了老年大学(学校)教育的社会性、开放性、普及性和终身性。除了举办老年大学

---

① 有关内容参考了中国成人教育协会组.中国成人教育改革发展三十年[C].北京:高等教育出版社,2008. 231—237,481—484;高志敏,崔铭香,贾凡.我国成人教育的十大成就、十大问题与十大对策[J].河北师范大学学报(教育科学版),2008(3);张永,高志敏,马丽华.新世纪中国成人教育发展的成就、挑战与路向——基于 UNESCO 学习型城市六大支柱的视角[J].开放教育研究,2013(5).

以外，各地还采取多种形式发展老年教育，如依托社区开展老年教育，单位对所属老年人员开展老年教育，举办老年广播电视教育、网络教育等等。

中国老年教育从一开始面向离休干部，后来扩展到退休干部、退休工人，现已面向全社会的老人，教育对象极其广泛，差异性也很大。从年龄上，在老年大学创办初期，学员年龄多在55岁至70岁之间。随着人们生活条件的改善，健康水平的提高，80岁以上的学员比例有所增加；又因企业改制、提前退休等政策的实施，学员年龄比例呈现出向两头扩展的趋势。同时，由于学员的经济条件、从事职业、生活经历、身体状况，以及与此联系的精神状态、思想倾向、兴趣爱好、接受能力、学习目的等都有很大的不同，也为班级编排、课程开发、教学方法等方面的多样化提出了强烈要求，并且促进了教育内容丰富多彩，课程设置向全方位拓展。

(三) 正规老年教育作用凸显，老年教育格局基本形成

正规老年教育是指由教育部门主管，由实体化的机构、标准化的场所、功能化的设施、内涵化的业务和专业化的队伍等开展的老年教育。正规老年教育在学制上，坚持多层次教育并存，半年、一年和二年，基础班、高级班和选修班均有，并根据学员要求，进行分层次教学。过程中坚持人性化管理，亲情化服务，入学自愿，专业自选，学习自觉，秩序自律，离校自由，学员学习轻松而愉快，可谓是一种真正的素质教育。正规老年教育促进了社会主义精神文明建设，促进了社会、社区、家庭的和谐稳定，提高了老年学员的生活质量，为积极老龄化和健康老龄化做出了突出贡献。

近几年，上海等地开展了卓有成效的老年教育机构建设，在经历了机构的实体化、场所的标准化、设施的功能化、业务的内涵化和队伍的专业化等建设后，老年教育进入了新的发展阶段，老年学习的社会共识基本形成，老年教育体系基本形成，多模式、广覆盖的老年教育组织创建格局基本形成，为学习型社会建设、城市创新发展奠定了坚实基础。老年大学(社区学院)、社区(老年)学校、村居委示范学习点、社会学习点、养教结合学习点、市民终身学习体验基地等老年教育机构的基础服务能力得到增强，形成了覆盖市、区、街镇乡、村居委的四级老年教育机构服务网络，为社区内的老年人提供着各类优质的终身教育服务，老年学习需求基本得到满足。

(四) 老年教育研究取得进展，学科建设开始启动

由于社会各界的重视，老年教育研究发展较快，呈现出良好态势。老年教育研究主要表现出三个特点。一是老年教育学理论研究与老年教育实践研究并重。研究成果有一部分是对老年教育学进行探索的理论性文章，为丰富老年教育学理论宝库做出

了重要贡献;还有大量的是对老年教育工作事业发展的概述、实践经验的总结、理论学习的体会和工作进展的报道等。二是一般性老年教育研究与区域性、行业性老年教育研究同时进展。从成果看,既有研究地方区域(省、市、县)性老年教育发展、特点及政策的文章,也有研究行业、部门(如石化、交通等)老年教育的文章。多数的论著是一般性老年教育研究成果。三是政策、体制、机制等宏观对策研究成果明显多于老年教育微观管理运作研究成果。这反映出老年教育发展中存在的政策性、体制性、机制性问题得到了人们的重视。四是研究热点呈现出多样化特点,涉及老年教育发展的方方面面。

老年教育事业的快速发展,必将为其理论研究提供更加厚实的基础;老年教育实践在快速发展进程中,必将迫切呼唤科学理论的引导。这种相辅相成的关系,必将进一步促进老年教育研究更快地发展,产生出更多水平更高的成果,并启动老年教育学科建设。上海市终身教育研究会学术委员会推出了《老年教育理论丛书》[①],从教育学、经济学、管理学、心理学等多学科视角聚焦老年教育研究,为老年教育的学科理论体系建构迈出了可贵的一步。该丛书力求满足老年教育工作者认知和工作实践的需要,成为发展老年教育的理论参考书,为老年教育实践服务;力求满足中国特色老年教育科学体系建设的需要,成为国内老年教育科学初创时期的有影响力的著作,为老年教育科学建设服务。

二、当前我国老年教育发展的所遇到的主要挑战和问题

我国当代老年教育在取得重大成就的同时,又存在一系列需要予以尽快突破的瓶颈问题。

(一) 老年教育权利保障不充分

从法律制度看,截至 2017 年底,在老年教育领域,我国已基本形成以《宪法》为基础,以《老年人权益保护法》为主体,包括《教育法》等在内的一系列法律法规,确认了老年人的受教育权利和平等公正的教育资源分配原则。但仍存在教育权利保障不充分的问题:一是从国家层面来看,至今没有专门的一部老年教育法律;二是老年教育保障仍较多止于教育权利在法律上的确认,权利的实现仍缺乏具体的、可操作的规定;三

---

① 该套丛书首批已于 2014 年由同济大学出版社出版,包括《老年教育学通论》、《老年教育心理学》、《老年教育管理学》、《老年教育经济学》和《海外老年教育》五本。

是《老年人权益保护法》"丰富精神文化生活"的老年教育定位忽视了老年人的主体性和能动性,制约了教育对老年人生存发展能力提升的作用。

从我国老年教育的现实看来,我国老年教育忽视了教育"赋权增能"的基本功能[①],即保障公民的受教育权利,实现老年人的社会参与能力和自我实现能力的提高。我国老年教育最主要的功能是以丰富老年人文化生活为核心理念的保健功能,其他功能虽有所涉及,但并不占据主导地位。

1999年出版的美国《社会工作词典》对赋权增能的解释为:"帮助个人、家庭、团体和社区提高个人的、人际的、社会经济的和政治的能力,从而达到改善自己状况的目的的过程"。从这一界定看,赋权增能的核心在于强调"权力"或"控制力"(Power)。但实际上,"赋权增能"一词是从"Empowerment"翻译过来的,有着非常复杂和丰富的内涵,如充权、增权、赋权、权能激发、居民授权、促能等。

依据目前中国老年人口的特征和教育需求的特点,以及教育权利缺乏充分保障、忽视通过教育提升其生存发展能力的现实,"Empowerment"用中文解释实际上应包含两个层面的内容——赋权和增能[②]。

首先,"能力"或"权力"目标的实现必须基于"权利"(right)。目前老年人的教育权利无论是从法律法规,还是从政策制度上都没有非常清晰、明确和完善的规定。在此情况下首先必须保障老年人的受教育权利,只有真正享有了受教育权利才能谋求因教育而实现的"权力"。基于公平原则,开展老年教育赋权行动以保障所有老年人特别是弱势老年人的受教育权利。

其次,受教育权利的实现结果是生存发展能力(Power)的提升。老年教育权利资源的单向输送并不能最终实现老年人因教育而获得的利益。只有把老年人作为有潜能的社会个体或群体,以自主、自助和潜能开发为原则,培养其科学的思维方式,唤醒其权利意识与主体意识,为其提供生存发展能力的策略、理念和技巧学习机会,引导他们从自我处境出发,争取多元层面的介入和社会资源的协助,从而逐步获得或增强对生命的掌控能力,才能真正实现其生活质量的持续改善。

总之,老年教育的赋权和增能是有机统一的,无论是赋权,还是增能都是面向老年人的,赋权的目的在于增能,增能的需求也为赋权提出要求,彼此密切联系、统一于老年教育体系中。在现有的老年教育运行体系下,与老年教育相关的制度、机制、环境和心理都尚未充分赋权于老年人,老年人的受教育权利亟需保障。同时,在老年教育活

---

① 潘澜.我国老年教育的功能及其实现机制新探[J].成人教育,2010(2).
② 王英,谭琳.赋权增能:中国老年教育的发展与反思[J].人口学刊,2011(1).

动开展过程中,对老年人的生活应对、变化适应和社会参与能力尚缺乏系统、专业的指导和训练,现阶段老年教育对老年人生存发展能力提升的作用还较为有限。

(二) 老年教育资源分布及其使用不均衡

至 2008 年末我国已有老年人口 1.6 亿,占总人口的 12%,占全球老年人口的 21.4%,占亚洲老年人口的 40%,且平均每年增加 596 万(年增长率 3%),高龄(≥80 岁)老人 1 600 万(年增长率 5%)。中国目前约有 1 万多百岁老人,每百万人口中平均有 8.9 个百岁老人,达世界之冠。2010 年第六次全国人口普查结果显示,≥60 岁人口为 1.776 62 亿,占总人口 12.3%。研究表明,2001—2020 年,中国社会处于快速老龄化阶段,中国平均每年将增加 596 万老年人口,年均增长速度达到 3.28%,大大超过总人口年均 0.66% 的增长速度。到 2020 年,老年人口将达到 2.48 亿,其中,80 岁及以上的老年人口将达到 3 067 万人,占老年人口的 12.37%。

与老年人持续增长的教育需求相比,中国老年教育的发展相对滞后,存在覆盖面小、教育机构分布不平衡等诸多问题。虽然制度、资金等资源投入不足会对老年教育产生负面影响,但教育既是一种结果,也是一个过程,探讨老年教育的可及性不仅需要研究老年教育资源是否得到充分的配置,还要明确有限的老年教育资源能否为老年人真正拥有和使用以及老年教育能否有效提升老年人的生活水平。

如何促进老年人广泛而有效的社会参与,提高老年人口的生活质量是老龄化社会必须要面临的挑战。老年教育作为实现积极老龄化的重要途径正在引起普遍关注。相对于我国"正规"的老年大学而言,"非正规"老年教育是指除"正规"老年大学以外的多种形式的老年教育,主要包括社区老年教育、大众传媒中的老年教育和老年人自发组织的老年教育。"非正规"老年教育以其灵活性、参与性和低成本等特性契合了中国老年人口的特点,能够更有效地适应老年人的教育需求,是提升老年教育可及性的重要途径[①]。

老年教育的可及性意味着社会应为所有老年人提供充分的教育资源并保证其进入老年教育领域,并在教育参与中,实现老年人生活质量的持续改善。从这个角度出发,老年教育的可及性可分为三个层面:一是供方可及,通过制度或政策等教育资源的充分供给保障老年人的入学机会;二是需方可及,保证老年人参与教育,即在老年教育已经覆盖的地区,老年人不因受教育程度低、收入水平低、教育信息缺乏等因素被排斥在教育体系之外;三是教育成果可及,通过教育参与增强老年人的生存发展能力,提

---

① 王英,谭琳."非正规"老年教育与老年人社会参与[J].人口学刊,2009(4).

高生活质量,推动老年人、家庭、社区和社会的和谐发展。这三个层面的可及性循序渐进,相互促进,没有教育资源供给,老年人就无法获得入学机会,也就不可能参与教育和享受教育成果。

王莹和谭琳根据"教育资源供给—教育参与—教育成果"框架,以及2008年4—5月对北京、山西、陕西、甘肃、四川五个社会经济发展状况和老年教育活动差异较大的省市的600位老年人问卷调查(实际获得有效问卷493份)数据,审视和分析了中国老年教育的可及性问题[①]。

在教育资源供给方面,老年教育保障不完善,学校建设滞后,社区及附近公园开展的教育活动更具可及性,教育信息的输送仍主要依赖老年人的人际交往实现。

在教育参与方面,参与教育的老年人持续增长,低龄、女性和受教育程度高的老年人教育参与率较高;老年人对有关身体健康和家庭生活等的实用知识最感兴趣,休闲娱乐类课程也受到老年人的青睐;此外,老年人对电脑科技类知识的学习需求已经显现。在休闲时间老年人多收看收听电视广播和闲谈,在室外活动时间老年人多参与体育锻炼和玩牌观棋,一些老年人也花时间上网娱乐。

在教育成果方面,尽管一些老年人对教育的重要性缺乏认识,担心教育可能带来的经济支出,认为教育与需求不契合,但绝大多数老年人认为参加教育能有效提高自己的生活品质。

(三) 正规的老年教育有待完善

正规的老年教育,尤其是我国高校举办的老年大学存在着诸多现实问题[②]。

一是促进老年人参与学习的动机问题。随着老龄化社会的来临,参与教育的老年人将愈来愈多,但影响老人接受继续教育的因素既有积极的也有消极的。消极因素有:缺乏资源、资金限制、课程设计问题和老年教育知识的缺乏。教育机构如果要延揽老年人,必须针对上述这些因素,提出应对策略。因此,老年教育工作者应面对可能发生的问题,提出解决策略,如此才能促进老年人参与学习活动。

二是学制与入学条件的定位问题。先进国家在举办老年教育的机制上十分具有弹性,如美国的北卡创造性退休中心(North Carolina Center for Creative Retirement)即是通过大学的支持举办老年教育,并派人与大学共同分担行政、管理与教学上的任

---

① 王英,谭琳.中国老年教育的可及性研究[J].学术论坛,2010(3).
② 陈勇军.老人发展的重要途径——高校举办老年继续教育的困境与对策研究[J].继续教育研究,2010(9).

务。然而,我国高校在举办老年教育的机制上仍然依循教育部的指示统一举办,很少以学校发展特色为本位,或以社区本地化特色为主,这已经严重影响了老年继续教育的进一步发展。

三是校园环境与设备的配套问题。目前高校多为年轻人所独占,其校园设施,教室课桌椅的安排,照明设备的装置等,几乎都是以年轻人为考虑。即使校园内有进修部、进修学院的成人学生,大部分的学校仍多沿用传统学生的教室、课桌椅及软硬件设施。面对"灰色校园"的即将形成,如果校园的软硬件设施仍沿用传统学生的设备,恐无法满足老人需求,甚至将造成不便,并影响其就学的意愿。

四是课程内容的设计与实施尚待规划。马克拉斯基(H. Y. McClusky)认为老年教育的提供者必须试图满足老人的五种学习需求:应付的需求——应付复杂社会的能力;表达的需求——从活动的参与获得自我的满足;贡献的需求——从贡献自己、扶助他人来肯定自我;影响的需求——经由政治活动或公共事务影响他人;超越的需求——体验与超越生命、寻求生命意义。因此,课程内容应包括老化与健康、老人人力资源教育、生活调适、公共论坛、财务管理、情感教育等方面,涵盖应付生活、应付工作及体验生命等方面。这种多样化的课程内容有待专业人士审慎规划,是高职院校举办老年继续教育需要改进的地方。

五是老年教育教师的专业能力不足。目前高职院校的从事老年教育的教师,大多是兼任的,并不了解老人在教学、课程、评量和师生相处上的特殊要求,多沿用其在全日制教育的授课模式,结果容易造成师生之间关系的紧张。

(四) 老年教育科学理论研究有待加强

从总体发展而言,我国老年教育的理论研究落后于实践探索。理论指导的缺失将会制约我国老年教育的可持续性发展。在我国人口老龄化趋势日益显著的今天,这是急需解决的重要问题。我国老年教育科学理论研究仍处于初创阶段,其特点是"五多五少",即多的是工作研究,少的是基础理论研究;多的是零散研究,少的是系统研究,更缺少的是学科体系研究;多的是宏观一般关系研究,少的是微观深入教学、课程研究;多的是老年学校教育研究,少的是整个社会老年教育研究;多的是单兵作战,少的是联合攻关研究。可见,我国老年教育理论研究远不能满足老年教育事业和老年教育工作者发展的需要。

老年教育的发展不仅包括规模、数量等外延方面的扩展,也包括内涵质量的提升。老年教育课程与教学是老年教育内涵发展的重要方面。威兹诺(Withnall)曾建议:"有关第三龄大学的一个可能的发展方式是改变当前从教育到学习的重心,并通过对它在生命历程视角中的定位来探讨老年人赋予学习的真正意义是什么。"[①]但就目前而言,学界较少关注老年人教育课程设计的科学验证及理论建构,并且从老年人作为学习者这一基本理念出发,对老年人学习动因、方式与内容等方面进行探讨的相关研究更为缺乏。

三、我国老年教育发展的对策[②]

老年教育一方面因瓶颈问题,面临挑战;另一方面,也因处在社会改革发展的大好时机,其发展充满机遇。为此,必须锐意改革、突破瓶颈;必须解放思想、开拓创新。具体而言,为了开创老年教育趋向纵深发展的全新局面,需要在以下多个方面有所创新、有所突破。

(一) 创新老年教育体制机制

创新老年教育体制机制,是老年教育改革的核心和发展的动力。2016年10月《全国老年教育发展规划(2016—2020年)》(以下简称《规划》)问世。《规划》将"老年教育发展机制创新"列入"十三五"老年教育发展的主要任务。老年教育体制机制创新是关键,通过体制机制创新,增强和解放社会活力参与老年教育。

1. 创新发展体制,以多种模式整合社会资源

实践证明,可有多种途径和方式:一是建立城市顶层统筹协调机构,整合社会老年教育资源,如上海等城市经验;二是整合跨系统的老年教育办学机构,一体化推进老年教育发展,如温州等城市经验;三是建立老年教育共同体或联合体或协作组织,共享社会老年教育资源,如杭州等城市经验。

2. 创新发展机制,鼓励社会力量参与老年教育

实践证明,可从多方面努力:一是通过政府购买服务、项目合作等多种形式,支持和鼓励各类社会力量举办或参与老年教育,如广州经验;二是激发社会组织活力,充分发挥社会组织在老年教育中的作用。《规划》提出:"支持老年教育领域社会组织发展","充分发挥社会组织在老年教育中作用"。

(二) 扩大老年教育供给

国内外老年教育的成功实践表明,要满足老年群体的学习需求,必须首先转变

---

① 博尔顿-刘易斯. 老年教育与学习:为何学、如何学、学什么[J]. 终身教育研究,2017,28(3).
② 叶忠海. 中国老年教育发展的若干问题[J]. 河北师范大学学报教育科学版,2017(5).

两个传统观点:一是转变老年教育就是学校老年教育,学校老年教育只占老年教育的很少部分,不能绝对等同于整体老年教育;二是增加老年教育的供量即加大投入。增加供量当然需要加大投入,但不仅如此,途径和方式是多元的,如创新发展机制和模式,同样可以增加老年教育供量。要建立和完善老年人自主教育、基层社区老年教育、学校老年教育、远程老年教育、社会老年教育"五位一体"的老年教育发展新模式。

这五种老年教育发展新模式,优势互补、资源共享、分工协作,共同为满足老年人学习需求服务。当"五位一体"老年教育发展新模式完善之时,即是老年教育供给结构优化之时,我国老年群体的学习获得感将会大幅提升,从而可有效地提高老年人的生活质量。

(三)加强老年教育课程体系建设

课程是老年教育教学的中心问题,课程体系建设是老年教育教学工作的中心环节。课程直接关系到老年教育质量,直接关系到老年教育宗旨的实现。

1. 重视老年教育特色课程的建设

这里讲的老年教育特色课程,是相对于非老年教育课程而言的。不仅是指老年大学特色课程,是指总体上的老年教育特色课程。建设老年教育特色课程,是由老年人身心发展规律和特征、老年教育的内涵和宗旨所决定的。

当然,老年教育特色课程,是多类型、多层次、多形式的。就类型来说,有退休准备类、养生保健类、文化修养类、闲暇生活类、代际沟通类、生命终结类等特色课程;就层次来说,有不同老年期的特色课程;就形式来说,有团队式、体验式、活动式、养教式、游学式等特殊学习形式。

2. 研究和探索老年教育课程体系的建设

作为系统的老年教育课程的构建,必须遵循系统论的基本原理——整体相关性。所谓整体相关性,即系统与部分、部分与部分、系统与环境之间整体联系的统一性。据此,老年教育课程系统建设,既要考虑课程系统内部诸要素一体化,又要考虑课程系统与外部系统相协调。就前者而言,需注意不同老年期课程的纵向衔接问题和不同性质、不同类型老年教育课程的横向沟通问题。

要达到不同老年期课程的纵向衔接的要求,就要对整个老年期课程进行总体设计,并围绕不同老年期教育的主题,设计特色核心课程及其相互衔接。准老年期教育,要围绕"准备退休"主题设计特色核心课程;低龄老年期教育,就要围绕"转变角色"和"潜能开发"主题设计特色核心课程;中龄老年期教育,要围绕"再调整发展"主题设计特色核心课程;高龄期教育,要围绕"自我保护与超越"主题设计特色核心课程。每阶段老年期特色核心课程之间,应环环紧扣,前后衔接,螺旋式上升。要达到不同性质与类型老年教育课程的横向沟通的要求,同样要在课程总体设计的基础上,根据每类老年教育的性质和宗旨设计特色核心课程,并加以相互协调和沟通。根据增进健康、延年益寿的宗旨,设计保健养生类老年教育特色核心课程;根据增长知识、调节智能的宗旨,设计职业智能类老年教育特色核心课程;根据陶冶情操、完善人格的宗旨,设计文化修养类老年教育特色核心课程;根据丰富生活、享受快乐的宗旨,设计休闲生活类老年教育特色核心课程;如此等等。

(四) 推动老年教育可持续发展

1. 夯实老年教育发展的基础

要加强老年教育内部的基础性建设,包括制度建设、基地建设、学科建设、课程建设、队伍建设等。对此,《规划》提出"老年教育机构基础能力提升计划",并将其列为"重点推进计划"。就基地建设而言,应建立和完善县(市、区)老年大学—乡镇(街道)老年学校—村(居委会)老年社区学习点的老年教育系统。就学科建设而言,以文化自信和创新的思想定力,加快推进中国特色的老年教育学科建设。具体而言,以文化自信、学术自信为核心,引领老年教育学科的"学科体系"、"学术体系"、"话语体系"建设,以求列入《学科分类与代码》(中华人民共和国国家标准)。就队伍建设而言,整合社会人才资源,建设以专职人员为骨干,兼职人员和志愿者为数量主体的老年教育教学和管理队伍。

2. 营造老年教育发展的良好外部环境

建立和完善"两个体系"——终身教育体系和老龄事业体系。老年教育体现着教育的终身性,是终身教育的最后阶段和重要组成部分。老年教育可持续发展,又必须置于终身教育体系构建和完善之中。老年教育又是老龄事业系统的重要内容和方面,老年教育的可持续发展又必须融入到老龄事业系统的发展之中。"两个体系"的构建和完善,是老年教育可持续发展必要的社会条件。

切实落实老年教育的各项保障条件,包括组织保障、法制保障、经费保障、队伍保障、舆论保障等。其中法制保障,就要切实落实《中华人民共和国老年人权益保障法》第七十条所规定的"国家发展老年教育,纳入终身教育体系,各级政府要加强领导、统一规划、加大投入。"

参考文献

[1] 国务院办公厅.国务院办公厅关于印发老年教育发展规划(2016—2020年)的通知[N].

2016-10-05.
[2] 叶忠海. 老年教育若干基本理论问题[J]. 现代远程教育研究,2013(6):11—16.
[3] 叶忠海. 老年教育学通论[M]. 上海:同济大学出版社,2014.
[4] 国家统计局. 中华人民共和国 2016 年国民经济和社会发展统计公报[R/OL]. 2017-2-28. http://www.stats.gov.cn/tjsj/zxfb/201702/t20170228_1467424.html.
[5] 我国现有老年大学老年学校等教育机构近 6 万所[N/OL]. 2015-9-23. http://www.moe.cn/jyb_xwfb/s5147/201509/t20150923_209938.html.
[6] 中国成人教育协会组. 中国成人教育改革发展三十年[C]. 北京:高等教育出版社,2008.
[7] 高志敏,崔铭香,贾凡. 我国成人教育的十大成就、十大问题与十大对策[J]. 河北师范大学学报(教育科学版),2008,26(5):38.
[8] 张永,高志敏,马丽华. 新世纪中国成人教育发展的成就、挑战与路向——基于 UNESCO 学习型城市六大支柱的视角[J]. 开放教育研究,2013(5):30—37.
[9] 潘澜. 我国老年教育的功能及其实现机制新探[J]. 成人教育,2010(2):78—80.
[10] 王英,谭琳. 赋权增能:中国老年教育的发展与反思[J]. 人口学刊,2011(1):32—41.
[11] 王英,谭琳. "非正规"老年教育与老年人社会参与[J]. 人口学刊,2009(4):41—46.
[12] 王英,谭琳. 中国老年教育的可及性研究[J]. 学术论坛,2010,33(8):173—177.
[13] 陈勇军. 老人发展的重要途径——高校举办老年继续教育的困境与对策研究[J]. 继续教育研究,2010(9):13—14.
[14] 吉莉安·博尔顿-刘易斯,李洁. 老年教育与学习:为何学、如何学、学什么[J]. 江苏开放大学学报,2017,28(3):49—56.

中国老年教育发展展望

黄 莹[①]

    发展老年教育是我国基于国情应对人口老龄化的一项重大国家战略。中国老年教育与改革开放40年历程相伴而行,从无到有,再到慢慢壮大,其发展历程经过初创期、推广期、发展期、繁盛期。特别是近年来,在积极老龄化理论的影响和国家对老龄事业的重视及推动下,老年教育事业获得空前发展并取得显著成绩。覆盖全国的老年教育框架体系已基本形成,全国有810多万老年人在6.2万多所老年教育机构学习,上千万老年人通过社区教育、远程教育等各种形式参与老年教育[②]。可以说,中国老年教育呈现出从未有过的蓬勃发展之势。然而,我国未富先老、未备先老、老年人口基数大等问题仍然存在。据国家老龄委预测,到2020年,我国60岁以上的老年人口将达到2.48亿人,老龄化水平将达到17.17%;到2050年,老年人口总量将超过4亿人,老龄化水平将达到30%以上。快速增长的老年人口无疑会形成强大的老年教育需求。如何更好地维护老年人的受教育权、满足老年教育多元化和多层次需求、解决老年教育发展不均衡不充分问题、促进老年教育事业健康可持续发展,则需要我们以全局视野和战略眼光审视和研究未来我国老年教育的发展,提出我国未来老年教育发展的战略构思。

[①] 黄莹,华东师范大学老龄工作办公室硕士,老年大学研究中心研究人员。
[②] 人民网.我国老年教育机构达6.2万所框架体系已基本形成[EB/OL]. http://society.people.com.cn/n1/2018/0412/c1008-29920393.html. 2018.4.12.

一、老年教育的发展理念

老年教育的发展理念,是开展老年教育的价值定位和理论支撑,是进行老年教育实践的指导思想和原则。秉持的老年教育发展理念将直接关系我国老年教育的发展走向以及广大老年群体的生活质量和幸福指数。

十八大以来,以习近平同志为核心的党中央,描绘了全面建成小康社会、加快推进社会主义现代化的宏伟蓝图,向中国人民发出了实现"两个一百年"奋斗目标的时代号召。十九大则明确指出,中国特色社会主义进入新时代,我国社会主要矛盾已经转化为人民日益增长的美好生活需要和不平衡不充分发展之间的矛盾。到本世纪中叶,我国老年人口总量将超过4亿人,老龄化水平将达到30%以上。可以说,人民日益增长的老年教育需要和老年教育不平衡不充分的发展之间的矛盾是当前和今后很长一段时间内我国老年教育的主要矛盾。如何应对和解决全国三分之一的老龄化人口的教育问题,不仅是化解社会主要矛盾的必然要求,也关系到国家两个百年目标的实现。基于国际老年教育发展形势和我国的基本国情,未来我国老年教育应遵循以下发展理念。

(一)坚持积极老龄化理念,保障老年人权益

进入21世纪,"积极老龄化"行动在全球范围内展开,积极老龄化从新的高度诠释了老年人的角色、价值和生命的意义,它是老龄观的一次革命性变革。积极老龄观认为老年人不是社会的拖累而是社会的宝贵财富,具有很大的开发潜能,他们同样是社会发展的参与者和推动者。未来我国老年教育仍需坚持积极老龄化理念,让老年人积极面对老年生活,不仅要保持生理、心理、智能等方面的良好状态,而且要作为家庭和社会的重要资源,融入社会,参与社会发展。在我国实现全面建成小康社会和实现社会主义现代化的宏伟蓝图中,老年人发挥着重要的作用。

未来老年教育要尊重老年人的学习意愿,保障老年人接受教育的基本权利和老年人学习行为的自主性。同时,老年教育要促进老年人的社会参与权,尽量为老年人搭建参与社会建设和共享社会发展成果的条件和平台。通过老年教育"赋权增能"提升老年人生活掌控能力、变化适应能力和社会参与能力。这是老年教育发展的根本要求,也是我国实现两个一百年奋斗目标的有效保障。

(二)坚持终身教育理念,建设学习型社会

老年教育是终身教育的重要组成部分,是终身教育体系的中的重要环节。要创建

全民学习、终身学习的学习型社会,必须构建起终身教育体系。而发展老年教育是构建终身教育体系,建设学习型社会的必然要求。十九大强调了继续教育和老龄工作的重要性,并提出了战略要求和伟大目标,即"完善终身教育,建立学习型社会"。随着科技的发展,如基因工程、再生医学和纳米技术的飞快进步,人的预期寿命不断延长。有学者甚至预言,在21世纪人类很有可能要以长生不死为目标。这样背景下不仅家庭结构、婚姻和亲子关系将大为改观,人类的职业生涯也将会比现在长很多,甚至到90岁仍须每天学习新知识。可见,坚持终身教育,建设学习型社会不仅是实现全面建成小康,构建文明和谐社会的需要,也是人生命发展的内在需求。

(三) 坚持开放多元理念,创新老年教育格局

国务院发布的我国第一部老龄事业规划《"十三五"国家老龄事业发展和养老体系建设规划》(2017)要求"牢固树立和贯彻落实创新、协调、绿色、开放、共享的发展理念",表明到2020年基本形成"老年教育新格局"①。面对庞大的老年教育群体,单靠政府或市场都无法满足老年教育的广大需求。老年教育需要以开放包容的心态,激发和鼓励各种社会力量参与老年教育。无论是政府、企事业单位、社会组织,还是教育机构,都应该有共生、共享意识,对老年教育给予政策、资金、场地、设施和人员等方面的支持。同时,随着现代科技的进步和信息技术的发展,多元化的教育形式和智能化的教学手段将在老年教育中广泛应用。教育部办公厅印发《2017年教育信息化工作要点》力主构建"网络化、数字化、个性化、终身化"的现代化教育体系②。相信未来的老年教育将在信息化、网络化、智能化等现代教育技术的助推下实现更优更快发展。

(四) 坚持以人为本理念,追求人与社会和谐发展

人本主义强调以人为中心,主张实现个体的需求,追求个体的自我实现。然而,长期以来由于教育理念的落后、老年教育体制的僵化、社会群体的漠视、家庭的束缚,将老年教育推向"享乐主义"的边缘。老年人只能被动地接受老年教育,而不能将实现自我价值作为晚年追求。因此,老年教育不仅仅只是一句"办老年人满意的教育",让老年人可以消磨时光和追求开心的娱乐教育,而要帮助老人满足更高层次需求。要开展"全

---

① 国务院印发"十三五"国家老龄事业发展和养老体系建设规划. 2017年3月6日. [DB/OL]. [2018-03-01]. http://www.gov.cn/xinwen/2017-03/06/content_5174100.htm.
② 教育部办公厅印发《2017年教育信息化工作要点》. 2017年1月25日. [DB/OL]. [2018-02-15]. http://www.gov.cn/xinwen/2017-02/21/content_5169817.htm.

人教育",注重对老年人智力的培养,关注老年人的情感需求,提高老年人的社会参与能力,挖掘老年人的艺术细胞和创造性。要开展"生命教育"关注老年人的内在生命价值。老年教育逐渐从培养老年人才、提高老年人素质转变为提高老年人生命质量和生命价值的教育活动。从整个社会层面来看,还需重点关注老年人中弱势群体的教育需求,如孤寡老人、独居老人、身体状况欠佳及文化程度较低的老人,进一步扩大老年教育范围,满足不同类型、不同层次老年人的教育需求,推进教育公平,实现人与社会的和谐发展。

二、老年教育发展的目标

老年教育发展的目标是未来我国老年教育发展的航标和指南针。2016年10月,《全国老年教育发展规划(2016—2020年)》(以下简称《规划》)问世,这是我国首部老年教育规划,展示了未来五年老年教育的发展蓝图,对我国老年教育的发展具有里程碑的意义。《规划》主要目标提出:"到2020年,基本形成覆盖广泛、灵活多样、特色鲜明、规范有序的老年教育新格局。"[1]

新时代、新作为。面对人民日益增长的老年教育需要和老年教育不平衡不充分的发展之间的矛盾,在《规划》的基础上,需要着眼更长远的思考,进一步拓展和深化老年教育发展的广度和深度,使我国老年教育推进到全面展开的新阶段。未来老年教育即到2035年,要以不断解决老年教育供需矛盾为主轴,进一步拓展老年教育的广度,深化老年教育的深度,提升老年教育的高度,加大老年教育工作的力度,形成具有时代特征、中国特色、老年教育特性的现代化老年教育体系。未来不仅要为老年人提供充足的老年教育,还要尽可能地提供让不同类型和层次老年人都满意的老年教育;不仅要让老年人在接受教育的过程中实现自身更好更全面的发展,还要让老年人成为老年教育的组织者和领导者。总之,未来老年教育发展的目标应在终身教育体系的关照中,在学习型社会的构建下,按照老年人的发展需求,为老年人的自我实现和社会和谐发展提供有力支持和保障。

三、老年教育发展的重点

唯物辩证法认为,矛盾是普遍存在的,其中起主导和支配作用的是主要矛盾。研

---

[1] 国务院办公厅关于印发老年教育发展规划(2016—2020年)的通知(国办发[2016]74号)[EB/OL]. http://www.gov.cn/zhengce/content/2016-10/19/content5121344.htm,2016-10-20.

究老年教育发展的重点就是要抓住老年教育的主要矛盾,对标老年教育发展目标中的关键环节和重点领域。

(一) 老年教育供给充足

随着我国人口深度老龄化带来老年人精神文化需求的快速增长,对老年教育的资源供给能力提出重大挑战。提供充足的老年教育是未来我国老年教育发展的首要目标,要尽可能实现人人、时时、处处都可获得老年教育的新局面。因此,老年教育供给不能仅局限于绝对供给量,而应以系统思维加以思考。要以"供给侧推动"为主,"需求侧拉动"为辅,遵循老年教育规律,坚持教育供给规范化;消除壁垒,完善老年教育供给体系;多元参与,提高老年教育供给质量;以老年学员需求为本,促进老年教育供给多样化。只有供给充足,老年人的受教育权才能真正得以保障,老年教育才能实现更高层次和更优质的发展。

(二) 老年教育的均衡化

老年教育的均衡化发展是保障老年人教育权和实现老年教育公平的重要举措。中国幅员辽阔,受经济社会文化发展不平衡的影响,我国老年教育存在地域之间、城乡之间发展的不平衡,即使在发达地区也同样存在不同阶层、不同居住区域与不同社会身份的老年人群接受老年教育的差异。同时,受年龄、职业、性别、文化程度、身体状况、兴趣爱好等自身因素,以及居住环境、社会交往、教育程度等外在因素的制约,以及人们日益增长的美好生活向往,老年教育也呈现各层级各类别需求的不平衡。据此,不仅要加大投入,还要建立均衡配置老年教育资源的机制;不仅要通过多种举措帮助弱势老年群体参与老年教育,还要创新思路满足日益多元和高水平的老年教育需求。

(三) 老年教育的规范化

伴随老年教育的发展,规范化办学将成为其持续、更好、更快发展的重要手段。老年教育的规范化包括老年教育相关法律制度更加完善,各项管理制度更加健全,各种运行机制更为有效。如加快《老年教育法》、《老年教育条例》的制订;成立各级老年教育综合管理机构,承担各级老年教育的规划制订、组织管理、指导协调、评估考核等综合管理职能;创新协同发展机制,打破社会、政府、高校、行业企业间老年教育的资源壁垒,破除体制和机制的障碍,既各司其职、各展其能,又相互协同,形成合力。

（四）老年教育的多元化

老年教育的多元化包括办学主体多元化，教学目标、内容、形式和手段的多元化。老年教育的需求压力，仅靠政府一己之力很难化解。应积极倡导以政府投入为主，多种社会力量并举的老年教育办学格局。同时，老年人的学习需求是一种超越了功利性的需要，为了培养适应现代社会发展的"新老人"，在教育目标、内容、形式和手段上，既要结合老年教育的特性开设丰富多彩的课程，也要充分运用现代化的技术创新老年教育的形式和手段。此外，还可以根据老年人自身需求进行个性化定制。让老年人能够上他们喜欢的学校，学他们想学的内容，以他们喜欢的方式学习。

（五）老年教育的现代化

老年教育的现代化应该包括便捷化、信息化、专业化。便捷化是指老年人在获取老年教育时可以不受时空限制，不受自身身体机能退化或行动不便等因素制约，可以十分容易的就近、方便、快捷地获得老年教育资源，切实提高老年教育的可及性。信息化是指老年教育的基础配套设施更健全，教育手段更先进和智能。专业化是指老年教育的学科体系、课程体系和师资培养更趋于科学合理，老年教育服务支持体系更趋完善，如未来将为老年人提供专业化的老年教育辅导和老年学习生涯规划等咨询服务。

四、老年教育发展的特色

（一）遵循老年身心发展规律提高老年教育适切性

老年人是老年教育的主要对象，在步入老年期以后，老年教育对象在生理、心理和社会方面有其独特性，并对教育学习活动的参与带来一定影响。因此，老年教育需要遵循老年人的身心发展规律和特点。一是充分考虑老年人生理机能退化因素，扫除老年人参与学习活动的障碍。如，放大投影片内容的字体方便老年人辨认，教室课桌椅的高度要适中等。二是充分考虑老年人在认知功能、人格及情绪等方面的独特心理特征，减少老年人在教育过程中的挫败感，增进他们的成就感。如，针对老年人反应迟缓、动作缓慢的特点，可适当调整教学节奏；针对自尊心强、学习信心不足的特点，可营造轻松愉快的学习氛围，充分肯定老年学习者的进步；针对失落、空虚、孤独等负面情绪的影响，可鼓励老年人培养广泛的兴趣爱好，积极参与社会活动。三是充分考虑老年人的社会性特征，帮助他们进行角色转变。如因退休、丧偶等，老年人丧失了原有角色而陷入迷茫，无所适从，老年教育可引导老年人重新定位社会角色，培养他们承担新社会角色的能力，从而实现"自我"的回归。

(二)植根中华传统优秀文化提升老年教育创造性

中国具有悠久的历史和灿烂的文明,在老年教育中弘扬中华民族的优秀传统和文化是老年教育发展的不竭动力和智慧源泉,是打上中国烙印有别于他国、体现国家文化自信的举措。首先,要充分挖掘和总结中国老年教育的历史经验,做到"古为今用";二是把中华优秀的传统文化进行整理加工,作为课程建设资源和老年教育的教学内容;三是提炼中华优秀文化中有关积极老龄化的精华思想,为世界老龄化理念提供中国的理论贡献。

(三)客观看待区域差异丰富老年教育多样性

我国幅员辽阔,地区之间由于经济社会发展水平的不平衡导致老年教育发展的不平衡,因此,老年教育须遵循因地制宜、分类指导、分步推进的原则,不能一刀切。但同时,地域的差异也给老年教育的多元发展、特色发展提供了广阔舞台。首先,各地老年教育要根据地方特点和区域经济社会发展水平制定适合自身的老年教育发展规划,为区域老年教育的整体布局找准方向;其次,作为多民族国家,我国具有丰富多样的民族传统和民俗文化,老年教育的发展应在尊重不同民族文化的前提下,充分结合当地的历史、人文资源和民俗民风等特征,使老年教育发展更"接地气",更符合当地老年人的喜好和需求;第三,传承和发展各区域长期形成的独特文化传统,如江南文化、中原文化等,使老年教育多元发展异彩纷呈。

五、老年教育发展的主要路径

(一)进一步完善老年教育法律法规,保障老年人受教育权利

目前在老年教育领域,我国已基本形成以《宪法》为基础,以《老年人权益保护法》为主体,包括《教育法》等在内的一系列法律法规,确认了老年人的受教育权利和平等公正的教育资源分配原则。但仍存在教育权利保障不充分的问题:一是从国家层面来看,至今没有一部老年教育法律;二是老年教育保障仍较多止于教育权利在法律上的确认,权利的实现仍缺乏具体的、可操作的规定;三是《老年人权益保护法》"丰富精神文化生活"的老年教育定位忽视了老年人的主体性和能动性,制约了教育对老年人生存发展能力提升的作用。因此,要进一步完善法律法规,从根本上保障老年人的教育权利。同时,各级政府在制定老年教育政策时要根据老年教育的规律,制定符合老年教育诉求的相关政策,并创新体制机制为老年教育的发展扫清障碍。

（二）创新老年教育供给模式，切实增加老年教育供给量

供给不足仍然是当前以及今后很长一段时间我国老年教育需要解决的首要问题。需要花大力气从不同角度采取多种举措解决老年教育供给不足的问题。老年教育的供给包括供给规模和供给结构。供给规模一般着力于增加老年教育的供给量，即增加老年教育的投入。然而，在资源节约型社会和资源共享理念指导下，除了加大老年教育投入，还应从供给结构即供给的途径和方式上下功夫，探索多元创新发展机制和模式。建立和完善包括老年人自主教育、基层社区老年教育、学校老年教育、远程老年教育、社会老年教育"五位一体"的老年教育发展新模式，着力扩大老年教育供给，最大限度满足各类老年群体学习需求。具体而言：

1. 鼓励和支持老年人自主教育。老年教育应以老年人为本，要充分体现老年人的主体性，充分发挥老年人的主体作用。要强化老年人"自主学习"的理念，依据老年人群的特征，鼓励和支持老年人建立不同类型的学习共同体和学习团队，自主开展形式多样的适合自身需要的老年学习活动。

2. 优先发展基层社区老年教育。在贯彻落实《规划》提出的"建立健全县（市、区）—乡镇（街道）—村（居委会）三级社区老年教育网络"的基础上，着力在社区层面，成立社区老年教育指导组织，加强老年教育统筹规划，建立老年教育与其他教育资源的共享机制；并将社区老年教育纳入公共服务体系，利用社区服务机构等公共服务资源为社区老年教育服务。

3. 转型提质发展学校老年教育。转型，指的是老年大学（学校）面向社会办学，从服务于本系统离退休干部职工，向服务更多的老年人群转变。提质，指的是提高学校老年教育的质量。具体而言，是遵循老年人身心发展规律，创新教育教学模式，推进适宜性老年教育；加强课程建设，研发不同年龄段和文化层次的老年教育的系列课程，科学而有效地开展老年教育。发展，不仅是指通过转型、提质发展老年教育，而且指的是鼓励高等学校、职业院校开办老年大学（学校）。对此，《规划》提出"促进各级各类学校开展老年教育"，充分利用学校资源开展老年教育，有条件的高等学校，可设立老年教育专业，培养老年教育专业人才。

4. 建立和完善远程老年教育。一是可推进老年教育信息化基础设施建设，将此列入教育信息化建设的重要内容，融入国家发改委"信息惠民工程"建设之中。二是充分利用城乡终身教育信息网络，建立和完善远程老年教育系统，推动信息技术融入老年教育教学全过程。三是在省市积极推动开放大学和广播电视大学开办"老年开放大学"和"网上大学"并延伸至街镇乡、基层社区，建立老年教育网点，与社区数字化学习紧密结合。

5. 创新发展社会老年教育。一是充分利用图书馆、博物馆、科技馆、文化馆、美术馆、体育场馆等公共文化设施开展读书、讲座、参观、展示、户外活动等多种形式的社会老年教育。二是在城市社会福利院、农村敬老院、老年公寓、日间照料中心等养老机构，探索"养教结合"的社会老年教育；在有条件的地区，还可探索"医、教、养"三位一体的社会老年教育，将老年教育与老年人医疗、保健、养生、养老有机结合起来。三是与旅游业合作，积极探索"游学一体"，旅游过程即为学习过程。四是与社会各界合作，建立内容多样的老年教育体验基地，进一步探索和积累"体验式"的老年教育模式。

（三）促进老年教育均衡发展，实现老年教育公平公正

老年教育的均衡发展，不仅只是教育资源的合理配置，更体现了教育的公平。中国幅员辽阔，由于经济社会文化发展的不平衡导致区域之间、城乡之间老年教育发展的不平衡。有研究表明，即使在发达地区也同样存在不同阶层、不同居住区域与不同社会身份的老年人群在参与学习活动的过程中表现出行为及观念的分化与差异。据此，国家支持政策和财政拨款应向西部、农村倾斜，增加国家、政府和社会力量对西部、农村老年教育的关注和支持，建立均衡配置老年教育资源的机制。同时还要考虑同一地域不同阶层的差异，通过系列举措帮助低收入、低学历老年人参与老年教育，实现教育公平与均衡发展。

从老年人学习需求的现状来看，已呈现出多层次、多样化发展的特征。它既受年龄、职业、性别、文化程度、身体状况、兴趣爱好等自身因素的影响，又受居住环境、社会交往、教育发展水平等外在因素的制约。如何在教育资源有限的情况下，满足老年人个性化的学习需求，是我们当前亟待解决的一个难题。面对多元化的学习需求，需在坚持普惠原则的基础上开设不同层次的老年教育，同时还要根据老年人喜好的不同培育文娱类、研究类、养生类、生命教育类等不同类别的老年教育。

（四）加强老年教育内涵建设，推动老年教育可持续发展

1. 完善老年教育课程体系建设

课程是老年教育教学的中心问题，课程体系建设是老年教育发展的中心环节，它直接关系到老年教育质量，直接关系到老年教育宗旨的实现。到2013年，我国各类老年大学数量已经接近6万所。然而，由于多数老年大学延续了老干部活动中心的组织形式，课程的系统性程度较低，学习授课形式较为单一，难以满足老年人较高层次的发展需要。老年教育课程体系建设是个复杂的系统工程，既要充分考虑老年群体的身心特点，也要充分考虑老年群体的实际需求。有针对性地设计教育内容与选择教育形式，形成相对完善的老年教育体系,为促进老年教育的未来发展奠定坚实的基础。如从老年群体生命历程角度,可围绕准老年期教育(55—60岁),低龄老年期教育(60—70岁),中龄老年期教育(70—80岁),高龄期教育(80岁以上),分别设置以"准备退休"、"转变角色和潜能开发"、"再调整发展"以及"自我保护与超越"的主题课程。也可以根据老年教育需求的多元化,开设保健养生类、职业智能类、文化修养类、休闲生活类课程等等。

2. 优化老年教育学科体系建设

老年教育的学科建设关系到我国老年教育的可持续发展。就学科建设而言,以文化自信和创新的思想定力,加快推进中国特色的老年教育学科建设。具体而言,以文化自信、学术自信为核心,引领老年教育学科的"学科体系"、"学术体系"、"话语体系"建设,以求列入《学科分类与代码》(中华人民共和国国家标准)。为此,要加强老年教育的基础理论研究、政策研究、应用研究和国际比较研究。同时,以教学任务带动学科建设。积极鼓励有关高校和职业院校开设老年教育及其相关专业,全国成人教育学专业研究生教育学位点可开设老年教育研究方向。

3. 提升老年教育师资队伍建设

教育的发展离不开教师队伍的建设,拥有一支优秀的师资队伍是确保学校教育得以健康发展的重要前提。然而,当前我国老年教育仍存在诸多问题,如很多老年教育机构教师数量少且缺乏稳定性;聘请教师难,能够聘请到的绝大部分是兼职教师;老年教育机构经费少,用于师资的专项经费不足;很多老年教育机构对教师疏于管理,在教学过程中教师的随意性比较强,规范性不足,教学质量参差不齐。2018年1月,中共中央、国务院发布《关于全面深化新时代教师队伍建设改革的意见》[1],对我国教师队伍建设提出了新要求。因此,首先要整合社会人才资源,积极搭建教师发展平台,提高教师待遇,吸纳更多有志于投身老年教育事业的各类教师进入老年教育课堂。第二,建设以专职人员为骨干,兼职人员和志愿者为主体的老年教育教学和管理队伍。第三,根据老年教育的学科特点和老年人的身心感受,提升教师队伍的教学能力和专业素养。第四,注重老年教育师资队伍的规范管理和在职培训工作。

(五) 加强文化建设形成老年教育良好外部条件

1. 营造良好社会氛围

当前我国老年人参与学习的人数还不到老年人总人口的4%,同时还有相当一部

---

[1] 专家解读《关于全面深化新时代教师队伍建设改革的意见》[EB/OL]. http://edu.people.com.cn/n1/2018/0214/c1053-29823834.html

分老年人缺乏继续学习的意识。我们不仅要面临如何最大限度、最大范围来保障老年人的学习权利的问题,同时还面临着如何唤醒老年人学习欲望的重任。因此,要通过各种渠道、媒体积极营造终身学习的良好社会风气,加强社会民众对老年教育的认识,鼓励老年人参与各类老年教育活动,树立"活到老学到老"的终身学习观念,形成积极向上的老年教育文化。

2. 加强老年教育理论研究

从总体发展而言,我国老年教育的理论研究落后于实践探索。理论指导的缺失将会制约我国老年教育的可持续性发展。在我国人口老龄化趋势日益显著的今天,加强老年教育理论研究是急需解决的重要问题。我国老年教育科学理论研究仍处于初创阶段,其特点是"五多五少",即多的是工作研究,少的是基础理论研究;多的是零散研究,少的是系统研究,更缺少的是学科体系研究;多的是宏观一般关系研究,少的是微观深入教学、课程研究;多的是老年学校教育研究,少的是整个社会老年教育研究;多的是单兵作战,少的是联合攻关研究。因此,教育部门要高度重视老年教育理论研究并给予相关支持,并充分发挥各级老年大学、老龄科学研究中心、教育科学院、高等院校、社会科学院及老年教育一线工作者的力量,加强老年教育的基础理论研究和应用研究,定期召开全国和区域老年教育研讨会,出版高质量的老年教育论文和专著,共同为老年教育的发展提供强有力的理论支撑。

参考文献

[1] 张洋,韩俊江.中国老年教育价值追究及发展趋势分析[J].教育理论与实践,2015(27):23—25.
[2] 李双玲,周志毅.试析积极老龄化视野下老年教育的转变[J].中国成人教育,2011(1):12—15.
[3] 王英,谭琳.赋权增能:中国老年教育的发展与反思[J].人口学刊,2011(1):32—41.
[4] 连明伟.终身教育体系中的老年教育问题探讨[J].教育评论,2008(5):75—77.
[5] [以色列]尤瓦尔·赫拉利.未来简史[M].北京:中信出版社,2017:18—25.
[6] 李朝恒.新形势下我国老年教育理论的再认识[J].当代继续教育,2017(4):76—80.
[7] 谭敏,范怡红.西方当代全人教育思想探析[J].外国教育研究,2006(9):48—51.
[8] 陆剑杰.中国老年教育25年理论研究工作的梳理[J].老年教育(老年大学),2008(12):15—22.
[9] 李学书,崔一鸣.发达城市老年教育需求的满足——供给侧结构性改革视域[J].职教论坛,2017(24):48—53.
[10] 黄健,吴真.教育公平视域下老年教育的发展研究——基于上海老年教育的一项实证研究[J].当代继续教育,2016(2):8—15.
[11] 樊立华,袁向军,吕征,等.老年教育模式及发展趋势研究[J].教育探索,2013(3):65—66.

[12] 岳瑛,暴桦.关于老年大学学员学习需求情况的调查报告[J].天津市教科院学报,2003(6):55—59.
[13] 叶忠海主编.老年教育学通论[M].上海:同济大学出版社,2014.
[14] 叶忠海.中国老年教育发展的若干基本问题[J].河北师范大学学报(教育科学版),2017(5):47—50.
[15] 王仁彧.终身学习观照下的老年教育现状与展望[J].职教论坛,2014(36):44—48.
[16] 李晶,罗晓晖,张秋霞,罗萌,王君.中国老年教育研究[J].老龄科学研究,2015,3(10):40—51.

老年教育发展指数的探索

叶忠海

马克思主义哲学认为,任何事物都是质和量的统一。认识事物的质非常重要,其是区别事物的依据;认识事物的量也相当重要,它使我们更清晰更准确地反映和把握事物。我们要科学而有效地发展老年教育,不仅要在科学理论的指导下开展定性研究,也不能忽视量化分析。有了基本的数据,可使我们对老年教育的进展判断更为准确,决策制定更为科学,工作把握更有信心,成效结果更能检验。

如何量化老年教育发展的进程,其中"发展指数"是考量老年教育发展的客观量化依据,是老年教育发展进程量化的核心指证。所谓"老年教育发展指数",在这里是指对一组反映老年教育发展的核心指标考量后所得的指数,是一个国家或地区老年教育的数量和质量变化的动态相对数。所谓相对,是个时间比较概念,即报告期与基期的数据之比。指数不是绝对数,而是相对数,这是指数的基本特点。

要探索老年教育发展指数的构成,就得研究构成老年教育发展指数的基本要素。笔者认为,老年教育发展指数由三部分基本要素组成,即老年教育投入、老年教育参与、老年教育成效。据此,老年教育发展指数,由老年教育投入分指数、老年教育参与分指数、老年教育成效分指数等二级指数构成。为了切合实际和计算方便,又可将上述二级指数分解为若干个三级指数。老年教育投入分指数,可分解为政府投入子指数、社会投入子指数、个人投入子指数等。老年教育参与分指数,又可分解为社会参与指数和个人参与指数。老年教育成效分指数,又可分解为社会成效子指数、个人获得子指数。可见,老年教育发展指数,实际是老年教育发展综合指数。

那么,如何能得到上述的三个方面三级子指数呢? 如前所述,老年教育发展指数指的是通过对一组反映老年教育发展的核心指标考量后所得到的,这就要分析什么是老年教育投入、参与、成效的核心指标。要分析核心指标,既要考虑针对性,又要考虑简明性、可操作性(含数据可采集性)。

第一,投入指数的核心指标。政府投入指数,以"老年学习机构和载体建设状况"、"老年教育人均经费状况"、"老年教育政策法规状况"三个指标来反映;社会投入指数,以"社会或个人捐赠状况"来反映;个人投入指数,以"老年人读书状况"来反映。

第二,参与指数的核心指标。社会参与指数,以"社会单位参与状况"、"社会组织参与状况"、"社会文化体育机构参与状况"三个指标来反映;个人参与指数,以"老年学习活动参与状况"来反映。

第三,成效指数的核心指标。社会成效指数,以"学习型组织创建状况"、"老年学习团队生成状况"、"老年学习平台建成状况"、"老年学习文化营造状况"等指标来反映;个人获得指数,以"老年教育满意状况"、"老年教育获得状况"来反映。

综合上述的分析,我们就可形成一个老年教育发展指数体系构成及其测评指标图。

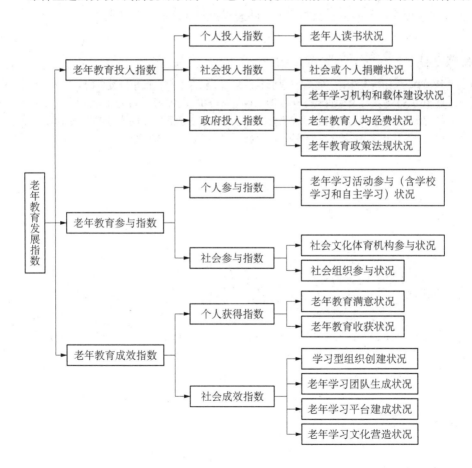

实践表明,要科学而有效地测得一个国家或地区的老年教育发展指数,还需要明确和掌握下列的问题:

第一,老年教育发展指数与老年教育发展指标的关系。发展指标,是反映老年教育的某方面特征的;发展指数,则是反映老年教育的动态变化情况的数。发展指数,不能脱离指标,是对核心指标考量后得出的。

第二,老年教育发展指数是衡量老年教育发展变化的动态相对数。阐明动态变化需要通过时间比较,即报告期与基期的比较。通过测得的报告期数据与原有的基期数据的比值,可以看出某个地区老年教育的发展变化。

第三,从计算方法而言,老年教育发展指数则是上述三个方面分指数的乘积。即老年教育发展指数＝老年教育投入指数×老年教育参与指数×老年教育成效指数。

第四,为了采样的数据接近实际情况,应采用多样化的调查方式。既向老年大学学员集体调查,又向社区老年人抽样调查。这样,既可在有限的时间内获得应有的样本,又使采集的数据能够较为客观地反映老年教育开展的实际情况。

参考文献

[1] 徐国祥.统计指数理论、方法与应用研究[M].上海:上海人民出版社,2011.
[2] 叶忠海.学习型社会建设科学化不能忽视量化分析[J].成才与就业,2012(11):25.
[3] 叶忠海.社会学习指数:学习型社会建设量化的核心问题[J].成才与就业,2012(9):29.
[4] 叶忠海,岑泳霆.社会学习指数研究与探索[J].成人教育学刊,2016(8):34—45.

国际老年教育发展的特点、模式和未来取向

叶忠海

人口老龄化,已在世界范围内快速发展,至20世纪末世界已进入老年型社会。面对人口老龄化的压力,如何科学而有效地减轻压力,乃至于变压力为动力,国外成功的实践证明,大力发展老年教育是一个战略性的有效途径和举措。其中,发达国家老年教育的新理念和有效经验,值得我国在文化自信的思想基点上加以借鉴。本文就国际老年教育的内涵、发展的特点和模式,以及未来取向等问题,逐一加以简要的阐明,以期待引起我国终身教育界、老年教育界的关注和共同探讨。

一、国外对老年教育内涵的认识

国外老年教育,又称为第三年龄教育、高龄教育、长者教育、银发族教育等。国际社会特别在发达国家,随着对老年群体看法由弱势、被救济的社会边缘群体转变为自由、睿智、具有独特作用的社会活跃群体后,对老年教育看法发生了根本性的转变:由救济观、福利观转向教育观,即从带有救济福利性质的老年教育转向文化教育性质的老年教育。换句话说,老年教育从属于社会救济福利的一部分而存在,发展到脱胎于社会救济福利事业,成为独立的老年教育事业。基于上述的发展过程,国外对老年教育内涵的认识,有如下的看法:

一是老年教育是养老教育。持这种观点者认为,为了解决老年人贫困问题,老年教育其实是对即将退休的或已退休人员所进行的养老教育。

二是老年教育是休闲教育。持这种观点者认为,为了解决老年人退休后时间空闲的问题,老年教育视为减轻边缘化、孤独感,对退休人员所进行的丰富生活的休闲

教育。

三是老年教育是潜能开发教育。持这种观点者认为,老年人是丰富的社会资源,老年教育不仅作为老年人获得丰富的和富有意义的生活途径之一,而且是帮助老年人发挥其潜力,使之成为改善社会的源泉的一种手段。其代表人物,是美国密西根大学麦克拉斯基教授。

四是老年教育是参与适应教育。持这种观点者认为,老年人有参与社会发展的权利,必须充分参与发展进程,享有发展进程的成果,老年教育被视为保障老年人接触、参与社会,适应技术和社会变革的教育活动。

上述的第一、二种认识,一般认为是国外早期对老年教育内涵的认识;第三、四种认识,一般认为是 20 世纪 70 年代后特别是 2002 年联合国第二次老龄问题世界大会后的认识,也是目前国际社会对老年教育内涵的主流认识。

二、发达国家老年教育的特点

(一) 终身教育的教育定位

自 20 世纪 70 年代以来,终身教育、终身学习、学习社会等理念被提了出来,并被越来越多的国家和地区所接受,作为教育和社会改革的方向和目标。在这样的背景下,发达国家在老年教育的性质定位上逐渐取得了共识,即将老年教育性质定位在教育范畴,作为人生教育的最后阶段,是终身教育的重要组成部分。

(二) 社会公益性的教育属性

从老年教育产生背景和发展条件来看。西方发达国家的早期老年教育均是在社会福利的大背景下产生的,是从社会老年救济和福利事业中脱胎出来的。老年教育得以发展,其中一个基本条件也是将老年教育纳入社会公共保障事业,由国家投资,纳入政府财政预算,或来自社会慈善彩票事业的捐赠,或来自私人等多方面的捐赠。

从政策法规规定来看。综观世界老年教育史,但凡发展老年教育的国家和地区,均制定了关于老年教育的政策法规,从制度法制上保障老年教育发展。这些政策法规有一个共同的特点,即规定了老年教育的社会公益性质,如美国 1965 年颁布的《老年人法》,明确规定每个州政府要为老年人提供资源和服务,其中老年教育投入占整个教育投入的很大比重。纽约州立法机构还通过一项法律,为所有老年公民免费提供学习机会。

从国际社会共识来看。从 1982 年联合国召开第一次世界老龄问题大会通过的《维也纳老龄问题国际行动计划》,到 2002 年联合国第二次老龄问题世界大会通过的

《马德里老龄问题国际行动计划》,均体现了老年教育的社会公益属性。特别第二次行动计划明确指出,国家和社会要为老年人"提供机会、方案和支持,鼓励老年人参与或继续参与文化、经济、政治、社会生活和终身学习"。

(三)多元化的办学主体

研究表明,发达国家老年教育的办学主体呈现多元化,包括政府投资办学、高等学校办学、企业办学、社会民间力量办学、宗教团体办学、老年人自主自治办学等。其中,宗教团体办学有代表性的是韩国,据不完全统计,2005年韩国属于宗教团体的老年教育机构就有810个,其中属于基督教的有644个、天主教147个、佛教19个。

(四)多样化的教育内容

基于老年群体是一个多类型、多层次的复杂综合体。该群体对学习内容和方式的需求是多种多样的,因而老年教育内容和方式也是多样化的。就其内容来说,就有健康养生教育、文化素养教育、生活教育、娱乐休闲教育、再就业教育、社会服务教育、人文关怀等。国外所指的人文关怀,主要是指退休准备教育、死亡准备教育(临终关怀教育)。退休准备教育一般由大型企业承担,主要以转业、创业或再就业为主要教育内容。为做好临终关怀教育,韩国成立了由医疗善终机构专家、民俗学研究者、宗教学者、神学者、以及其他社会福祉领域专家所组成的死亡学会。

(五)注重老年人力资源开发

第二次世界老龄问题大会《政治宣言》确认"老年人是资源",并指出"老年人的潜力是未来发展的强有力的基础。依靠老年人的智慧、经验和技能,老年人不但能够改善他们自己的条件,而且还能积极参与改善全社会条件"。发达国家以此为理论依据,将老年人力资源的开发和利用,作为应对人口老龄化的重要手段,在政策法规和培训等方面加以保障和支持。对此,韩国2002年出台了《为应对老龄化社会的高龄人力资源化计划》;日本为了拓展老年人再就业的渠道,制定了《高龄者雇佣安定法》,针对雇佣高龄者的雇主进行激励。在社区,建立"银发人才中心"、"老年人就业发展协会"等,为老年人提供就业咨询服务。很显然,注重老年人力资源开发,能充实和丰富社会人力资本,促进社会经济实力的增长。

(六)法制化的保障机制

在老年教育发展历程中,发达国家体会到没有法律保障机制,就会严重制约老年教育的发展。因此,他们重视立法,为老年教育提供法律保障。在这方面,美国是最有代表性的,专门的老年人法律较为齐全,有《老年人权益保障法》《老年人教育法》《美国老年人法》《美国老年人福利法》《美国老年人就业促进法》《老年人保健法》《老年人护理保险法》《禁止歧视老人法》等等。

(七) 双重投入的经费机制

发达国家老年教育经费,由政府公共财政投入与其他多渠道投入(社会捐赠、慈善团体捐赠等)共同组成。如美国1.5万家社区"老年人中心"经费,主要由地方政府扶持,联邦、州政府也常拨款;又如,瑞典老年人学习圈活动经费,主要由政府拨款;再如,英国第三年龄大学经费来源由成员们捐献,不同国家老年教育经费来源不尽相同。

三、发达国家老年教育的模式

(一) 学校式老年教育

该模式通常由高等教育机构或其他文化教育设施为老年人提供学习机会,其中包括专门为老年学习者开设所需的课程。学校式老年教育,代表性的有法国的第三年龄大学、日本的长寿学园等。1973年成立的第一所法国第三年龄大学就是由法国图卢兹大学创立的。1989年始,开设的日本的长寿学园就是依托公民馆、博物馆、图书馆等已有的文化设施建立的。

(二) 社区式老年教育

该模式为方便老年人就近学习,在社区内提供学习场所和设施,开展各种老年教育活动。社区式老年教育,是最普遍的老年教育实施方式,代表性的有:美国的社区"老年人中心"、日本的社区"老年人教室"等。

(三) 自助团体式老年教育

该模式是由一群志向或情趣相同的老年人以自助助人的精神组成的学习团体开展的自主自治性的老年教育活动。自助团体式老年教育,代表性的有:英国的第三年龄大学,以及沿用英国模式的其他国家和地区第三年龄大学。尽管其冠用"大学"的名称,但其实质正如剑桥第三年龄大学章程所指出的:"英国第三年龄大学是自治自助,由成员自愿付出努力经营的组织。"

(四) 远程网络式老年教育

该模式是利用电视、广播、电脑、通讯科技等多媒体手段开展的教育活动,为老年学习者提供便捷的学习途径和机会。远程网络式老年教育,代表性的有:英国开放大学、美国老年人网站等。

(五) 图书馆式老年教育

该模式利用图书馆学习资源,开展有意识的老年教育活动。这是国外老年教育常见的一种学习形式。如美国图书馆协会成人服务部成立了老年群体服务委员会,并制定了《公共图书馆对老年人的责任》。目前,美国公共图书馆的老年人学习服务项目丰富多彩。

(六) 旅游式老年教育

该模式组织老年人旅游,在旅游中实施寓教于乐,采取短期住宿形态的学习方式,将教育、旅游、休闲三种要素有机相结合。这是老年人最喜好的学习方式。旅游式老年教育,代表性的有美国的"老人游学营"、日本的"老人寄宿所"等。据"老人游学营"官方网站2010年10月公布,游学营创办以来,共有近500万人参与,包含7 000多项教育计划,涉及150多个国家。

四、国际老年教育发展的未来取向

(一) 国际老年教育的理论取向

老年教育的理论取向是老年教育发展的价值定位和发展方向。国际上对老年教育产生重大影响的有五大理论:权利理论、自我完善理论、社会参与理论、终身教育理论和福利理论。笔者认为,未来国际社会老年教育的理论取向主要是前四种理论。终身教育理论大家相当熟悉,在这里,仅就前三种理论作一简述。

权利理论。权利,一般是指法律赋予人们的权力和利益,即人自身拥有的维护利益之权,是人实现其利益的一种力量。从权利的价值视角而言,权利就是人在相应的社会关系中应该得到的价值回报。这种人权不可侵犯,应当得到尊重和保护。权利理论被运用到老年教育领域,老年人参与老年教育被视为实现老年人平等的受教育权利的重要体现。20世纪80年代以来,"赋权"和"解放"的思想在老年教育中得到了重视和强调。这就意味着,在教育教学过程中,老年学习者获得控制自己的权利,对老年学习者施予"赋权增能",强调由老年学习者自主管理,发挥其主体性。

社会参与理论，又称受众介入理论。它源于美国宪法中有关公民权利的一种受众理论，准确地讲是公众参与，指的是社会公众以某种方式参与、干预、介入国家政治、经济、文化、社会生活和社区的公共事务，从而影响社会发展。该理论认为，参与社会活动是人类社会生活的重要组成部分，帮助人们获得正面的自我形象，取得良好的社会价值。社会参与理论运用于老年教育领域，使老年教育被赋予新的内涵，老年人力资源开发和社会经济活动参与和服务等方面的内容，被列入老年教育课程体系之中。这有利于增强老年人的能力和促进老年人的社会参与，使他们老有所为，充分体现了老年教育是应对老龄化挑战的一个有效的途径和举措。该理论已成为西方发达国家老年教育实践最重要的指导理论。

自我完善理论，即人的自我完善的思想。早在卢梭的《论人类不平等的起源》论著中就提出"人的自我完善化能力"。其认为人与动物的区别之一在于人具有这种自我完善能力，人类正是通过这种能力的不断发展，使人类逐渐从自然状态过渡到社会状态。以后发展的自我完善理论认为，人的自我完善，应当包含人的生理、心理、社会三个层面。该理论在老年教育领域的体现，强调老年教育"以老年人为本"，充分尊重老年人的意愿，注重对老年人自身主体性的培养，从而达到老年人在上述三方面的完善。

(二) 国际老年教育的发展趋向

在老年教育理论取向的影响和联合国及各国政府的推动下，未来国际老年教育将会出现如下的主要发展趋向：

对老年人和老年教育的认知将进一步提升。联合国第二次老龄问题世界大会《政治宣言》提出的"老年人的潜力是未来发展强有力基础"的观点，将进一步在世界范围内获得认同和传播，老年人积极老龄化的价值取向将逐步深入人心。

《联合国关怀老年人原则》提出的"独立"、"参与"、"照顾"、"自我实现"、"尊严"等五大标准将进一步在世界范围内得到关注，以老年人为本的老年教育理念将会取得共识。随着自我完善理论和社会参与理论广泛传播，国际社会发展老年教育的内在动力将得到增强。

老年教育体系将得以形成和发展。在联合国推动下，随着各国政府对老年教育认知的提升，老年教育将得到不断推进，内容将进一步充实和丰富，模式将进一步呈现多样化。其中，交叉结合型模式的老年教育，如旅游与学习相结合、养老与教育相结合、服务与学习相结合等模式将会迅速推广和发展，从而进一步推进正规、非正规、非正式相结合的老年教育体系的建立和完善。

处于社会弱势的老年群体教育将进一步引起关注。1999年,联合国将该年定为国家老人年,提出了"建立不分年龄、人人共享的社会"的理念。联合国又在其《马德里老龄问题国际行动计划》中特别提出,世界各国在发展老年教育时要关注社会上的弱势老年群体,尤其是老年妇女及老年劳动者。随着联合国行动计划的推进和权利理论广泛传播,对社会弱势老年教育的关注将会得到进一步加强。

第三年龄大学内涵将进一步变化。第三年龄大学是世界老年教育运动的一个集中体现和成功模式。其源于20世纪后半叶的法国,皮埃尔·维拉斯教授于1973年在法国创办第三年龄大学。根据国际社会界定,第三年龄教育是为了不断提高退休老年人的生活质量,对60—75岁的老年人进行新知识和新技能方面的教育。随着发达国家经济不景气,失业率提升,城市人口结构变化,社会期望第三年龄大学更加广泛地向社会开放,这样带来了第三年龄大学的改变。最大变化在于拓宽了学员的类型,把提前退休者、家庭主妇、失业者以及一些身体残病者均吸纳进来。由于学员的结构发生变化,学员需求、课程内容随之变化,学习过程强调代际交流,再加上社会大众心理上对"第三年龄"称谓并不那么接受,于是学校纷纷改为新的名称。如法国第三年龄大学改名为"休闲大学"、"混龄大学"、"全民大学"等等。这种改变,符合终身教育、终身学习、学习社会的理念,未来将成为一种趋势在国际社会扩大。

代际间的教育互动将积极推行。近二十年以来,联合国多次将"代际关系"作为一个重要议题并加以呼吁,以引起国际社会及各国重视。1999年,联合国就将"世代间的关系"作为四大议题之一,呼吁各国关注。2014年联合国召开的老龄化会议,其主题就是"代间社会中的老年人"。代间教育是国际社会近年来老年教育领域的一个热点,并收到明显的成效。在家庭、邻里和社区内开展丰富多彩的代际教育活动,不仅加强了世代间的沟通和互动,促进家庭和社会的和谐,而且为老年人提供了实现知识文化传承者角色的机会,充分发挥老年人的社会价值。可见,代间教育行动方案,未来将在国际社会进一步加以积极推行。

信息和通信科技将更多地得以运用。20世纪90年代以来,全球信息网络化趋势进程加快,整个社会由工业社会向信息社会转变。未来社会日益信息化和网络化,势必深刻变革着老年教育。各国在推进老年教育发展过程中,将进一步应用现代化的信息和通讯科技手段,拓展和延伸老年教育的空间和时间,以扩大和满足老年人学习的机会和需求。

地区间老年教育将逐步相对平衡。世界社会经济发展的区域不平衡以及各国政府对老年教育认知的差异性,使得当今世界各国老年教育发展很不平衡。随着联合国老年教育理念推广与逐步普及,行动计划得到贯彻落实,各国加强合作与交流,老年教育区域不平衡状况将会得到改善,逐步走向相对平衡。

国际合作及资源共享将日益发展。在全球老龄化日益严峻的背景下,共同应对老龄化社会的挑战,是世界各国共同关注的问题。特别在联合国的推动下,各国老年教育学术成果和成功经验的交流与共享,有关老年教育项目合作推进,将会进一步发展,这是应对老龄化的必然趋势。

五、我国文化自信与外国老年教育的借鉴

(一) 我国老年教育发展必须坚定文化自信

党的十八大以来,习近平总书记曾在多个场合多次提出"文化自信"。其中,2016年5月17日在哲学社会科学工作座谈会上指出:"我们说要坚定中国特色社会主义道路自信、理论自信、制度自信,说到底要坚定文化自信。"当年,7月1日在中国共产党建党95周年庆祝大会讲话中再次明确提出坚持"四个自信",并认为文化自信是更基础、更广泛、更深厚的自信。文化自信,是一个民族、一个国家以及一个政党对自身文化价值的充分肯定和积极践行,并对其文化的生命力持有的坚定信心。文化,从狭义来说,指的是人类社会精神活动成果的反映,体现人类的智力文明进步和精神文明发展。很显然,其包括科学进步、教育发展。文化自信,包含教育自信、学科自信。可见,文化自信为中国特色老年教育的发展提供了基础性的指导思想,提出了针对性的基本要求。发展中国老年教育必须坚定文化自信,以文化自信为精神动力,加快发展中国老年教育。

(二) 在文化自信的思想基点上借鉴国外有益东西

强调文化自信、教育自信,是应对西方霸权话语的挑战和冲击,应对西方主流话语的隐性压制和支配。对国外老年教育先进的学术成就和发展经验,我们不仅不排斥,还在文化自信、教育自信的思想基点上,加以积极吸收和借鉴,以促进我国老年教育发展。

根据上述对国际老年教育发展的总体考察,笔者认为,有如下方面值得我国发展老年教育的借鉴:(1)进一步强化老年教育社会公益属性的意识;(2)进一步提升对老年人及老年教育社会价值的全面认识;(3)加大老年人力资源开发和利用的力度;(4)充分运用高等教育资源为老年教育服务;(5)进一步动员社会民间力量全面参与老年教育。

参考文献

[1] 顾秀莲. 中国老年教育的国际背景研究[M]. 北京：中国妇女出版社，2009.
[2] 叶忠海. 老年教育学通论[M]. 上海：同济大学出版社，2014.
[3] 齐伟钧. 海外老年教育[M]. 上海：同济大学出版社，2014.

五、附录

附件1 国家和教育部老年教育相关研究项目（1980—2017年）

1. 1980—2017年国家社科基金立项名单

序号	项目批准号	项目名称	负责人	工作单位	项目类别	立项年度
1	00CRK001	老年教育问题研究	王红漫	北京大学人口所	青年项目	2000

2. 2001—2005年全国教育科学"十五"规划课题立项名单

序号	项目批准号	项目名称	负责人	工作单位	项目类别	立项年度
1	DKB010762	人口老龄化过程中的中国老年教育研究	姚远	中国人民大学人口研究所	教育部重点	2001
2	DKA010359	中国大中城市老年教育组织实施的实验性研究	马超	北京市教育科学研究院	教育部重点	2001

3. 2006—2010年全国教育科学"十一五"规划课题立项名单

序号	项目批准号	项目名称	负责人	工作单位	项目类别	立项年度
1	DKA100331	以高等院校为主体老年教育服务模式探析	杨守吉	淮海工学院	教育部重点	2010

4. 2011—2015年全国教育科学"十二五"规划课题立项名单

序号	项目批准号	项目名称	负责人	工作单位	项目类别	立项年度
1	EKA110397	发展老年教育的社会载体及其运行机制研究	毛建茹	上海教育科学研究院	教育部青年	2011
2	DDA110198	城市养老女性护理人才培养的国际比较研究	宋岩	广东女子职业技术学院	教育部重点	2011
3	DKA120310	中国新时期老年教育史研究	杨晨	上海开放大学	教育部重点	2012
4	BGA130039	老科学家学术成长经历对我国创新人才培养的启示	田永秀	西南交通大学	国家一般	2013
5	DKA150213	老龄化背景下老年教育供需矛盾及对策研究	胡忠英	温州广播电视大学	教育部重点	2015
6	DGA150227	老龄教育与我国老年人新媒体使用状况研究	丁苗苗	浙江大学	教育部重点	2015
7	DBA150238	老年教育与青少年教育的对比研究：社会支持和希望对积极情绪体验的影响	姚若松	广州大学	教育部重点	2015
8	EKA150353	老年人社区照护服务双向需求与人才分类培养研究	尹尚菁	国家开放大学	教育部青年	2015

5. 2016—2017年全国教育科学"十三五"规划课题立项名单

序号	项目批准号	项目名称	负责人	工作单位	项目类别	立项年度
1	DHA160381	中国普惠性老年教育推进路径及策略研究	国卉男	上海市教育科学研究院	教育部重点	2016

续 表

序号	项目批准号	项目名称	负责人	工作单位	项目类别	立项年度
2	BKA170233	中国老年人"精神性"的教育建构研究	李 洁	华东政法大学	国家一般	2017
3	CCA170258	面向老年人的MOOC设计与应用路径研究	赵 姝	陕西师范大学	国家青年	2017
4	DKA170427	城乡统筹背景下老年教育资源供给的第三空间路径研究	姜伯成	重庆市教育科学研究院	教育部重点	2017
5	EIA170477	医养结合养老服务人才培养模式研究	陈瑞鹏	山东协和学院	教育部青年	2017

附件 2　中国成人教育协会历届全国成人教育优秀科研成果评选老年教育获奖名单一览表(2003—2017 年)

年份	评选活动名称	奖项	科研成果题目	作者
2003	第四届全国成人教育优秀论文(专著)评选	优秀专著一等奖	老年大学发展研究	高序堂
2003	第四届全国成人教育优秀论文(专著)评选	优秀专著三等奖	上海老年教育现状及发展研究	上海市老年教育协会
2003	第四届全国成人教育优秀论文(专著)评选	优秀论文二等奖	中国的老年教育事业	刘平生
2003	第四届全国成人教育优秀论文(专著)评选	优秀论文二等奖	论老年教育的时代特征	靳振中
2005	首届成人教育研究生优秀论文评选	优秀论文一等奖	上海老年学员学习动机研究	宋其辉、李珺、宋磊等
2007	第六届全国成人教育调研报告和论文评选	优秀论文一等奖	基层老年教育发展战略探讨	靳振中、徐善猷
2007	第六届全国成人教育调研报告和论文评选	优秀论文二等奖	老年教育与老年人权保障	夏光中
2007	第六届全国成人教育调研报告和论文评选	优秀论文二等奖	老年大学在构建和谐社会中的地位和作用	于梅冬
2009	第七届全国成人教育优秀科研成果评选	优秀著作一等奖	老龄社会与老年教育研究系列专著	顾秀莲、莫文秀

续表

年份	评选活动名称	奖项	科研成果题目	作者
2011	第八届全国成人教育优秀科研成果评选	优秀著作二等奖	老年教育课程	孙桂华等
2011	第八届全国成人教育优秀科研成果评选	优秀调研报告二等奖	兵团人口老龄化与老年教育研究	高水玲、史国斌、王桦
2011	第八届全国成人教育优秀科研成果评选	优秀论文二等奖	武汉老年大学发展远程教育的认识与实践	周济龙
2011	第八届全国成人教育优秀科研成果评选	优秀论文二等奖	加强老年大学的师资现代化建设	彭克敏、李辉
2011	第八届全国成人教育优秀科研成果评选	优秀论文二等奖	从辽宁老年教育事业发展看老年群体教育需求的特征	周冬
2013	第九届全国成人教育优秀科研成果评选	优秀调研报告一等奖	朝阳区老年教育供需状况调查分析报告	马金东
2015	第十届全国成人教育优秀科研成果(研究报告、论文)评选	优秀研究报告一等奖	社区老年教育发展研究	顾秀莲
2015	第十届全国成人教育优秀科研成果(研究报告、论文)评选	优秀研究报告一等奖	农村老年教育活动项目开发的实践与研究	魏律
2015	第十届全国成人教育优秀科研成果(研究报告、论文)评选	优秀研究报告二等奖	城镇化战略下农村老年教育服务模式的实践研究	吴戏贤
2015	第十届全国成人教育优秀科研成果(研究报告、论文)评选	优秀研究报告二等奖	天津市老年教育模式创新研究	乔淑兰、李晓庆、周丽萍
2015	第十届全国成人教育优秀科研成果(研究报告、论文)评选	优秀论文一等奖	老年教育的现状与发展需求调研报告——以北京市为例	张铁道、张晓
2015	第十届全国成人教育优秀科研成果(研究报告、论文)评选	优秀论文二等奖	社区治理背景下基层老年教育发展初探	纪永回

续表

年份	评选活动名称	奖项	科研成果题目	作者
2015	第十届全国成人教育优秀科研成果(研究报告、论文)评选	优秀论文二等奖	新型城镇化战略背景下农村老年教育服务现状与对策——以宁波市镇海区澥浦镇、九龙湖镇为例	吴戏贤
2015	第十届全国成人教育优秀科研成果(研究报告、论文)评选	优秀论文二等奖	终身教育视域下城区老年教育师资现状分析与建设对策——以宁波社区老年大学老年教育为例	柳华盛
2015	第十届全国成人教育优秀科研成果(研究报告、论文)评选	优秀论文二等奖	终身学习观照下的老年教育现状与展望	王仁彧
2017	第十一届全国成人教育优秀科研成果(研究报告、论文)评选	优秀研究报告一等奖	老龄化背景下"教养融合"式社区老年服务模式的研究与实践	徐明刚
2017	第十一届全国成人教育优秀科研成果(研究报告、论文)评选	优秀论文一等奖	教育应对人口老龄化挑战的趋势分析	周冬、张晓昀
2017	第十一届全国成人教育优秀科研成果(研究报告、论文)评选	优秀论文二等奖	社区老年教育教师角色特征与角色行为研究——基于Nvivo软件的分析	朱素芬
2017	第十一届全国成人教育优秀科研成果(研究报告、论文)评选	优秀论文二等奖	推进老年教育现代治理体系建设	郑焕清
2017	第十一届全国成人教育优秀科研成果(研究报告、论文)评选	优秀论文二等奖	无锡老年教育调研报告——以课程和师资作为考察中心	马国云

附件3 老年教育相关研究生论文

博士论文目录

序号	题名	作者	学位授予单位	时间
1	我国社会养老服务体系完善研究	张洋	东北师范大学	2016
2	教育养老的制度设计及其实现路径研究	吴燕	陕西师范大学	2016
3	科学发展观视域下老年人才资源开发研究	赵莹	大连海事大学	2015
4	老年生活中的老年学习及其相关性分析：基于若干老年学习者的访谈故事	王仁彧	华东师范大学	2014
5	老年教育：福利、救济与投资	黄燕东	浙江大学	2013
6	我国老年教育发展探究：基于积极老龄化的视角	杨庆芳	中国人民大学	2011
7	新时期中国城市老年人思想政治教育研究	张国	中国矿业大学	2012
8	中国老年教育参与者性别失衡研究：基于社会性别视角的分析	贾云竹	中国人民大学	2009
9	中国社区老年教育研究	王英	南开大学	2009
10	中国人口老龄化背景下的老年人力资源开发研究	程馨	青岛大学	2008
11	老年教育的理论与实践：以台湾地区为例	周德荣	华东师范大学	2005
12	高龄者学习社区策略规划之研究	朱芬郁	台湾师范大学	2007

硕士论文目录

序号	题名	作者	学位授予单位	时间
1	我国老年教育推进策略研究——基于部分发达国家老年教育的视域	翟洁	山西大学	2017
2	城市社区老年文化福利建设研究——以贵阳市阳光社区为例	潘晓丽	贵州财经大学	2017
3	老年大学视唱教学方法与应用性研究	王卓	吉林艺术学院	2017
4	老年人学习需求特征及其影响因素分析——以广州市老年大学为例	陈超仪	暨南大学	2017
5	农村老年人自组织学习研究——以陕西关中地区为例	张燕	西北农林科技大学	2017
6	关切老年生命质量——基于上海市静安区老年大学生命教育实践的观察与解读	陶孟祝	华东师范大学	2017
7	社区老年教育教师队伍建设研究——以上海市松江区为例	李振兴	上海师范大学	2017
8	建国以来我国老年人文化教育政策变迁研究	陈曦慧	广西师范大学	2017
9	厦门市区级老年大学功能配置与教学空间设计研究	赵磊	华侨大学	2017
10	老龄化社会视域下保定市老年大学学员学情研究	钱玉凤	河北大学	2017
11	老年大学教学空间多义性设计研究——以吉林省老干部大学为例	韩冰冰	吉林建筑大学	2017
12	"文化养老"——一种积极的养老方式探究——以内蒙古呼和浩特市为例	王佳	内蒙古大学	2017
13	泉州市老年教育发展中政府作用研究	方琳珊	华侨大学	2016
14	上海老年群体学习需求研究——以长宁区程家桥社区学校为例	李红	西南交通大学	2016
15	以SN大学为例的高校老年大学教师核心素养研究	孙云	上海师范大学	2016
16	老年教育网络课程资源设计研究	吴晓琼	云南大学	2016
17	老年大学闲暇教育研究——以包头市为例	高羚	广西师范大学	2016
18	增权视角下的社区老年教育研究——以武汉市L区为例	蔡玉军	华中师范大学	2016

续表

序号	题名	作者	学位授予单位	时间
19	退休人员的退休适应性教育研究——以芜湖市老年大学为个案	孙晶晶	浙江师范大学	2016
20	面向移民社区老年人再教育的服务体系设计研究——以鄂尔多斯市地区为例	倪成	江南大学	2016
21	人力资源开发视角下社区老年教育研究——以厦门市为例	李纯	江西师范大学	2016
22	终身教育视域下郑州市社区老年教育研究——以郑州市某社区为例	杨杉山	郑州大学	2016
23	我国乡镇老年学校发展研究——以合肥市长丰县下塘镇老年大学为例	陶馨晗	南昌大学	2016
24	城市老年女性参与社区老年教育的行动研究——以南京市某社区为例	李月华	南京师范大学	2016
25	中央机关老年大学发展对策研究——以Z部委老年大学为例	李可	郑州大学	2016
26	老年人参与社会发展研究——以太原市老龄工作为例	周倩卉	山西大学	2016
27	南宁市老年大学"示范性创建"项目质量管理研究	黄飚	广西大学	2016
28	哈尔滨市老年大学声乐教育现状调查研究——以市老年人大学为例	刘羽	哈尔滨师范大学	2016
29	澳大利亚第三龄大学实施状况案例研究	常晶	哈尔滨师范大学	2016
30	老年学习团队功能研究——基于积极老龄化的视角	宋薇	华东师范大学	2016
31	伊犁州老年大学音乐教育现状调查与研究	胡雪卿	新疆师范大学	2016
32	福建老年教育政策研究——基于文本分析的视角	陈原	福建农林大学	2016
33	老年大学建筑空间设计研究——以武汉市为例	周静思	武汉理工大学	2016
34	盘锦市老年教育发展对策研究	王旭辉	大连理工大学	2015
35	广西老年大学引入PPP运营管理模式研究	刘绍	广西大学	2015
36	河南省农村老年教育的问题与对策研究——以新郑市龙湖镇老年教育为例	王卫丽	河南大学	2015

续表

序号	题名	作者	学位授予单位	时间
37	老年大学学员教育需求与生活满意度的相关研究	张乐	延边大学	2015
38	济宁市老年大学课程建设的问题及对策研究	陈文沛	曲阜师范大学	2015
39	政府治理视阈下的老年教育发展研究——以奉化市为例	李臻	宁波大学	2015
40	晋江市老年教育的现状及发展对策研究——基于准公共物品多元供给的视角	蔡晓喆	华侨大学	2015
41	河南省新县老年音乐教育活动的现状调查研究	杨晓旭	广西师范大学	2015
42	老年女性参与音乐教育活动的调查研究——以桂林市叠彩、七星、秀峰三个城区为例	郑炳颉	广西师范大学	2015
43	重庆Y社区老年教育小组活动的社工介入研究	何阳	重庆大学	2015
44	宁波市老年教育支持服务体系研究	罗彤彤	宁波大学	2015
45	社区老年居民学习参与的障碍研究	孙晓双	华东师范大学	2015
46	依托普通高校举办老年大学的现状与发展路径——以上海市9所高校老年大学为例	刘逸青	上海师范大学	2015
47	上海市享受性发展型老年教育供给研究	刘璐	华东师范大学	2015
48	基于积极老龄化理论的城市老年人学习需求及其教育政策意义	孙兴美	江南大学	2015
49	城市社区老年闲暇教育研究：以保定市为例	刘娜娜	河北大学	2015
50	哈尔滨市老年教育问题的研究	梁慧敏	哈尔滨工程大学	2015
51	深圳市老年教育政策执行机制优化研究	翁钦响	哈尔滨工业大学	2015
52	福州市老年大学学员学习需求研究	肖海艳	福建农林大学	2014
53	高校举办老年大学的教学特点探析——以SN大学和SU大学为例	李炜	上海师范大学	2014
54	老年音乐教育的概念、问题与意义——兼论上海市老年教育的状况	曾钰涵	上海音乐学院	2014
55	基于"积极老龄化"视野的我国老年教育发展策略研究	刘孟	陕西师范大学	2014
56	我国老年教育城乡差异的问题研究及对策	达利娅	东北师范大学	2014

续 表

序号	题　名	作者	学位授予单位	时间
57	吉林省老年教育发展研究	李　淼	东北师范大学	2014
58	云南省老年教育发展研究	王　甜	云南师范大学	2014
59	云南省老年教育发展研究	吴　达	哈尔滨工业大学	2014
60	山东省老年教育产业分析及发展对策	兰　敏	山东师范大学	2014
61	呼和浩特市城区老年教育问题研究	李丽娟	内蒙古大学	2014
62	老年学习团队成长研究——基于上海市某瓷绘俱乐部个案	罗玉华	华东师范大学	2014
63	终身教育视野下老年教育问题研究——以郑州市城区老年教育为例	高静霞	云南师范大学	2013
64	老龄化背景下老年教育发展现状及推进策略研究——以武钢集团社区为例	姚玉婷	西北农林科技大学	2013
65	社区老年教育中的读书会研究——以上海市X街道为例	曾莉婵	华东师范大学	2013
66	在社区中开展老年教育模式的研究——以"绿主妇"老年工作室为例	万莉丽	上海师范大学	2013
67	老年大学复合性空间设计探讨——基于重庆市老年大学现状的调查研究	许星晨	重庆大学	2013
68	我国城市社区老年教育模式构建研究	段寅雪	江西师范大学	2013
69	我国城市老年大学休闲教育研究——以武汉市为例	高　淳	四川师范大学	2013
70	新时期中国城市老年人思想政治教育研究	张　国	中国矿业大学	2012
71	A老年大学沟通管理案例研究	何　琳	大连理工大学	2012
72	上海市社区老年教育研究——以宝山区为例	谢　炜	华东师范大学	2012
73	城市中老年人舞蹈教育状况调查研究——以山东老年大学为例	于　惠	云南艺术学院	2012
74	长沙市老年人学习钢琴的现状及其教学探究	黄　婷	湖南师范大学	2012
75	新加坡乐龄教育探析	王　冰	东北师范大学	2012
76	美国老年教育实施状况探析	朱晓华	东北师范大学	2012
77	社会工作介入社区老年教育模式的实践与探析——对深圳市坪地社区九九学堂(社工＋义工)模式的再思考	王　雯	郑州大学	2012

续表

序号	题 名	作者	学位授予单位	时间
78	合肥市蜀山区老年大学调查报告	张 伟	安徽大学	2012
79	福建省老年人力资源开发研究——基于老年教育角度	丁盼盼	福建农林大学	2012
80	高龄教育资源整合与行销策略之研究：以台中地区为例	田其虎	中正大学（台湾）	2011
81	南方老年大学的人性化设计研究	关浩博	湖南大学	2011
82	宁波城市老年人学习需求分析及对策研究——基于宁波老年大学的调查	胡迪利	宁波大学	2011
83	上海市老年教育政策的现状分析及优化路径研究——基于文本分析的视角	张 婧	复旦大学	2011
84	我国中小城市非正规老年教育现状分析及对策研究——以山西省长治市为例	张晓敏	福建师范大学	2011
85	我国城市老年生命教育研究——以成都市老年教育为个案	段瑞雪	四川师范大学	2011
86	滁州地区老年大学体育活动开展现状调查与对策研究	汤长珍	南京师范大学	2011
87	终身教育视域下老年心理教育的若干思考	宋丽娜	山西大学	2011
88	美国老年教育发展及启示	王文超	河南师范大学	2011
89	英国老年教育研究——以第三年龄大学为中心	迟宝策	东北师范大学	2011
90	台湾地区老年教育政策发展研究	王 戈	浙江师范大学	2011
91	江西省城市老年教育发展对策研究	简 单	南昌大学	2011
92	美国老年人健康教育探究——基于改善老年人三大生活方式	王 丽	河南大学	2011
93	"夕阳无限好"——西安市城区老年音乐教育现状调查研究	亓 越	陕西师范大学	2011
94	社区老年教育模式研究	高 娟	陕西师范大学	2011
95	积极老龄化下老年教育发展对策研究	罗悦婷	上海师范大学	2011
96	我国"非正规"老年教育发展策略研究	崔娟娟	福建农林大学	2011
97	网络课程无障碍设计研究——以社区老年教育课程为例	俞佳飞	华东师范大学	2011

序号	题　名	作者	学位授予单位	时间
98	我国老年人手风琴学习调查研究——以北京、湖南、广东为例	白卓灵	湖南师范大学	2011
99	上海市社区团队负责人的学习需求研究	刘爱霞	华东师范大学	2011
100	长春市老年大学健身操课教学现状与发展对策研究	唐　锐	东北师范大学	2010
101	我国城市社区老年教育研究——以成都市青羊区城市社区老年教育为个案	梅　蕾	四川师范大学	2010
102	我国老年教育社区推动的理论与实践研究	潘　澜	上海师范大学	2010
103	合肥市老年教育问题研究	孔丹丹	安徽大学	2010
104	城镇社区老年心理健康状况及其教育对策研究	李　潇	河南大学	2010
105	美国老年教育之演进	张一晓	陕西师范大学	2009
106	城镇老年教育模式问题的研究	卢　明	天津大学	2009
107	高等院校举办老年大学现状调查及对策研究	张娟娟	上海师范大学	2009
108	日本老年大学探析——以 MHRB 老年大学为例	陈思彤	东北师范大学	2009
109	老年人参与学习活动与主观幸福感的相关性研究	樊　星	华东师范大学	2009
110	社区老年学员自主学习研究——以上海市 P 社区学校为例	王　娟	华东师范大学	2009
111	上海市老年大学声乐教材建设及声乐班现状调查	李保忠	华东师范大学	2009
112	中英两国老年大学比较研究	张君俊	中央民族大学	2008
113	人口老龄化背景下我国老年教育推进策略研究	段迎超	曲阜师范大学	2008
114	中国老年大学教育的发展与现状研究：以中央民族大学老年大学为例	李松洁	中央民族大学	2008
115	充权取向的低龄老年人社区教育模式初探——以北京市西城区金融街二龙路社区为例	谭文静	首都师范大学	2008
116	多媒体呈现方式对老年人学习绩效的影响研究	杨　霞	湖南师范大学	2008
117	中国老年女性健康的社会研究	孙　颖	黑龙江省社会科学院	2008

续表

序号	题 名	作者	学位授予单位	时间
118	泰国老年人的终身学习研究	周金成	华南师范大学	2007
119	高龄学习者学习偏好、社会支持与幸福感关系之研究	李嵩义	高雄师范大学	2007
120	美国老人寄宿所学习机制在我国实施可行性之研究	张良铿	中正大学	2007
121	城市社区老年教育现状分析与对策研究——以诸城市为例	刘廷欣	天津大学	2007
121	中日老年教育状况调查分析——以老年人幸福感为中心的研究	郭 楠	东北师范大学	2007
123	"游戏精神"与老年大学音乐教育	黄剑敏	福建师范大学	2006
124	公务员退休准备教育研究——基于上海市党政机关的调研	陈志福	华东师范大学	2006
125	城市退休老年人的思想教育工作	季 枫	河海大学	2005
126	北京市老年大学发展、现状与对策研究	高立武	中国农业大学	2005
127	21世纪初期我国老年大学教育目标研究	姜红艳	华中科技大学	2004
128	城市社区老年教育现状分析与对策研究——以北京市右安门社区为个案	周林芳	中央民族大学	2004
129	老年人教育参与障碍之研究——以对上海三所老年大学的调查为例	许广敏	华东师范大学	2004
130	上海市黄浦区某社区老年人群心理健康教育研究	金 辉	复旦大学	2004
131	中国延边朝鲜族城市老年教育研究——老年终身教育探讨	安仁淑	延边大学	2003
132	老年居住体系模式与设计探讨	王 涛	西安建筑科技大学	2003
133	营养教育与被动式膳食干预对社区中老年人脂代谢及其相关慢性病作用的研究	张 静	东南大学	2003
134	湖北省城市中老年人口腔健康知识和行为分析	沈 雅	武汉大学	1998
135	广州市老年人生活质量研究	李 华	中山大学	1990

附件4 我国公开出版的老年教育相关著作（1985年—2018年5月）

（按倒序时间排列）

序号	作者、著作	出版情况	内容简介
1	周朝东著《中国特色的老年教育》	南京：江苏凤凰科学技术出版社2018年版	作者运用老年学、教育学、教育心理学、教育社会学、教育经济学、政治学等专业理论，对中国老年教育中提出的实际问题进行了探索和研究。本书以马克思主义哲学思想作为研究的方法论，以问题为导向，运用自己所掌握的中国老年教育的实证数据，坚持理论联系实际原则，对我国老年教育的现状进行研究。
2	林元和，王友农主编《中国老年教育理论研究与国际对接（2013—2016）》	广州：广东高等教育出版社2018年版	本书主要收录了自2013—2016年间AIUTA的8次国际理论研讨会的主题及中外专家的研讨内容，汇集了8次理论研讨会的主题提出背景、主题内涵、主题提出的意义、中外学者的论文等，是目前国内该领域有重大价值的论著。
3	上海老年大学课题组编著《老年教育领导管理方式研究》	上海：华东师范大学出版社2018年版	本书通过对全国部分省、市和区老年大学领导管理体制和管理方式的调查和现状分析研究，从实践、理论和法律等三个方面提出了我国老年教育领导体制的创新方式方法。
4	中国老年大学协会课题组编著；岳瑛主编《中国特色老年大学开门办学理论与实践研究》	徐州：中国矿业大学出版社2017年版	本书共八章，内容包括：开门办学开展背景与发展阶段、开门办学的理论依据和历史探寻、开门办学的模式与经验、开门办学的教学创新及其作用、开门办学的体制机制与成效等。

续 表

序号	作者、著作	出版情况	内容简介
5	刘佩华主编《卅载砥砺夕阳红：河北老年大学建校30周年(1987—2017)》	石家庄：河北人民出版社2017年版	本书记录了1987—2017年河北老年大学30年来的发展历程，内容分为亲切关怀、发展历程、教学管理、宣传教育、团体组织、友好往来、园丁之歌、学员风采及大事记九部分。
6	熊仿杰主编；上海老年大学编写《老年大学课程建设要略》	上海：上海教育出版社有限公司2017年版	本书共三篇，第一篇主要内容是老年教育与老年教育课程概述，包括老年教育与国内外老年教育课程、老年教育课程体系、老年教育课程设置及其原则；第二篇主要内容是老年大学课程设置与实施，包括社会科学、语言文学、音乐舞蹈、书法美术、健身保健、生活艺术等十五大类课程设置与教学大纲范例；第三篇主要内容是老年大学课程建设的管理与发展，包括教师的聘用和管理、课程管理与质量评价、特色品牌课程建设、学分专业课程的建设、课堂教学的延伸与实践。
7	王卫东,蒋海鹰主编《老年大学教学：理论与艺术》	北京：北京师范大学出版社2017年版	本书内容分为理论与实践两大部分：理论部分重点阐释相对成熟的现代教学的基本理论知识，如教学与老年大学教学的概念和任务，老年大学教学艺术的基本知识，老年大学教学的基本理念，老年大学教学的过程、原则、方法、组织形式、评价等；实践部分分别阐述了老年大学教学的设计艺术、导课艺术、讲授艺术、组织艺术、示范艺术、合作艺术和结课艺术，并编写了现代教育技术在老年大学教学中的运用等内容。
8	陆剑杰,杜英杰主编《基层老年教育的繁花似锦（一）：12所设区市的区老年大学纪实》	北京：团结出版社2017年版	本书通过12所设区市的区老年大学纪实报告，如中关村里的老年学府——北京海淀老龄大学纪实，上海老年教育联盟中一簇盛开的鲜花——徐汇区老年大学纪实，记录和总结了我国老年教育30多年来建设和发展的历史进程，为我国老年教育的科学发展提供了实证经验。
9	陆剑杰,杜英杰主编《基层老年教育的繁花似锦（二）：11所县(市)老年大学纪实》	北京：团结出版社2017年版	本书通过11所县(市)老年大学纪实报告，如：金达莱映红阿里郎夕阳古殿大院里的夕阳学府——吉林省延吉市老年大学纪实，晚霞映红南黄海——江苏省如东县老年大学纪实等，记录和总结了我国老年教育30多年来建设和发展的历史进程，为我国老年教育的科学发展提供了实证经验。

续　表

序号	作者、著作	出版情况	内容简介
10	陆剑杰,周辉义主编《社区老年教育的漫山红遍(一):10个社区老年教育全覆盖区纪实》	北京:团结出版社2017年版	本书通过10个社区老年教育全覆盖区纪实报告,如津门故里书声远　为使晚霞映满天——天津市南开区社区老年教育全覆盖纪实、满目青山夕照明——南京市江宁区社区老年教育全覆盖纪实等,记录和总结了我国老年教育30多年来建设和发展的历史进程,为我国老年教育的科学发展提供了实证经验。
11	陆剑杰,周辉义主编《社区老年教育的漫山红遍(二):7个社区老年教育全覆盖县(市)纪实》	北京:团结出版社2017年版	本书通过全覆盖县(市)的7个社区老年教育纪实报告,如夕阳彩霞映龙珠——安徽省舒城县村(社区)老年教育全覆盖纪实、戏曲之乡　育歌唱满晚——江西省鄱阳县村(社区)老年教育全覆盖纪实等,记录和总结了我国老年教育30多年来建设和发展的历史进程,为我国老年教育的科学发展提供了实证经验。
12	赵俊芳,刘爽著《老年教育学读本》	北京:学习出版社2017年版	本书从老年人教育的基本概念谈起,理清其构成要素、主体定位后,通过对其与社会、个体、家庭的关系的探讨,立体地展现了当前我国老年教育的现状,并通过与国外老年教育的对比,分析了老年教育可能的发展趋势。
13	郑华著《老年教育空间设计指南》	上海:上海人民出版社2017年版	本书通过整理国内外对成功老化以及雷同概念的文献,归纳总结出国际社会普遍意识下的成功老化概念。并以其为母体,根据中国的地域特殊性以及文化差异性搭建符合中国国情的成功老化模型。
14	黄燕东著《老年教育与老年福利》	杭州:浙江工商大学出版社有限公司2016年版	本书从老年人现状、优势与不足、未来发展的趋势、老年人心理、面临的困难以及如何更好地做好老年教育和老年等方面进行不同层次的探讨与分析。
15	吕文娟著《中国高龄学习者的成功老化》	杭州:浙江大学出版社2016年版	本书从我国高龄学习者的视角探讨"成功老化"理念,具体围绕以下几个问题展开:中国高龄学习者如何定义"成功老化";与西方有何差异;中国高龄学习者如何界定"成功老化"与"高龄教育"之间的关系;为了达到成功老化,中国高龄学习者的学习需求是什么等。

续 表

序号	作者、著作	出版情况	内容简介
16	杨德广主编《老年教育学》	北京：人民教育出版社 2016年版	本书论述了老年教育学的研究对象，老年教育的目的、意义，国内外老年教育的发展历程，老年教育的理论，老年学员的身心特点，老年教育教师队伍的建设和教学艺术，老年教育的教学内容、课程设置，介绍了老年大学（老年学校）的物种类型及管理体制、办学特色，阐释了社区老年教育的办学模式、管理体制。
17	孙建新著《老年教育的多维探索与研究》	长春：吉林大学出版社 2016年版	本书主要从教育学角度、社会学角度、教育经济学角度、心理学角度、管理学角度出发对老年教育进行了多维探索与研究，并对近年来老年教育实践中的典型案例进行了深入探讨和分析。
18	岳瑛主编《老年教育专题：老年学习与教育》	北京：中央广播电视大学出版社 2016年版	本书主要面向在职的中小学教师，为其未来能在老年教育机构或社区学院从事老年教育的相关工作奠定基础，具体内容包括老年人的需求、老年人与家庭、老年人的社会参与、老年人的休闲生活、老年人的文化养老等。
19	陆剑杰，张丽华主编《中国教育战线的新军突起：10所省市（副省级城市）老年大学纪实》	北京：团结出版社 2016年版	本书内容包括：10所省市（副省级城市）老年大学的共同报告，以及海上风来春满园——上海市老年大学纪实，在开拓创新中前进——福建老年大学等10所老年大学的纪实报告，记录和总结了我国老年教育30多年来建设和发展的历史进程，为我国老年教育的科学发展提供了实证经验。
20	陆剑杰，钟旭秋主编《地区老年教育的群星灿烂：10所地（市）老年大学纪实》	北京：团结出版社 2016年版	本书内容包括：10所地（市）老年大学的共同报告，以及古殿大院里的夕阳圆舞曲——苏州市老年大学纪实，江南秋色胜春朝——马鞍山市老年大学纪实，让青春复苏的地方——襄阳市老年大学纪实，她们在这儿快乐无比——长沙市老干部大学纪实等10所老年大学的纪实报告，记录和总结了我国老年教育30多年来建设和发展的历史进程，为我国老年教育的科学发展提供了实证经验。

续 表

序号	作者、著作	出版情况	内容简介
21	陆剑杰著《从老年教育的实践探索到学科建构》	北京：团结出版社2016年版	本书共十三章，内容包括：中国老年教育的指导思想，对中国老年教育发展的总体分析，中国特色老年大学的办学成就，金陵老年大学的办学成就和经验总结，老年教育理论研究的重要意义和方法论，老年教育理论研究的广泛展开和主要成果等。
22	钱源伟编著《老年教育教学论》	北京：人民教育出版社2016年版	本书包括老年教育教学的全球鸟瞰与国际比较、老年教育的课程与教材、老年教学的基本原则、老年教学模式与方法、老年教育的师资建设等内容。
23	陈勇主编《中国老年大学发展研究》	南京：南京师范大学出版社2016年版	本书对全国部分省、市、县老年大学以及基层老年学校发展的先进经验和成功做法进行了认真细致的研究分析。内容包括：中国老年大学的创建成因和发展历程；中国老年大学的领导体制和组织架构；中国老年大学的教学规范和管理体系；中国老年大学的办学成果和社会影响；中国老年大学的办学特色和基本经验；中国老年大学面临的问题和未来展望。
24	上海老年大学主编《志愿者之歌》	上海：上海教育出版社2016年版	本书主要内容为当代老年人一面学习，一面身体力行，投身于社会工作，投身于志愿者服务。包含"一支美丽的团队——记上海老年大学志愿者服务队"、"琴键奏出主旋律——记上海老年大学钢琴系班长联谊会"等文章。
25	叶瑞祥，卢璧锋主编《老年大学教学论》	广州：广东高等教育出版社2016年版	依据现代教学论的基本原理，从老年学员的生理、心理特点出发，总结老年大学教学实践的成功经验，以老年大学教与学的活动为主线，探讨、研究老年大学教学论的基本内容与结构。本书总结了潮州市老干部（老年）大学"十三五"教育科学重点课题"老年大学教学理论与时间研究"的科研成果，包括：教学原理篇、课程教学篇、教学案例篇及附录四大部分。
26	汤更生，全根先，史建桥著《公共图书馆与中国老年教育》	北京：国家图书馆出版社2015年版	本书介绍了公共图书馆与老年教育的历史渊源、海外老年教育及其借鉴意义、公共图书馆与中国老年教育体系建设、公共图书馆与老年教育体系建设实践等内容。

续 表

序号	作者、著作	出版情况	内 容 简 介
27	姚梅乐主编《老年教育的实践与思考：上海老年大学论文集（2010~2014年）》	上海：复旦大学出版社 2015年版	本书分为理论研究篇、实践探索篇、研究报告篇、教学与课程篇、远程教育篇5个部分，收录《关于老年素质教育的思考》、《普通高校如何正视老年教育》、《论"长者风范"》等文章。
28	刘洪林著《和谐社会与苏北农村老年教育》	长春：东北师范大学出版社 2015年版	本书内容包括：教育与和谐社会、老年教育的作用、老年教育与老年人力资源开发、老年教育与和谐社会建设、苏北农村老年教育情况调查、苏北农村老年教育的现状分析、苏北城乡老年教育实践比较、苏北农村老年教育中存在的问题等。
29	周华翔主编《天目夕晖：浙江老年电视大学临安分校建校10周年纪念》	杭州：浙江科学技术出版社 2015年版	本书既追溯历史源流，又重点记述建校至2014年期间浙江老年电视大学临安分校改革和发展的成绩和经验，包括学校的创建、变革、建设、发展，管理体制、教学、招生、人事制度、后勤保障的改革和创新。
30	张少刚主编《拓展办学领域推进终身教育：全国开放大学与广播电视大学系统开展老年教育的调研报告》	北京：中央广播电视大学出版社 2015年版	本书呈现了《全国老年教育发展规划（2015—2020年）》远程教育组调研的部分研究成果，包括总调研报告、部分工作方法案例、部分课题专题报告等。
31	中国老年大学协会课题组 编著，唐晋元主编《老年大学的教学理念与实践创新》	徐州：中国矿业大学出版社 2015年版	本书共9章，内容包括：老年大学的教学理念、老年大学的课程建设、老年大学的教学大纲与教材建设、老年大学的课堂教学、老年学员的非智力因素、老年大学的教学创新、老年大学的教学管理、老年大学的教学质量评价等。
32	中国成人教育协会社区教育专业委员会，浙江省社区教育指导中心组编著《社区老年教育调研报告与案例集萃》	上海：上海交通大学出版社 2015年版	本书总结提炼我国社区老年教育发展概况，对社区老年教育未来发展进行了思考与探索。书中共收录30多篇的社区老年教育工作案例，涵括了全国各地社区教育、老年教育机构的社区老年教育先行先试的探索经验。

续表

序号	作者、著作	出版情况	内容简介
33	顾秀莲主编《社区老年教育与老年人学习心理研究》	北京：中国商务出版社 2015年版	本书共分5章，分别是我国社区老年教育的发展状况、学习心理概述、老年人学习的心理学研究、老年人学习的实证研究、老年学习心理研究对社区老年教育工作的启示。
34	蔡向东主编；上海市老干部大学，上海市老年学校素质教育指导中心课题组著《老龄化社会的老年素质教育》	上海：复旦大学出版社 2015年版	本书简要追述了老年教育从康乐型到素质型的发展历程，论述了老年素质教育的重要意义；阐释了老年素质教育的内涵，明确了老年素质教育内容的综合性；管窥了国外及台湾地区老年素质教育的实践发展；分析了上海老年素质教育的现状；提出课程教学、学习团队、校园文化、老有所为四位一体的老年素质教育渠道和途径；展望了老年素质教育的未来发展路向。此外，书中还在附件部分收录了本书在撰写过程中涉及到的问卷、调查数据和相关文件资料。
35	张志杰，王铭维主编《老年心理学【Psychology of ageing】》	重庆：西南师范大学出版社 2015年版	本书共分九章：第一章，绪论主要概述老年心理学的研究对象、研究历史及相关的老化理论；第二章，简要介绍老年心理学的研究设计和方法；第三章至第六章，介绍老年期的感知觉能力以及记忆、智力、人格和社会性特点；第七章，着重介绍老年人的心理健康标准、常见心理疾病及其心理健康的维护；第八章，从社会环境的角度，介绍老年人工作、退休及休闲生活的心理意义；第九章，阐述了老年人面对死亡以及临终关怀的相关内容。
36	魏惠娟编著《乐龄生涯学习》	新北：空中大学 2015年版	
37	叶忠海主编《老年教育学通论/老年教育理论丛书》	上海：同济大学出版社 2014年版	本丛书意在初步建立老年教育的学科知识体系，为我国成人教育、老年教育的理论和实践建设贡献力量。本书内容包括老年教育的发展历程、理论基础、性质和价值、对象特征、教学理论和实践、课程设计和开发、评价、发展趋势，以及老年教育工作者队伍建设。

续 表

序号	作者、著作	出版情况	内 容 简 介
38	金德琅主编/叶忠海总主编《老年教育经济学/老年教育理论丛书》	上海：同济大学出版社2014年版	本书内容包括老年社会和老年教育，老年教育经济学，老年教育与经济发展，老年教育与人力资本形成，老年教育与劳动力市场，老年教育投资，老年教育资源利用效率，老年教育成本。
39	齐伟钧主编、马丽华副主编/叶忠海总主编《海外老年教育/老年教育理论丛书》	上海：同济大学出版社2014年版	本书在已有的相关研究上突出自己的特色之外，重点叙述和分析了国外第三年龄教育和积极老龄化的课题，具有一定的前沿导向作用。每章基本上都对该国的老年教育的特点做了总结概括，且本书在探索了国际背景和发展轨迹后，结合我国老年教育的发展状况为我国更好地推进老年教育提出了战略思考和宏观对策。
40	张东平主编/叶忠海总主编《老年教育社会学/老年教育理论丛书》	上海：同济大学出版社2014年版	本书在阐明了老年教育社会学产生的必然性和现实性，以及老年教育社会学的研究对象、内容、方法的基础上，系统地论述了社会结构、社会制度、社会变迁、社会分层、社会流动、社会活动、继续社会化与老年教育的关系，并对老年学习者、老年教育教师进行了社会学分析，在介绍了老年教育社会组织的基础上，对老年教育社会组织形式进行了社会学的分析，并从社会学的角度对老年教育教学模式创新进行了探讨。
41	张永，孙文英编著/叶忠海总主编《老年教育心理学/老年教育理论丛书》	上海：同济大学出版社2014年版	本书内容包括老年教育发展概论、老年学习心理理论、老年学习心理的影响因素、不同情境中的老年学习心理、不同领域的老年学习心理、老年教育心理、老年心理咨询与教育。书中列举了大学的老年教育实践中碰到的各类心理问题。
42	张少波，李惟民主编/叶忠海总主编《老年教育管理学/老年教育理论丛书》	上海：同济大学出版社2014年版	本书从理论和实践的结合上分别以总论篇、宏观篇、微观篇三部分，系统论述老年教育管理理论和管理实务。老年教育管理学通过所建构的内容体系或概念的逻辑体系，全面阐述老年教育管理研究的本质性、规律性认识，因而具有高屋建瓴的优势。

续 表

序号	作者、著作	出版情况	内容简介
43	上海老年教育史稿编纂委员会编《上海老年教育史稿1985—2012》	上海：上海教育出版社 2014年版	本书讲的是上海老年教育发展概况、老年学校教育的发展、老年远程教育的发展、老年教育协会、上海老年教育的重大事件和重要人物、上海老年教育名师篇等。由上海市老年教育协会组织编写和收集材料，对老年教育发展有着历史意义。
44	杨庆芳著《我国老年教育发展探究：基于积极老龄化的视角》	北京：知识产权出版社 2014年版	本书在积极老龄化战略宗旨下，结合我国老龄社会的具体实践，将老年教育作为老年人参与社会，实现积极老龄化的一个重要载体加以研究，是对我国积极老龄化理论实践的一种延伸。
45	夏瑛主编《上海老年教育居村委标准化学习点建设的实践研究》	上海：上海远东出版社 2014年版	本书分析了上海人口积极老龄化的现状、特点及趋势，根据上海经济社会发展对老年教育的要求，借鉴了发达国家及发达城市历年及老年教育模式、特征，从而比较清晰地厘定了上海老年教育居村标准化学习点建设的思路，在整个上海市级、区县级、街镇级老年教育网络架构及组织系统中具有最基础的塔底效应，改变了上海老年人的学习生活方式。
46	中国老年大学协会课题组编著《中国老年大学教育现代化指标体系设计》	广州：广东教育出版社 2014年版	本书分五章，内容有"导论"、"指标设计依据"、"指标体系表"、"指标体系的说明"、"指标使用建议"、"课题研究相关资料汇总"。
47	顾秀莲主编《社区老年教育服务研究/社区老年教育发展研究丛书》	北京：中国商务出版社 2014年版	本书共八章，主要内容包括：社区老年教育产生的背景、社区老年教育服务的理论探索、社区老年教育服务内容研究、社区老年教育服务模式研究等。
48	顾秀莲主编《中国社区远程老年教育研究/社区老年教育发展研究丛书》	北京：中国商务出版社 2014年版	本书分为中国社区远程老年教育研究结题报告和北京、上海、重庆、武汉社区远程老年教育调查报告两部分，主要内容包括社区远程老年教育概论、社区远程老年教育现状调查、社区远程老年教育面临的主要矛盾与问题等。

续 表

序号	作者、著作	出版情况	内 容 简 介
49	上海老年大学主编《学习者之歌》	上海:上海教育出版社 2014年版	本书集纳了上海老年大学26个学员的生动故事,从不同角度反映了老年学员在老年大学接受终智周万物教育所取提丰硕成果,体现学员老有所学、老有所得、老有所乐、老有所为的状况,再现现代老人乐观进取的风貌。
50	上海市老年教育师资培训中心,上海市老年教育理论研究中心主编;江晨清,阮兴树主编《老年教育ABC》	上海:上海教育出版社 2013年版	本书分为十讲,内容包括:银发浪潮忧与喜,人口老龄化的挑战与应对、方兴未艾展新貌,上海老年教育的发展、讲究规矩成方圆,合法合规地办好老年教育等。
51	岳瑛著《老年大学教育心理》	武汉:湖北科学技术出版社 2013年版	本书包括了老年学员的学习能力和优势与创造力,老年学员知识的掌握和技能获得的心理过程,老年学员的非智力因素及其对学习的影响等内容。
52	刘璟著《老年教育探析》	南京:江苏科学技术出版社 2013年版	本书围绕老年教育的历史、现状及发展,对作者参与老年大学创办和管理以来的实践及感受做了理性梳理。
53	杜英杰,郑维勇主编《老年教育研究与实践》	济南:黄河出版社 2013年版	本书收录了山东省老年教育理论研讨会上交流的论文七十余篇,分为创新老年教育篇、规范教学管理篇、老年大学文化篇、远程老年教育篇、社区老年教育篇、企业老年教育篇几个部分,对老年教育的现状和发展趋势进行了探索研究。
54	袁新立,林元和主编《享受学习 快乐人生:老年教育与银发旅游—AIUTA国际研讨会论文集》	广州:广东教育出版社 2013年版	本书收录了《滨海夏朗德省老年人社会旅游》、《老年人健身活动:通用性研究和其有效性的地方化说明》、《国际老年教育合作项目》、《从刻苦学习到享受学习》等内容。
55	何筱海主编《瓯海老年文化补习课本》	杭州:浙江大学出版社 2013年版	本书以老年人生活见识为媒介,以识字、掌握生活知识、生活技能为目的,根据读、认、练、说及知识链接,将生活中的基本知识、基本技能融为一体。全书共50篇课文,其中包括生字1283个。

续 表

序号	作者、著作	出版情况	内容简介
56	施祖美著《老龄事业与创新社会管理》	北京：社会科学文献出版社 2013年版	本书紧扣中国人口老龄化的现实问题，探讨发展老龄事业与社会管理创新的内在联系。书中围绕老年社会保障体系建设、老年社会照顾、老年社会参与、老年教育、老年健身、老年文化等内容，探讨新时期老龄事业的发展路径，以期丰富中国老龄事业的理论研究，推动中国老龄事业发展。
57	侯千绢著《乐龄ing：LinkLove learning创意学习知识发光》	台北：台湾地区教育部门 2013年版	
58	中国老年大学协会课题组编著《中国老年教育学若干问题研究》	银川：阳光出版社 2012年版	本书共15章，内容包括：中国特色老年教育发展道路问题的研究；老年教育的本质、目的与价值问题的研究；老年教育规律问题的研究；老年教育理念问题的研究；老年教育学中课程论问题的研究等。
59	岳瑛著《教育学视阈中的老年教育》	武汉：湖北科学技术出版社 2012年版	本书结合中国特色老年教育近三十年来的发展实际，在理论与实践的结合上回答了中国特色老年教育中的一些主要的问题，包括定位问题、本质目的与价值问题、社会需求问题、与人口老龄化的关系问题以及行政管理问题等。
60	中国老年大学协会课题组著《发展社区老年教育与建设学习型城市研究》	上海：复旦大学出版社 2012年版	本书内容包括：12个城市开展老年教育和促进学习型城市建设的情况汇总而成的总报告；各地开展情况的子报告；相关专题的专题报告和由此形成的相关案例。
61	周同战，吴涛主编《老年大学教育研究》	哈尔滨：黑龙江教育出版社 2012年版	本书围绕构建中国特色社会主义老年教育这一主题，在加强领导、理顺体制，积极支持、规范发展，促进公平、提高质量等方面，从理论与实践的结合上进行了系统的探索和研究。

续　表

序号	作者、著作	出版情况	内　容　简　介
62	周玉石主编《最新老年教育发展模式创新与老年学校管理规章制度及成功经验借鉴实用手册》	北京：华龄出版社2012年版	本书围绕老年教育发展,介绍了我国老年教育的理论和经验得失。书中既有对老年偶遇整体发展的思考,也有对老年教育基层成功案例的调查研究;既有对老年教育发展经历的回顾,也有对老年教育发展趋势的前瞻性探讨,对总结老年大学办学经验具有一定的参考价值。
63	上海市老年学校素质教育指导中心,上海市老年教育理论研究中心主编;江晨清主编《树长者风范　做风范长者:上海老年大学开展素质教育活动的探索》	上海：上海教育出版社2012年版	本书收录了《老年教育是素质教育》、《扬长者风范》、《老年人的风采》、《我们的愿望》、《我身边的上海老年大学学长》等文章。
64	翁招玉等著《老人教育学》	台中：华格那企业有限公司2012年版	
65	杨国德等编《乐龄自主学习团体实用手册》	台北：台湾地区教育部门,2012年版	
66	施祖美主编《老年教育策论》	北京：社会科学文献出版社2011年版	本书以创建海峡老年教育名校为视角,对国内外老年教育模式和海峡两岸老年教育模式进行比较研究,深入探讨发达国家及我国台湾地区老年教育的成功经验,反思我们存在的问题和差距,力求从理论和实证两个层面拓展老年教育发展的新思路和新视界。
67	孙建国主编《中国老年教育探索与实践》	北京：科学出版社2011年版	本书以老年教育作为研究主题,从各个方面论述了老年教育的目的、理论和方法,全面阐述了我国老年教育的产生、发展和现状,并就此提出了许多重要的策略建议,对指导和研究老年教育具有一定的参考价值,有助于中国老龄事业的发展。

续 表

序号	作者、著作	出版情况	内 容 简 介
68	北京市朝阳区建设学习型城区研究会,友成企业家扶贫基金会修实公益基金会编著《老年教育教程》	北京:北京出版社 2011年版	本书内容涉及政治、经济、文史、艺术、语言、健身、养生、应用技术、家政等共九大类,囊括100多门课程,引导老年人有选择地进行需求性学习,以逐步养成在生活中学习、在学习中提高心理素养的良好习惯。
69	中国老年大学协会课题组著《中国特色老年大学教育现代化研究》	广州:广东教育出版社 2011年版	本书分为九章,内容包括老年大学教育现代化的必然趋势、中国特色老年大学教育现代化的指导理论、中国特色大学教育现代化的实践基础、中国特色老年大学教学手段现代化等。
70	马贵觉,任宝洋主编《艰辛与殊荣:天津市老年人大学的25年》	天津:天津人民出版社 2011年版	本书共分18章,分别是:创建与发展、行政管理体制、办学宗旨与校风、办学理念、学校领导管理体制等。
71	袁新立,刘平生主编;中国老年大学协会编《走进这里就年轻:全国先进老年大学、先进老年教育工作者事迹汇编》	北京:华龄出版社 2011年版	本书展示了我国先进老年大学生的办学成果和办学经验。老年大学的创办和发展,已经成为"老有所养,老有所医,老有所学,老有所教,老有所为,老有所乐"的重要组成部分,成为应对我国人口老龄化、构建和谐社会、建设社会主义精神文明的重要举措。
72	游德馨著;福建省老年大学协会,福建省老年教育理论研究会编《论老年教育》	福州:福建人民出版社 2011年版	本书反映了福建省老年教育的实践成果和经验,记载了福建省老年教育的发展和探索历程。主要内容包括:老年教育综述、加强思想政治工作、提高办学质量等。
73	江晨清,高峰主编《上海远程老年教育的实践与探索》	上海:上海三联书店 2011年版	本书对上海远程老年教育16年的发展历程进行了梳理和总结,包括上海远程老年教育调研报告;上海部分区县、街镇、居村委学习收视点办学经验等。
74	朱芬郁著《高龄教育:概念、方案与趋势》	台北:五南图书出版股份有限公司 2011年版	

续 表

序号	作者、著作	出版情况	内容简介
75	胡梦鲸主编；王维旎等著《新加坡乐龄学习：组织与实务》	高雄：丽文文化事业股份有限公司 2011 年版	
76	上海老年大学编著《老年教育的实践与思考：上海老年大学论文集》	北京：世界图书北京出版公司 2010 年	本书汇编了近年来上海老年大学教育工作者发表的 34 篇论文，并按照内容划分了理论、实践、调研、经验、探索等 5 个专题，这些论文在总结实践经验，研究老年教学规律，提高教学等方面都有一定的指导意义。
77	黄剑敏、李莉著《老年大学音乐教育的游戏精神与养生功能》	武汉：华中师范大学出版社 2010 年版	本书主要剖析了游戏与艺术的关系。首先，指出"游戏精神"不只是儿童文学的美学精神，还是音乐教育的美学精神；其次，指出"养生功能"是我国老年大学音乐教育功能之中一个重要功能；最后，选取了七首中国古典音乐作品进行赏析并介绍其具体的养生功能。
78	中国老年大学协会编《中国城市老年教育研究》	北京：高等教育出版社 2010 年版	本书分七个部分，内容包括：中国老年大学基本情况、老年学校教育行政管理研究、老年学校教育学校管理研究、社区老年学校教育政策与保障机制研究等。
79	龙祖炎著《老年教育概论》	海口：海南出版社 2009 年版	本书内容涉及老年教育的重要意义，老年教育的性质、目的、任务，老年教育的原则方法，老年人的生理、心理特点等。
80	顾秀莲主编《老龄社会与老年教育研究》	北京：中国妇女出版社 2009 年版	本书的内容包括：老年教育的社会背景；老年教育概述；老年教育的心理学基础；老年教育的历史；和谐社会建设与老年教育发展。
81	董之鹰著《老年教育学》	北京：中国社会出版社 2009 年版	本书共分老年教育学总论、老年教育的研究领域、老年教育的发展模式三篇，主要内容包括：老年教育学学科概述、老年教育学的性质、老年教育学的价值取向、老年教育学的功能等。

续　表

序号	作者、著作	出版情况	内　容　简　介
82	陈露晓主编《老年人后期学习问题》	北京：中国社会出版社2009年版	本书以老年人后期学习问题为话题，通过实例开启并提供相关的专家分析和心理学评测，帮助老年人科学合理地掌握自己的心理。
83	顾秀莲主编《多元化的中国老年教育》	北京：中国妇女出版社2009年版	本书内容包括：老年教育简述、中国老年教育的基本概况、社区老年教育、大众传媒对老年教育的推动、其他形式的老年教育活动等。
84	顾秀莲主编《中国老年大学现状与发展趋势研究》	北京：中国妇女出版社2009年版	本书内容包括：老年大学概述、我国老年大学的历史与现状、我国老年大学办学体制和内部管理机制、我国老年大学课程与教学研究、我国老年大学队伍建设、我国老年大学学员管理、我国老年大学发展的社会支持、我国老年大学个案研究等。
85	顾秀莲主编《中国老年教育发展战略研究》	北京：中国妇女出版社2009年版	本书在总结老年教育成就经验的基础上，分析了我国老年教育发展过程中存在的问题。针对这些问题，重点研究了对应的战略和对策，尤其对老年教育管理体制机制、老年教育资金支持等制约老年教育发展的因素，提出了建设性的建议。
86	顾秀莲主编《中国老年教育的国际背景研究》	北京：中国妇女出版社2009年版	本书内容包括世界人口老龄化的应对及老年教育的兴起、国际老年教育的发展历程、欧美国家的老年教育状况、亚洲国家的老年教育状况、澳大利亚和新西兰的老年教育、国外老年教育的特点、国外老年教育的基本经验、国外老年教育对我国的影响和启示等。
87	叶瑞祥，卢璧锋主编《老年创新学习能力论》	北京：大众文艺出版社2008年版	本书包括原理篇、策略篇、实效篇、附录四部分，具体有创新学习能力的界定及其结构、老年创新学习能力培养的基本模式、指导老年人学习诗词的探索等章节。
88	罗炳权，陆剑杰主编；金陵老年大学编著《老年教育学学理探索：金陵老年大学24年科研成果梳理》	南京：南京出版社2008年版	本书是金陵老年大学24年来科学研究工作的一次大的总结，积极地促进了我国"老年教育学"学科建构的工作。

续 表

序号	作者、著作	出版情况	内 容 简 介
89	魏惠娟[等]著《高龄学习方案企划师训练手册,入门篇》	台北:台湾地区教育部门,2008年	
90	魏惠娟,黄锦山计划主持《台湾在步入老年化社会的高龄者教育发展研究》	台北:台湾地区社会教育部门2008年版	
91	魏惠娟主编;朱楠贤[等]著《高龄教育政策与实践》	台北:五南图书出版股份有限公司2008年版	
92	郑令德主编《和谐社会与老年教育》	上海:上海教育出版社2007年版	本书包括五个子课题:社会变革与老年教育研究;上海老年大学发展回顾与未来展望研究;老年自主教育研究;老年教育课程开发研究;国外老年教育现状与趋势研究。
93	黄富顺主编《各国高龄教育》	台北:五南图书出版股份有限公司2007年版	
94	台湾地区社区教育学会主编《社区高龄教育的跨科际整合》	台北:师大书苑有限公司2007年版	
95	台湾地区教育部门编《迈向高龄社会老人教育政策白皮书》	台北:台湾地区教育部门2006年版	
96	俞恭庆主编《上海老年教育发展研究》	上海:上海教育出版社2005年版	本书汇编了有关上海老年教育事业方方面面的调研报告,内容丰富,资料详实,分析意见中肯,并拟定了《上海老年教育事业"十一五"发展规划》(建议稿)。
97	黄富顺主编《高龄学习》	台北:五南图书出版股份有限公司2004年版	

续 表

序号	作者、著作	出版情况	内 容 简 介
98	陈福星等编著《老年教育概论》	济南：山东人民出版社 2004年版	本书把老年教育事业放在国际国内的大背景下进行审视，并从课程论、学习论、管理论等角度对老年教育的意义进行了讨论。
99	齐心主编《创业集：纪念海淀老龄大学建校二十周年》	北京：中国工人出版社 2004年版	本书分"建校二十周年掠影"和"建校二十周年史文"两部分，收录了海淀老龄大学建校二十年以来的珍贵照片和相关资料。
100	朱根富主编；上海市老年教育协会编《辉煌的里程：上海老年教育总览》	上海：东华大学出版社 2002年版	本书是上海老年教育发展的真实写照，展示了生活在国际大都市上海老人们的精神风采，分为老年教育论文集锦、老年学员作品精选、上海各级各类老年大学简介及老年学校名录三部分。
101	上海市老年教育协会编《上海老年教育现状及发展研究》	上海：东华大学出版社 2002年版	本书回顾了上海老年教育艰苦创业的历程，总结了上海老年教育的经验，并展示了今后发展的美好前景。
102	[台湾]台湾地区社区教育学会主编《高龄者的学习权与社会权》	台北：师大书苑公司 1999年版	
103	刘书鹤、马杰编著《老年教育学》	北京：华龄出版社 1999年版	
104	中国老年大学协会教育研究组，哈尔滨老年大学编著《老年学校教育学》	哈尔滨：黑龙江人民出版社 1998年	
105	王荣刚、曹洪顺主编《老年心理与教育》	青岛：青岛海洋大学出版社 1994年版	本书论述了老年生理与保健、心理与卫生和老年教育等
106	章洛主编《霜华璀璨：中国铁路老年大学十年》	北京：中国铁道出版社 1994年版	

续 表

序号	作者、著作	出版情况	内　容　简　介
107	邱天助著《教育老年学》	台北：心理出版社 1993年版	
108	贾岩主编；中国老龄科学研究中心编《老年教育与美育》	北京：华龄出版社 1991年版	本书包括：老年教育的兴起和发展；老年教育的特性、地位和作用；老年教育的内容、渠道和组织形式；老年教育的教学原则、教学方法和手段；老年教育的重要形式——老年大学；国外老年教育。
109	中国老年学学会编《迎接人口老龄化的挑战》	北京：科学技术文献出版社 1991年版	本书介绍了老年学的基本理论，人口老龄化的趋势与对策，如何延缓衰老和安度晚年等内容。
110	台湾地区社会教育部门主编《老人教育》	台北：师大书苑公司 1991年版	
111	张顺芝主编《中老年案头之友》	北京：光明日报出版社 1985年版	

图书在版编目(CIP)数据

中国当代老年教育发展研究/叶忠海主编. —上海：华东师范大学出版社，2019
 ISBN 978-7-5675-8875-2

Ⅰ.①中… Ⅱ.①叶… Ⅲ.①老年教育－教育事业－发展－研究－中国 Ⅳ.①G777

中国版本图书馆 CIP 数据核字(2019)第 036654 号

中国当代老年教育发展研究

主　　编　叶忠海
策划编辑　彭呈军
特约编辑　陈雅慧
装帧设计　刘怡霖

出版发行　华东师范大学出版社
社　　址　上海市中山北路3663号　邮编 200062
网　　址　www.ecnupress.com.cn
电　　话　021-60821666　行政传真 021-62572105
客服电话　021-62865537　门市(邮购)电话 021-62869887
地　　址　上海市中山北路3663号华东师范大学校内先锋路口
网　　店　http://hdsdcbs.tmall.com

印　刷　者　杭州日报报业集团盛元印务有限公司
开　　本　787×1092　16开
印　　张　14.75
字　　数　264千字
版　　次　2019年4月第1版
印　　次　2019年4月第1次
书　　号　ISBN 978-7-5675-8875-2/G·11882
定　　价　48.00元

出版人　王焰

(如发现本版图书有印订质量问题，请寄回本社客服中心调换或电话 021-62865537 联系)